Fala, Galvão!

Fala, Galvão!

Galvão Bueno e Ingo Ostrovsky

GLOBO LIVROS

Texto fixado conforme as regras do Novo Acordo Ortográfico da Língua Portuguesa (Decreto Legislativo nº 54, de 1995).

Editor responsável: Estevão Azevedo
Editor assistente: Elisa Martins
Preparação de texto: Daniela Antunes
Checagem: Delfin
Revisão: Huendel Viana
Transcrição de áudio: Rafael Barros e MW Transcrições
Diagramação: Crayon Editorial
Capa: Gisele Baptista de Oliveira
Foto de capa: Sergio Zalis

1ª edição, 2015

CIP-BRASIL. CATALOGAÇÃO NA PUBLICAÇÃO
SINDICATO NACIONAL DOS EDITORES DE LIVROS, RJ

B941f

Bueno, Galvão,
Fala, Galvão! / Galvão Bueno, Ingo Ostrovsky. - 1. ed. - São Paulo : Globo Livros, 2015.
il.

ISBN 978-85-250-5818-8

1. Bueno, Galvão, 1950-. 2. Jornalistas - Brasil - Biografia. I. Ostrovsky, Ingo. II. Título.

15-20302 CDD: 920.5
CDU: 929:070

Editora Globo S. A.
Av. Jaguaré, 1485 – 05346-902 – São Paulo – SP
www.globolivros.com.br

Sumário

APRESENTAÇÃO

Prefácio

Pontapé inicial

Um fenômeno da televisão. Porta-voz do povo nos estádios. Entusiasta da Fórmula 1. Ícone máximo da locução esportiva brasileira. *Fala, Galvão!* fala sobre seus quarenta anos de carreira, completados em 2014; fala sobre suas memórias, que são de todos os brasileiros; fala sobre as curiosidades que ninguém contou; fala sobre as dez Copas que narrou; fala sobre os feitos históricos que testemunhou; fala sobre nossos ídolos de seu convívio; fala a voz que tanto nos emocionou ao longo das últimas décadas.

Não hesitei em aceitar o convite para prefaciar estas memórias de Galvão Bueno — a quem carinhosamente chamo de "padrinho". É dele a voz que acompanhou toda a minha carreira na seleção, e ele se tornou um grande amigo. É enorme a minha satisfação em ser lembrado nestas páginas como um dos personagens de sua célebre trajetória, junto a Ayrton Senna, Pelé, Piquet, Zico, Felipe Massa e tantos outros atletas. Bem como seus companheiros de estúdio Arnaldo Cezar Coelho, Casagrande, Falcão, Reginaldo Leme e outros profissionais de alto escalão. Uma emocionante retrospectiva que vai da Copa de 1978, na Argentina, a de 2014, no Brasil — e passa também por Olimpíadas, Copa América, Libertadores e Eliminatórias — sob o precioso ponto de vista de um veterano.

Foi Galvão quem narrou o tetracampeonato da seleção, nos Estados Unidos, quando eu estava no banco de reservas. "É tetra! Acabou! É tetra, é tetra! Acabou!" Foi ele também quem anunciou o penta no Japão, e que com certeza, com sua voz, tornou mais emocionantes os meus dois gols na final contra a Alemanha. "Rrrrrrrrrrrrronaldo!" Das 104 partidas que joguei pelo Brasil, pelo menos noventa foram narradas por ele. Longe dos holofotes, nossa amizade cresceu. E, recentemente, na Copa do Mundo de 2014, ainda dividimos o estúdio da Globo — Galvão fazendo o que sempre fez, enquanto eu, calouro, estreava como comentarista. *Fala Galvão!* é, portanto, também um mergulho nas minhas próprias recordações.

São quatro décadas trabalhando com esporte, quebrando paradigmas, levando informação e emoção a milhões de telespectadores. "Haaaja coração!" Controverso? Eu diria autêntico. Lidar com torcedores apaixonados e nervos aflorados não é tarefa fácil. Mas sua vocação é incontestável. Vibrante, Galvão é tão técnico quanto torcedor. Seus bordões ganharam a boca do povo. "É teste pra cardíaco", e ele encara com paixão e conhecimento, com raciocínio rápido, espontaneidade e jogo de cintura que driblam as adversidades a que qualquer carreira está sujeita. Ao vivo e sem TP (*teleprompter*)!

Galvão diz que seu acelerador é mais forte que o freio. E eu digo que foi com essa inquietude, de estilo próprio, que ele revolucionou a narração das transmissões esportivas no Brasil. Eis agora um livro de histórias que merecem ser lembradas. "Vai que é sua, Galvão!"

RONALDO NAZÁRIO DE LIMA
Janeiro de 2015

Introdução

Abrindo o jogo

Os meus amigos e as pessoas próximas de mim no trabalho sabem que adoro uma boa história. Gosto de contar e gosto de ouvir, especialmente aqueles casos saborosos, os que provocam pelo menos um sorriso em quem conta e em quem ouve.

Essa talvez seja a origem deste livro. Aqui procurei reunir memórias profissionais, esportivas, afetivas e engraçadas dos quarenta anos de trabalho que completei em 2014. Minha primeira ideia era contar causos que envolviam os muitos personagens do esporte com quem me relacionei em jogos, corridas, viagens, torneios, Copas e Olimpíadas, desde 1974. Ao longo do processo, entretanto, a coisa foi transbordando e me vi abrindo um baú onde se escondiam algumas das preciosas histórias e influências que fizeram o jovem carioca Carlos Eduardo se transformar em Galvão Bueno.

Nasci em 1950, no Rio de Janeiro, perto do Maracanã. Aos cinco anos, eu já sabia gritar "é campeão" graças aos tios que me levavam para ver jogos no "maior e mais bonito". Minha ligação com o esporte continuou crescendo na década de 1960, considerada por muitos como a mais espetacular do século XX. A bossa nova, os Beatles, os Rolling Stones, a jovem guarda, a ditadura militar, a censura à imprensa, os ecos das revoltas juvenis da Europa e dos Estados Unidos, tudo isso me pegou aprendendo a ser gente. Com dezoito anos, morando em Brasília, eu enfrentava a polícia nas manifestações a favor da democracia e estava apaixonado pelo basquete.

Eu queria muito ser esportista. Entre os dez e os 22 anos eu joguei bola, fiz atletismo, tentei natação, handebol, voleibol e até no hipismo me aventurei. No basquete eu cheguei bem próximo do sonho. Disputei campeonatos, fui da seleção do Distrito Federal, mas ganhar a vida como jogador, isso eu não consegui.

Agora, falar pelos cotovelos, eu falo desde criança. Meus tios me faziam comentar jogos de botão, dizem que eu inventava um microfone e não parava de falar. Estava ali o embrião da vocação — do talento? — que, essa sim, me faria encontrar um jeito de ganhar a vida com o esporte.

A comunicação esportiva é terreno fértil para quem gosta de ser competitivo. A briga pela audiência sempre me fascinou e foi o que me inspirou a buscar qualidade e ter perto de mim, antes de mais nada, os melhores profissionais. Informação é coisa muito séria, depende de credibilidade. No rádio e na TV o trabalho nunca é solitário, é sempre em equipe. Posso dizer que dei muita sorte, pois trabalhei e trabalho ao lado de gente muito competente, desde o primeiro minuto do meu primeiro jogo como comentarista, uma partida de tênis. Eu tinha 23 anos.

Pouco mais de quarenta anos depois eu venho aqui narrar coisas que não narrei no microfone. Tem bastidores, tem molecagens, tem segredos revelados, tem umas histórias engraçadas. Tem coisa séria também, algumas reflexões respeitosas, muita opinião, relatos de quem se considera um privilegiado por falar e ser visto por uma audiência tão grande e tão diversa. Vocês sabem do que estou falando: este livro tem bastante Galvão Bueno.

Poucas coisas se transformaram tanto nesses quarenta anos quanto a comunicação. Na primeira transmissão de futebol de que participei na TV, havia apenas três câmeras no estádio. Hoje, no computador, no tablet ou até num smartphone você pode escolher o ângulo em que quer ver uma partida ou o replay de um gol. Mais ainda, qualquer um pode ser porta-voz, nessa imensa teia de bytes em que navegamos 24 horas — ou mais — por dia. Isso é novidade, não estava no script quando eu comecei nessa profissão. Todo cuidado é pouco na hora de passar informação adiante.

Minha escola de comportamento em televisão é a escola do doutor Roberto Marinho. Dele aprendi a não ter medo de quem é excelente no que faz. Doutor Roberto foi mestre em juntar os melhores ao seu redor, e, entre esses melhores, estavam meus mestres, Boni, Armando Nogueira e doutor Evandro Carlos de Andrade. Mais tarde, a eles se juntaria Carlos Henrique Schroder, com seus ensinamentos sobre a arte de ouvir.

É por causa de professores como esses que eu me preocupo hoje com um certo tipo de jornalismo de ocasião e batalho em todas as minhas transmissões para passar adiante informação correta, de fontes que têm nome e sobrenome.

Não vou me alongar (conheço gente que vai rir quando ler esta frase).

Eu costumo dizer que minha maior fortuna é minha família; ela ocupa um capítulo inteiro no livro. Sou tão sortudo que tive mais de uma, pois me casei duas vezes. É certamente a eles — todos eles — que eu devo tudo o que sou. A generosidade dos meus familiares me permitiu viver e vender emoções incríveis pelos quatro cantos desse planeta. E eu estava longe deles — e longe do Brasil — nos três momentos que eu considero os mais marcantes da minha trajetória, narrando três esportes, em três continentes diferentes: em 1988, no grito de "é campeão!" do primeiro título de Ayrton Senna, no Japão; em 1994, no "acabou!" do tetracampeonato, nos Estados Unidos; e em 2000 no "é prata, é prata, é prata, é prata!" do revezamento dos Jogos de Sydney, na Austrália.

Obrigado a todos pela audiência!

Carlos Eduardo dos Santos Galvão Bueno
Janeiro de 2015

1. FUTEBOL

Meu amigo, o Rei Pelé

1.

Era uma dessas tardes paulistanas típicas, com o céu mais para o cinzento e uma brisa que podia sinalizar chuva ou, no mínimo, uma fina garoa. Na porta do Colégio Rio Branco, na avenida Higienópolis, dois rapazes, estudantes de treze e catorze anos, tinham pela frente um dilema: escolher entre duas aulas seguidas de matemática ou duas horas no estádio do Pacaembu, ali pertinho, onde o Santos de Pelé disputaria mais uma partida do Campeonato Paulista de 1964.

O futebol brasileiro vivia dias de glória. Já fazia parte do passado o "complexo de vira-lata", tão bem identificado por Nelson Rodrigues, quando nossa seleção perdeu a final da Copa de 1950 para o Uruguai, em pleno Maracanã. Na Suécia, em 1958, o Brasil ganhou a Copa do Mundo com um timaço que tinha Pelé, Garrincha, Didi, Nilton Santos e mais um monte de craques em volta deles. O futebol mundial nunca mais seria o mesmo depois das artes que aqueles brasileiros fizeram nos gramados suecos. Passados quatro anos, na Copa do Chile, em 1962, novo triunfo brasileiro, desta vez sob o comando de um endiabrado Garrincha, com Pelé, contundido desde o segundo jogo, assistindo tudo das arquibancadas.

Nos campos brasileiros era o Santos quem dava a bola. O glorioso alvinegro praiano encantava até torcedores adversários e não havia quem não soubesse escalar a linha de ataque santista com Dorval, Mengálvio, Coutinho, Pelé e Pepe.

Era o caso dos nossos dois estudantes. Tomar a decisão de matar as aulas de matemática foi mais fácil do que somar dois mais dois. E, convenhamos, não havia geometria que resistisse a um drible de Pelé.

O Pacaembu daqueles dias permitia certas ousadias a dois jovens com futebol correndo pelas veias. O túnel de acesso aos vestiários ficava bem próximo dos "portões monumentais". Com muita cara de pau, algum equilíbrio e uma boa dose de malabarismo, os dois conseguiram penetrar no gramado assim que o jogo terminou. Já se dirigiam para o túnel dos vestiários quando foram descobertos por um funcionário do Santos que, aos berros, tentava enxotá-los.

Foi aí que apareceu o Rei. Ele mesmo, Pelé, em carne e osso. Suado e ofegante depois de noventa minutos de futebol, o maior jogador de todos os tempos passou a mão na cabeça de seus dois minissúditos e soltou um "deixa os meninos em paz, deixa entrar", que garantiu a livre circulação dos garotos na área restrita aos jogadores.

Não existe teorema na matemática capaz de explicar a emoção que os dois meninos viveram naquela tarde. Os jogadores já haviam partido quando eles deixaram o estádio vazio. Na imensidão da praça Charles Miller, os dois heróis davam urros de alegria. Matar aula... Pular o alambrado... Estar ao lado de Pelé... A vida era boa demais!

2.

NUNCA ME ESQUECI DAQUELE encontro com Pelé. Saí do estádio absolutamente encantado, ao lado do meu colega de travessura, Paulo Napoli. O Rei já era bicampeão do mundo e tinha olhado para mim, passado a mão na minha cabeça! Isso era a glória para um menino que estava matando aula justamente para ver Pelé.

Pula dez anos. Comecinho de 1974. Eu estava trabalhando numa empresa de representações, vendendo embalagens plásticas, era sócio de um ex-funcionário do meu pai, Milton César Bonfim. E Milton, palmeirense doente, era fanático pelo *Disparada do Esporte*, um programa da rádio Gazeta AM de São Paulo. Nada fazia Milton vender embalagens entre onze e meia e uma e meia da tarde.

Eu sempre fui Flamengo, desde a infância carioca na Tijuca, perto do Maracanã. Mas nessa época eu "estava" santista por causa de Pelé e daquele time do Santos. Um belo dia, Milton chegou da rua e me disse que a Gazeta estava procurando um "comentarista eclético" e havia aberto um concurso.

"Você vive dizendo que sabe tudo de esporte e de futebol. Que jogou basquete, handebol, vôlei. Que nadou, fez atletismo e estudou educação física. Pois eu fui lá e te inscrevi."

Achei aquilo uma loucura. Eu já era casado, Lúcia, minha mulher, estava no final da gravidez, e eu precisava continuar vendendo embalagens plásticas para sustentar uma família que começava a crescer. Não havia a menor chance de parar de trabalhar.

Mesmo assim, topei o desafio. Disse a Milton que iria ganhar a vaga e chegamos a apostar um jantar. Eram três dias de prova, quase mil candidatos reunidos no Teatro Gazeta. No último dia, sábado à tarde, já nos estúdios da rádio na avenida Paulista, foram entrevistados os três finalistas para a vaga de comentarista. O entrevistador era Roberto Petri, idealizador do concurso e um visionário do jornalismo esportivo da época — foi dele e de Eli Coimbra a ideia de criar o torneio Dente de Leite, para meninos de oito a dez anos, que revelou muitos craques do futebol paulista com o lema "Craque na bola, craque na escola". Um desses meninos foi Muricy Ramalho, craque na bola e hoje um craque como técnico.

Lembro da primeira pergunta de Petri: "Além do futebol, de que esporte você entende?".

"Todos", respondi bem metido.

Expliquei que tinha praticado vários esportes, vendi o meu peixe.

No fim, foi anunciado o vencedor do concurso, o novo comentarista da Rádio Gazeta: "Carlos Eduardo".

Era eu!

"Você ganhou, vai trabalhar com a gente", me disse Petri.

"Precisamos criar um nome para ele", disse uma voz no estúdio. "Ninguém pode ser comentarista esportivo com o nome de Carlos Eduardo."

E começaram a inventar uns nomes. Veja só que situação: eu acabava de ganhar um concurso, era sábado à tarde, os caras dizendo que eu ia começar a trabalhar na segunda e um bando de malucos querendo arrumar um nome para mim.

Foi quando um dos operadores de câmera da TV Gazeta, irmão de Milton Peruzzi, diretor e principal narrador da casa, disse que meu sobrenome era muito bom: "Galvão Bueno". Naquele momento, em março de 1974, no edifício Cásper Líbero na avenida Paulista, eu deixei de ser Carlos Eduardo. Já saí do estúdio com o nome de Galvão Bueno.

As pessoas acham que meu sobrenome é Bueno e meu nome é Galvão. Esse é o sobrenome da minha família. É curioso, porque meu pai, que era conhecido no meio artístico, no rádio, na televisão e na publicidade na década de 1950, usava Aldo Viana como nome profissional. Mas o nome completo dele era Aldo Viana Galvão Bueno.

Meu pai criou uma das coisas mais fantásticas da TV ao vivo no final dos anos 1950, dirigindo o programa de entrevistas de Silveira Sampaio. Ele inventou um telefone de onde Silveira "conversava" com o presidente JK. Na estreia, a conversa foi mais ou menos a seguinte:

"Presidente, o senhor soube que o Carnaval do Rio foi um sucesso financeiro, rendeu muito dinheiro para a cidade? Não soube, presidente? Pois o senhor deveria colocar os responsáveis pelo Carnaval no Ministério da Fazenda, já que o Alkmin (o então ministro José Maria Alkmin) está fazendo um carnaval das nossas finanças... Alô... alô, presidente?... Pelo jeito a linha caiu!"

Meu pai me contava, rindo muito, que todos foram chamados ao Palácio do Catete, de onde esperavam sair demitidos, mas foram elogiadíssimos pelo próprio JK. Outros tempos...

Quis a história que ele ficasse conhecido como Aldo Viana e eu como Galvão Bueno. Minha mãe, Mildred dos Santos, casada, passou a se chamar Mildred dos Santos Galvão Bueno. Eu sou seu filho único, Carlos Eduardo dos Santos Galvão Bueno.

3.

Naquele estúdio da Gazeta surgiu o personagem Galvão Bueno. Eu sou um personagem. Dois dias depois, na segunda às dez da manhã, acertei o salário com a Gazeta. Ia ficar apertado, mas, depois de estar pela primeira vez em um estúdio e de ganhar o concurso, eu falei para mim mesmo: "Minha vida é isso aqui! Não vou mais vender plástico, vou vender emoção!".

Sou um cara competitivo, sou quase doentiamente competitivo. Por isso, digo que o esporte é a minha vida. Mais ainda, foi o esporte que norteou a minha vida desde pequeno. Eu sempre quis ser o cara que melhor jogava futebol na escola, que melhor jogava basquete, que melhor jogava vôlei... Nunca consegui ser o melhor em nada, mas fui razoavelmente bom. E hoje eu entendo o que é isso. É essa minha enorme vontade de competir o tempo todo.

Vou dar um exemplo. Consegui quebrar uma regra de ouro na TV Globo, a de que os números de audiência eram um segredo de Estado. O Boni trancava os números a sete chaves. Internamente, eu consegui que nas minhas transmissões, a cada cinco ou dez minutos, a audiência do momento fosse informada à equipe. Não só para mim. Para os comentaristas que estavam comigo na cabine, os repórteres em campo, o pessoal das áreas técnicas. Já cansei de ver o pessoal do áudio ou os caras da produção vibrarem ao saber que aquilo que eles estavam fazendo estava atraindo espectadores. Isso fez muito bem a todos. Esse espírito de competitividade é permanente nas equipes que trabalham comigo. Eu sou assim. Hoje, os números de audiência são liberados na maioria dos eventos e programas ao vivo.

4.

O esporte é a maior escola da vida. Ele te ensina a lutar quase que desesperadamente pela vitória. Mas ele ensina também que as derrotas são inevitáveis. Você aprende a usar vitórias e derrotas como quiser. Eu detesto perder, sempre detestei. De alguma forma, eu já sabia que estava predestinado a me ligar ao esporte e a ser competitivo.

Tenho dois tios, irmãos da minha mãe, Antônio e Brasil, que têm uma participação direta nessa minha formação. Tio Antônio, flamenguista doente, começou a me levar ao Maracanã quando eu tinha uns cinco anos. O Flamengo foi tricampeão em 1953, 1954, 1955, e eu muitas vezes saí do "maior e mais bonito" — como se dizia na época — enrolado na bandeira rubro-negra. Em casa, tio Brasil simulava transmissões de jogo de botão comigo, e eu, pequenininho, fazia o papel do comentarista. Meu tio dizia: "Parece o João Saldanha, não para de comentar, não para de falar...". Quer dizer, esse espírito do narrador já existia em mim.

Sempre fui ligado a todos os esportes. Na juventude, disputei campeonatos de basquete, vôlei, handebol, futebol, futebol de salão, atletismo, natação, hipismo. Tudo isso ajuda a entender o adolescente de doze, treze anos, que matava aula vergonhosamente — não aconselho a ninguém — para ver jogo de Pelé no Pacaembu. É extremamente gratificante para mim que toda a minha família esteja envolvida com o esporte.

Lúcia, minha primeira mulher, eu conheci nos I Jogos Estudantis Brasileiros, em 1969. Ela era jogadora de vôlei e eu, com dezenove anos, era o técnico de basquete do time estudantil de Brasília. Começamos a namorar em Niterói, no ginásio Caio Martins, vendo o homem descer na Lua. Desirée, minha segunda mulher, fez faculdade de Educação Física. Depois fez sucesso como modelo e se tornou empresária, mas fez faculdade de Educação Física.

Meus filhos Cacá e Popó, nem preciso falar, são profissionais de primeiríssimo nível como corredores de automóvel, multicampeões. Letícia, minha filha mais velha, sempre cuidou de gestão esportiva, trabalha comigo e já trabalhou com os irmãos; quer dizer, também trilha os caminhos do esporte. Luca, meu caçula, está buscando o esporte dele. Léo, meu enteado, filho de Desirée, está terminando a faculdade de Business for Sports Management na Flórida, Estados Unidos, e quer se encaixar no mundo da gestão esportiva.

Em outras palavras, a minha vida é total e absolutamente ligada ao esporte, desde que eu me conheço por gente. Isso acaba tendo relação direta com o dia em que Pelé passou a mão na minha cabeça e, dez anos depois, com o concurso da rádio Gazeta. Eu nunca tinha falado num microfone antes e, naqueles três dias dentro do estúdio, descobri o que eu queria fazer na vida. O esporte já estava em mim, isso eu sabia. De repente, comecei a encontrar o que sempre havia buscado, mesmo sem ter procurado. Eu acho que nasci para ser vendedor e, como eu já disse, acabei virando um vendedor de emoções. Milton César Bonfim ficou me devendo o jantar que eu ganhei naquela aposta.

E eu devo a ele a minha profissão.

5.

Na segunda-feira cedo, acertei salário na Gazeta e logo depois do almoço já estava no ginásio do Ibirapuera, onde começava o WCT — que é hoje o Circuito Mundial de Tênis — com Bjorn Börg, Rod Laver, Arthur Ashe e o brasileiro Thomaz Koch. Detalhe importante: eu não era narrador, era comentarista. Então, fiquei comentando tênis de segunda a sexta-feira.

Não cheguei a fazer as finais desse torneio. No meu primeiro fim de semana de trabalho fui apresentado à famigerada "escala de plantão": fui tirado do tênis para comentar meus primeiros jogos de futebol. Naquela época, a programação dos jogos que seriam transmitidos acompanhava a loteria esportiva. E no sábado, no Maracanã, jogavam Botafogo e Olaria. A Gazeta estaria lá, narração de Osvaldo Maciel, comentários de Galvão Bueno.

Peguei um avião em São Paulo no sábado, 16 de março de 1974, e fui para o Rio para minha primeira transmissão. O jogo acabou 0 a 0. Na manhã seguinte, outro avião, agora para Belo Horizonte. Tinha jogo no Mineirão: América Mineiro 0 x 2 Santos.

Nunca mais parei de viajar.

Minha filha Letícia nasceu no dia 29 de março, dezoito dias depois de minha estreia na rádio Gazeta. Naquela época, eu andava pensando em fazer uma segunda faculdade, de administração, mas a vida me mostrava outro caminho. Resolvi dividir meu tempo entre a rádio e as embalagens plásticas.

Vendi plástico por mais alguns meses. Acabei abandonando totalmente e nunca mais larguei o esporte.

Naquele começo como comentarista, eu fazia boxe e basquete, comentava os jogos de futebol, apareceram as primeiras corridas de Fórmula 1 e eu ainda fazia algumas coisas na TV Gazeta. Foi muito intenso. Se me dessem o microfone às sete da manhã e me mandassem falar até meia-noite, eu falava. Entre março e junho, fiz um sucessinho na Gazeta, e aí veio a Copa do Mundo de 1974. As equipes já estavam montadas e não dava mais para me juntar aos que iriam à então Alemanha Ocidental.

Na época, a TV brasileira tinha a Globo, que estava começando a ser importante; a Tupi, que estava deixando de ser importante; e ainda a Bandeirantes, a Gazeta e a Record. Para a Copa de 1974, estas três emissoras se uniram numa parceria chamada Sibratel, Sistema Brasileiro de Televisão. Cada uma enviou uma equipe à Alemanha: Fernando Solera e Chico de Assis, da Bandeirantes; Peirão de Castro e Rubens Pecci, da Gazeta; Silvio Luiz e Blota Júnior, da Record. No Brasil ficaram três caras para transmitir *off tube*, ou seja, narrar os jogos daqui, dos estúdios da Bandeirantes. Eram Sérgio Cunha, da Record, Alexandre Santos, da Bandeirantes, e eu, da Gazeta. Menino ainda, recém-chegado na profissão.

Eu tinha 23 anos quando aquela Copa começou.

6.

Nessa Copa aconteceu algo bem engraçado: a transmissão de um jogo que não existiu. Chegamos ao estúdio e fui avisado que faríamos Suécia e Bulgária. Preparamos a escalação das duas seleções. Entrou um time de amarelo, a Suécia, e outro de branco, a Bulgária. E o jogo começou. Larsson, Edström, da Suécia; Panov, Vassilev, da Bulgária, bola para lá, bola para cá.

Em determinado momento, lá pelos quinze minutos do primeiro tempo, a Suécia foi ao ataque, Simonsen chutou em gol, e a bola saiu pela linha de fundo. "Tiro de meta para a Bulgária." Quando eu disse isso, a câmera deu um *close* no placar e apareceu: Alemanha Oriental 0 x 0 Austrália. O jogo era outro! Olhei para os lados, meus colegas estavam tão surpresos quanto eu. Comecei a narrar "tiro de meta para a Alemanha Oriental", e fomos em frente. Austrália de amarelo, Alemanha Oriental de branco. Eu só conhecia o nome de um jogador, o alemão Jürgen Sparwasser, que, aliás, jogou uma barbaridade. Demorou alguns minutos até aparecer alguém na cabine com a escalação dos dois times. A partida acabou 2 a 0 para os alemães. A televisão daquela época tinha essas coisas.

Suécia e Bulgária jogaram, mas no dia seguinte. Foi 0 a 0.

7.

Terminada a Copa (Alemanha Ocidental campeã, batendo a Holanda na final), aconteceu uma das incríveis histórias do futebol. Naquela época, existia um torneio importante, chamado Ramón de Carranza, que era jogado todo ano em Cádiz, na Espanha. Em 1974, foi disputado o mais badalado Ramón de Carranza de todos. A cena estava montada para o confronto que não tinha acontecido na Copa. Em 1974, Pelé já estava fora da seleção. A grande figura daquele mundial tinha sido o holandês Johan Cruijff. Para aquela edição do Ramón de Carranza foram convidados o Santos, de Pelé, o Barcelona, de Cruijff, o Palmeiras e o Espanyol, também de Barcelona, que havia sido campeão no ano anterior. Tudo foi armado para que na final ocorresse o grande embate que o mundo não tinha visto: Pelé *versus* Cruijff, Santos *versus* Barcelona.

A Gazeta, talvez em reconhecimento à minha rápida ascensão, me escalou para a equipe que foi ao torneio. Na verdade, eu virei o protegido de Milton Peruzzi. Lá fomos para a Espanha: Peruzzi, Osvaldo Maciel, que era o outro narrador, e eu.

Então demos aqui uma volta de dez anos.

Pelé passou a mão na minha cabeça no Pacaembu em 1964. Dez anos depois, fiz a minha primeira viagem internacional para comentar o confronto de Pelé com Cruijff, aquele que o mundo não viu na Copa de 1974.

Entrei no velho Boeing da Varig e quem estava no avião? O time inteiro do Santos. E na penúltima fila da classe econômica, sentado lá atrás como qualquer mortal, Pelé. De repente eu estava ao lado do Negão. Só o corredor nos separava. Ele estava dormindo, parecia que tinha tomado um daqueles remédios que apagam o sujeito por horas. Já eu, estava ligadíssimo. E nervoso, porque os outros jogadores faziam o diabo para ele acordar. Eu estava achando aquelas brincadeiras uma tremenda falta de respeito com o Rei. É o Pelé, caramba!

A tabela do torneio tinha Santos contra Espanyol e Barcelona contra Palmeiras, para que Santos e Barcelona disputassem o título. Não deu certo: Espanyol e Palmeiras venceram e no domingo jogaram a grande final. O confronto que o mundo não viu foi pelo terceiro lugar e continua quase inédito. Pouquíssima gente assistiu ao Barcelona meter 4 a 1 no Santos. No escaldante verão espanhol, à beira do Mediterrâneo, de frente para Gibraltar, quem iria para o estádio às três da tarde? A Gazeta estava lá com a equipe completa. Aí, às dez da noite, com casa cheia, teve Palmeiras 2 x 1 Espanyol, Palmeiras campeão.

Na transmissão da final, ficamos à beira do gramado e assim que o jogo terminou, Peruzzi, que era palmeirense, mandou que eu invadisse o campo para entrevistar os jogadores que comemoravam o título. A polícia espanhola veio atrás de mim e aí aconteceu um desses lances bem brasileiros: Luís Pereira me puxou para dentro da rodinha dos jogadores, a polícia me esqueceu e eu entrevistei quase todos os campeões. Fomos com os jogadores para a festa no hotel, onde o técnico Oswaldo Brandão resolveu ele próprio fazer o jantar da vitória.

O que mais você pode querer de uma primeira viagem internacional? Viajar ao lado de Pelé, fazer um Ramón de Carranza, comentar um jogo que tinha de um lado Pelé, e de outro Cruijff, participar de um título do Palmeiras. Voltei de lá maravilhado.

Com quatro meses de profissão eu já sabia que nunca mais iria vender embalagens plásticas.

"Essa é a vida que eu quero, essa é a vida que eu pedi a Deus."

8.

Fiz um sucesso razoável na Gazeta. Fiquei lá de 1974 a 1977, fazendo de tudo, comentando o que aparecia na minha frente. Depois de três anos, chamado por Milton Peruzzi, fui com ele para a TV Record. Mas acabou sendo uma passagem curta... A Record estava fora do futebol, mas Paulo Machado de Carvalho tinha comprado os direitos da Copa do Mundo de 1978 e nos contratou para poder vender patrocínios.

Eu já estava de olho em outro concorrente.

Naquela época, o melhor elenco de esportes de São Paulo estava na Rádio Bandeirantes. Fiori Gigliotti, Mauro Pinheiro, Flávio Araújo, Ênio Rodrigues, Loureiro Júnior, Luiz Augusto Maltoni. Na reportagem, Roberto Silva, J. Hawilla... Era o máximo e, claro, meu sonho era ser comentarista da "cadeia verde-amarela" da Bandeirantes. Darcy Reis, diretor de esportes de lá, me chamou um dia — eu tinha ido para a Record uns dois meses antes — para contar que estava sendo formada a Rede Bandeirantes de Televisão e que Loureiro Júnior, segundo comentarista, ia ser o narrador no Rio de Janeiro. Ele me ofereceu o lugar do Loureiro em São Paulo. E foi além: disse que Mauro Pinheiro, o comentarista titular, iria parar dali a um ano, depois da Copa de 1978. Então eu assumiria o lugar dele, seria o principal comentarista da emissora.

"Pqp!" Eu ia trabalhar com Fiori Gigliotti! O moleque ia ser "o" comentarista! Fechei na hora. Fui até a Record e pedi demissão. Peruzzi ficou chateado comigo, mas expliquei — e ele entendeu — que a oferta era irrecusável.

Dois dias depois, Darcy me telefonou: "Não deu certo, Galvão, o Loureiro não vai mais para o Rio... prefere ficar em São Paulo, a esposa dele é professora aqui perto, em Jacareí...".

"Pô, Darcy, eu pedi demissão na Record!", eu disse. "Estou desempregado e com dois filhos em casa!" Além de Letícia, eu já tinha Cacá também.

Darcy fez um silêncio de alguns segundos.

"Vem aqui conversar comigo", disse, e bateu o telefone.

Lá fui eu para o Morumbi — onde até hoje fica a sede da Bandeirantes — para uma reunião que iria mudar minha vida mais uma vez.

Entrei na sala e ele fez a proposta.

"Por que você não vai para o Rio, na vaga que seria do Loureiro?"

"Porque eu sou comentarista, não sou narrador", respondi.

"Se o Loureiro, que é comentarista de rádio, fez algumas experiências como narrador de televisão e deu certo, por que você não pode fazer a mesma coisa?"

Não respondi.

"Você não é carioca?"

"Sou."

"Sua família não mora no Rio?"

"Mora."

"Então você vai ser o narrador da TV Bandeirantes no Rio."

"Não! Eu não sei fazer isso, Darcy. Eu nunca vou aprender a narrar."

E eu disse mais uma coisa: "Você consegue me imaginar, com essa vozinha pequena, gritando 'gooooool'? Eu sou comentarista, Darcy! Comento basquete, vôlei, futebol, boxe, Fórmula 1...".

Quanto mais eu argumentava, mais ele insistia.

"Então vamos fazer uma experiência", sentenciou.

Estava para acontecer um torneio em Cáli, na Colômbia, uma espécie de mundialito que serviria como eliminatória para a Copa do ano seguinte, na Argentina. Da equipe da Bandeirantes foram Fernando Solera, narrador, Alberto Helena, comentarista, e Chico de Assis, repórter.

"Eu também ia", disse Darcy, "mas ficarei aqui e você vai gravar comigo os jogos da seleção, como se fosse uma transmissão em circuito fechado. Você narra, eu comento e depois a gente assiste para ver no que deu."

Olha que generosidade do velho Darcy Reis em fazer uma coisa dessas comigo! Era realmente um cidadão do bem, pena que partiu tão cedo!

Assim fizemos: eu narrava os jogos do Brasil no estúdio, ele comentava, e no dia seguinte a gente assistia; ele, eu e Ivan Magalhães, produtor executivo e meu chefe na Bandeirantes — o mesmo Ivan que hoje, quarenta anos depois, é meu sócio nos negócios de pecuária e de vinho. Depois do segundo jogo, um 8 a 0 sobre a Bolívia, com quatro gols de Zico, levaram o trabalho para o diretor-geral, Cláudio Petraglia, a autoridade máxima da Bandeirantes. E Cláudio aprovou. Mas eu ainda tinha as minhas dúvidas.

"Vocês têm certeza do que estão fazendo?"

Foi, mais uma vez, Darcy quem decidiu.

"Vai, meu filho, vai embora para o Rio, começa uma nova fase na tua vida."

9.

Isso foi em 1977. Lá fui eu para o Rio, com Lúcia e dois filhos pequenos, para ser narrador de futebol da TV Bandeirantes. Nunca mais fiz outra coisa na vida. Exatamente dois meses depois narrei meu primeiro jogo, um Flamengo e Vasco, com o Maracanã lotado. O jogo era gravado à tarde e o videoteipe passava à noite.

Tudo quase foi por água abaixo quando o diretor-geral da Bandeirantes carioca tentou me demitir. Ele havia sido presidente da Embratel — Renato Teixeira Bastos — e foi colocado no cargo para fazer média com os militares, que mandavam no Brasil naqueles anos. Fiquei sabendo que corria perigo e apelei para Ivan Magalhães, em São Paulo.

"Vá para a sala do diretor", me disse Ivan. "O telefone dele vai tocar."

Fui lá, o telefone tocou e eu só ouvia o Bastos dizendo "claro, claro, ele é muito bom, vou mantê-lo na equipe...". Fiquei.

No ano seguinte, lá estava eu na Argentina, já no primeiro time da Bandeirantes, na Copa de 1978, aquela que eu considero a minha primeira Copa, já que em 1974 eu tinha ficado no Brasil. A minha ida para a TV Globo começou ali, quando fui contratado para ser comentarista da Rádio Bandeirantes e resolveram que eu seria narrador de televisão. Fiquei três anos e pouco nessa função.

Em 1980 começou o namoro com a Globo.

É claro que me atraía bastante a ideia de mudar para a emissora líder. Isso acabou acontecendo, em agosto de 1981. Quando eu cheguei, Luciano do Valle ainda estava na Globo, éramos dois narradores. Logo depois ele saiu e eu fiquei. Eu fui basicamente por causa da Fórmula 1. Um pouco também pelo futebol, mas bem menos. A Fórmula 1, na época, tinha doze corridas por ano, e nós íamos a todas, Reginaldo Leme e eu.

Transmitíamos só as finais do Campeonato Brasileiro, os jogos da seleção, eliminatórias, Copa do Mundo e Olimpíadas. Mas não existia a grade do futebol como temos hoje, com jogos às quartas e aos domingos. Isso veio muito depois. Minhas Copas foram as da Argentina em 1978, na Bandeirantes; Espanha, em 1982, já na Globo; México, em 1986; Itália, em 1990; Estados Unidos, em 1994; França, em 1998; Coreia/Japão, em 2002; Alemanha, em 2006; e África do Sul, em 2010. Foram nove Copas do Mundo. Agora, em 2014, a décima.

Em 2014 completei quarenta anos de Copa e também quarenta anos de profissão. Trabalhei três anos e meio na Gazeta, dois meses na Record, quatro anos na Bandeirantes, dez meses na rede OM do Paraná (hoje CNT) e 33 anos na Globo até agora.

Essa é a história, a minha trajetória. Darcy Reis e Ivan Magalhães são os "irresponsáveis" por eu ter me transformado em narrador.

10.

NESSE TEMPO TODO, FIZ poucos jogos de Pelé. Comentei um dos últimos jogos dele pelo Santos, contra o Guarani, em Campinas, ainda na Gazeta, mas nunca narrei jogo dele. E logo depois ele foi jogar no Cosmos, em Nova York. Em 1990, eu narrei, na Globo, um jogo em homenagem aos cinquenta anos dele. Era a seleção brasileira e Pelé contra um combinado do resto do mundo. O técnico do Brasil era Paulo Roberto Falcão.

Pelé quase fez um golaço, mas Rinaldo, ponta-esquerda do Fluminense, em vez de passar para ele, livre dentro da área, arriscou um chute e mandou para fora. Seria o último gol do Rei do futebol. Esse jogo foi no San Siro, em Milão, no dia 31 de outubro de 1990. Ali, Pelé e eu já tínhamos uma amizade muito boa, que cresceu nas eliminatórias e durante a Copa de 1990, recém-terminada. Naquela cobertura na Itália nós éramos inseparáveis.

Depois do jogo dos cinquenta anos, houve uma festa, um jantar numa espécie de restaurante com boate, nada comparável ao que foi o Gallery, de São Paulo, de meu amigo José Victor Oliva. Havia uma área um pouco mais elevada, como se fosse um palquinho, e nela quatro mesas onde estavam Pelé, alguns amigos dele e a família. Eu estava em outra mesa, no meio do salão. O professor Júlio Mazzei — preparador físico, amigo histórico de Pelé, responsável pela ida dele para o Cosmos — me fez um sinal e disse: "O Pelé está chamando você".

"Para quê?", respondi.

"Para você se sentar lá. Lugar de amigo querido da família é lá, perto dele, na mesa dos cinquenta anos."

E eu sentei à mesa com Maria Lúcia e Zoca, irmãos dele. Foi uma emoção muito forte. Eu tinha quarenta anos e ele estava fazendo cinquenta. E ainda jogava muita bola. Se quisesse teria jogado fácil até os cinquenta. Ele treinou, sei lá, quinze dias para fazer aquele amistoso e jogou pra caramba! E Rinaldo, em vez de passar, mandou a bola para as nuvens — só eu sei o tanto que o xinguei por não ter dado aquela bola para Pelé!

II.

Eu penso muito em Pelé e vivi coisas engraçadas e emocionantes trabalhando com ele. Em 1982, estávamos na Copa da Espanha, minha primeira Copa na Globo. Nos encontramos em Gijón, onde fui narrar Alemanha e Argélia, jogo em que Arnaldo foi bandeirinha e que Pelé comentou para a mexicana Televisa. Terminado o jogo, Arnaldo conseguiu para mim a camisa dos argelinos, uma das mais belas daquela Copa e que tenho até hoje. Fomos jantar juntos, nós três, Sérgio Noronha e Zoca, irmão de Pelé. Terminado o jantar, Pelé sugeriu que a gente "tomasse um digestivo" num *night club* que ficava no subsolo do nosso hotel. "Lá a gente pode beber o que quiser."

Tem uma coisa engraçada: eu vi muita gente chamar o Pelé de Negão, inclusive os colegas dele, jogadores do Santos — o que eu vi em 1974 —, e jogadores da seleção brasileira que eu entrevistei... Enfim, para muitos o homem é o Negão e ponto. Mas a família o chama de Rei, e ele merece ser chamado de Rei!

Ao chegarmos na entrada do tal *night club*, Zoca se agitou e disse o seguinte: "Nós não vamos entrar em fila para esperar mesa.... Somos os amigos do Pelé! O esquema é assim: a gente fica parado na porta e deixa o Rei entrar. O Rei entra e todos os homens do lugar correm para cima dele. A gente entra depois. As mulheres estarão sozinhas e as mesas vazias".

Não deu outra: Pelé entrou e foi uma coisa enlouquecedora, todo mundo correndo para cima dele e, a partir dali, você podia escolher a mesa que quisesse. "Para alguma coisa ele tem que servir, né?", gargalhava Zoca. Foi uma noite muito divertida. Tomamos lá nosso digestivo, como Pelé dizia, e fomos dormir cedo.

Foi deliciosa também a Copa de 1990. Éramos uma equipe pequena, a que tinha sobrado depois que o Collor e a Zélia Cardoso de Mello meteram a mão no nosso bolso e confiscaram nossa poupança. Com isso, foi embora também a grana da produção da Copa do Mundo. Por isso, éramos poucos e vivíamos grudados. Eu, Pelé e outro cidadão sensacional chamado Arnaldo Cezar Coelho.

Outra cena com Pelé ficou na história da televisão: aquela da final da Copa de 1994, em que Baggio perdeu o pênalti e eu comecei a gritar "Acabou! Acabou!". Nós três, Pelé, Arnaldo e eu, parecendo uns débeis mentais, pulando abraçados, meus óculos querendo saltar da cara... Apesar de hoje achar meio ridículo, foi uma emoção incrível estar ao lado dele naquele momento.

Em 1993 fomos parar em Cuenca, no Equador, para fazer a Copa América. Pelé tinha recém-descoberto uma nova paixão: só pensava em jogar tênis. "Onde é que nós vamos arrumar um lugar para jogar aqui?", ele perguntou assim que entramos no pequeno hotel da cidade. Aliás, uma cidade agradabilíssima, com uma bela Plaza de Armas, bons restaurantes... Mas era Cuenca, com todo respeito, no interior do Equador.

Pergunta daqui, pergunta dali, nos indicaram uma moça que trabalhava com os organizadores da Copa. "O sogro dela tem uma casa com quadra de tênis." "Sí, por supuesto, será un orgullo, un honor", disse a moça, e, na manhã seguinte, lá fomos nós jogar tênis, nós e o sócio dele na época, Hélio Viana. Pelé jogava mal, mas ganhava de mim, invariavelmente. Eu ganhava o primeiro *set*, mas no segundo cansava, e ele, mesmo com dez anos a mais, tinha muito mais preparo físico do que eu. Naquela Copa América eu tinha 42 e ele 52. Pelé me botava para correr e ganhava o jogo!

É claro que quando chegamos a tal casa tinha uma multidão esperando Pelé. Como sempre, ele foi atencioso, tirou fotos com todo mundo, deu autógrafos para quem pediu... Ele me ensinou muita coisa nesse trato com o público. Pelé é incrível, nunca diz não. Eu já vi Pelé ser abordado umas 40 mil vezes e ele nunca disse não.

Pois no meio dessas fotos todas, lá em Cuenca, estava o netinho do dono da casa. E tive outra lição de vida de Pelé que nunca mais me saiu da cabeça. Nós estávamos em 1993, Pelé tinha parado de jogar em 1977: eram, portanto, dezesseis anos. E o menino tinha, sei lá, sete, oito anos, nunca tinha visto Pelé jogar. Na verdade, quando ele nasceu Pelé nem jogava mais! E, entre todas as fotos que Pelé tinha que tirar para pagar nossa quadra de tênis, uma era com esse netinho do dono da casa.

De repente, ouve-se uma voz de criança: "Abuelo, donde está la pelota?" (Vovô, cadê a bola?). Como é que um menino vai tirar uma foto com Pelé sem uma bola? Foi um Deus nos acuda para achar uma *pelota*, e Pelé ali, sorrindo, esperando, uma coisa inacreditável. Virou-se o mundo do avesso até que apareceu uma bola para a foto. Pode acreditar, Pelé nunca disse não e é assim até os dias de hoje.

Um dia, resolvi fazer uma sacanagem com ele. Estávamos em Santiago do Chile para um jogo das eliminatórias. Fui ao restaurante Le Due Torri, um italiano que frequento até hoje, e falei para o gerente que eu queria a sala reservada da casa "porque vou trazer o Pelé para jantar. Pode deixar a porta aberta, nós vamos chegar e você, por favor, avise aos fregueses do restaurante que o Pelé vai atender todo mundo, tirar fotos, dar autógrafos, mas só depois que acabar o jantar".

"Sí, por supuesto, espectáculo", me disse o chileno.

Me lembro das pessoas que estavam na mesa: Hélio Viana, J. Hawilla, Kléber Leite, Chico Anysio e algumas das esposas. Pois estávamos lá, restaurante lotado e, como combinado, não vinha ninguém falar com Pelé. Ele ficou incomodado! Eu rindo por dentro e ele se sentindo esquisito, se mexendo na cadeira, olhando para os lados, até mudou de posição para aparecer um pouco mais. Ele estava desesperado porque ninguém vinha pedir uma foto, um autógrafo. Deve ter sido o pior jantar da vida de Pelé.

Vendo a angústia dele, antes mesmo de o jantar terminar, fiz sinal para os garçons, "libera", e foi um chuá. Vieram homens, mulheres, e ele lá, sorrindo para todos. O mais engraçado foi a mudança de expressão: primeiro, cara de quem morria de preocupação, depois, um sorriso daquele tamanho.

Aqui cabem umas palavras sobre Chico Anysio. Nesses quarenta anos de trabalho, convivi com muita gente de talento, mas Chico Anysio foi o maior artista que conheci. Ele era único. O cearense Francisco Anysio de Oliveira Paula Filho era mais de cem em um só, era um pouco de cada um de seus inesquecíveis personagens. Aprendi muito com ele. Mas a melhor coisa mesmo de ter trabalhado com Chico foi ter me transformado em seu amigo.

Volto ao Pelé.

Nessas viagens de trabalho, a gente sempre jantava fora e ele nunca pagava nada... Ele era Pelé, antes de mais nada, e também um tremendo mão de vaca. Na Copa da Itália, teve um dia em que eu, Ciro José — que era diretor de esportes da Globo — e Marco Antônio Rodrigues, o Bodão — na época editor-chefe do *Globo esporte* —, estávamos conversando na redação e alguém comentou que estava mais do que na hora de Pelé pagar um jantar para a equipe. Eu e Ciro fomos avisá-lo: "Ô Rei, nós vamos sair do estádio Olímpico para jantar depois do jogo e você é quem vai pagar a conta. Pode escolher o restaurante".

Juntamos umas vinte pessoas, uma turminha animada, e Pelé escolheu o Alfredo di Roma. O Alfredo sempre foi, na prática, um restaurante de um prato só, o famoso *fettuccine all'Alfredo*, e é quase impossível ir até lá e comer outra coisa. Tudo bem, pensei, escolherei uns vinhos para rechear a conta dele. Ainda não estávamos na era dos supertoscanos, mas mesmo assim bebemos bem, teve um Brunello di Montalcino e um belo Barollo, entre outras coisas. Estava garantido o objetivo de engordar a conta que Pelé pagaria.

De repente, Alfredo, o dono, em pessoa, entrou no salão. Ele havia sofrido um AVC, tinha dificuldade de movimentos num dos braços, mas estava sorridente. Havia uma tradição no restaurante dele de oferecer um garfo de ouro para os clientes ilustres saborearem o *fettuccine*. Ele trouxe um garfo desses para o Pelé, um *fettuccine* novinho e fumegante e um fotógrafo. Colocou-se atrás de Pelé e *flash*, várias fotos com o garfo, com o prato, abraçando Pelé, sorrindo etc.

Quando Alfredo e o fotógrafo saíram, Pelé, rindo sozinho, disse para todos: "Ó, trato é trato. Paguei o jantar."

Pô, rapaz, pensei comigo, aquela foto valia quantos jantares? Talvez Alfredo já tenha morrido, mas a foto está numa parede do restaurante até hoje. O Rei não falou nada. Olhou e sorriu como quem diz: vocês se deram mal, eu sou Pelé, paguei o jantar com meia dúzia de fotos!

Ainda nesse capítulo de "contas a pagar", há outra história em Cuenca: saímos para jantar, aquele time de sempre, ele, eu, Hélio Viana, Mário Sérgio e o falecido Eli Coimbra, repórter da Bandeirantes. Fomos a um restaurante surpreendente, um francesinho, numa rua estreita. Entramos por uma portinha pequena, o lugar era um luxo. Pedimos um bom vinho. O jantar seguia e eu já estava moral e emocionalmente preparado para pagar a conta. Aí Pelé se virou e disse: "A conta é minha". Eu falei: "Pelé, você tá de sacanagem, deixa de brincadeira!".

Mas ele tirou um cartão de crédito do bolso e pagou a conta. Aí ficamos sabendo que ele tinha acabado de assinar um dos melhores contratos de publicidade do esporte mundial com a Mastercard. E fazia parte do contrato — que ele tem até hoje — um cartão com um limite de não sei quanto, que ele estava livre para gastar. Perdeu a graça. Pelé começou a pagar contas. Aquela talvez tenha sido a primeira conta que ele pagou na vida.

12.

EU SAÍ DA GLOBO em 1992 — voltei em 1993 — para ser sócio na parte esportiva de uma rede de televisão, a OM, no Paraná, que hoje é a CNT. Pelé tinha a empresa dele, a Pelé Sports Marketing, e nós tocamos juntos um projeto para fazer renascer a Copa do Brasil, torneio que tinha acabado no ano anterior.

A Copa do Brasil, nos moldes em que é disputada hoje, nasceu no escritório de Pelé, estruturada por nossas duas empresas. Apresentamos para a CBF, ela aceitou e a Copa do Brasil está aí até hoje. É o caminho mais curto para chegar a Libertadores. A ideia era possibilitar confrontos que antes não aconteciam. O Vasco da Gama, por exemplo, foi jogar em Manaus com o Nacional em 28 de julho de 1992, placar de 1 a 1. Clubes assim não jogavam havia não sei quantos anos; então, quando isso acontecia, os estádios ficavam lotados, a festa era sempre grande. Criamos a fórmula de que quando a equipe visitante ganha por dois gols de diferença, não precisa fazer o jogo de volta, e foi um enorme sucesso.

13.

Fizemos três Copas juntos, 1990, 1994 e 1998. Quero falar mais sobre a de 1994, pois foi nela que uma cena muito mal interpretada fez parecer que tínhamos brigado.

O jogo era Brasil e Suécia, na primeira fase, em Detroit. Depois da partida — empate muito ruim por 1 a 1 — uma parabólica captou um pedaço de conversa que acabou sendo divulgado na imprensa. Passaram o jogo inteiro me enchendo o saco, dizendo que Pelé estava falando demais. Era preciosismo, um erro de avaliação da Globo. Pelé nunca fala demais. Pelé é Pelé. Terminado o jogo, eu reclamei — fora do ar, evidentemente. A parabólica só captava o que eu dizia e ninguém ouvia o que respondiam. Então eu disse: "Não posso desligar o microfone dele". Pelé estava ao meu lado, ouvindo tudo, escutando os dois lados da conversa. Já cheio daquela lenga-lenga eu perdi a paciência com quem estava reclamando de Pelé. Repito, ele estava do meu lado e dava risada de tudo. A revista *Veja* publicou só o que eu disse, e ficou parecendo que tínhamos brigado, o que jamais aconteceu.

Tanto que a Copa seguinte, a de 1998, foi agradabilíssima, fantástica. Ele tinha outros compromissos e por isso a gente não ficava colado o tempo todo como na Itália, em 1990. Além de trabalhar nos jogos, foi ali que criamos o

Bem, Amigos!, programa que existe até hoje e que começamos a fazer na nossa redação em Paris. Eu apresentava e participavam Pelé, Falcão, Júnior, Arnaldo, Casagrande e, do estúdio no Rio, Romário. Cada programa tinha um convidado.

Era engraçado, porque a diferença de fuso nos obrigava a fazer o programa às cinco da manhã, meia-noite no Brasil. Foi um sucesso tão grande que Marluce Dias — na época diretora-geral da TV Globo — queria que o programa entrasse na grade da emissora, mas depois ficou claro que o formato não era para a TV aberta. Marluce sempre teve muito carinho por mim e foi uma pessoa que eu aprendi a respeitar e admirar. Foi ela quem me apresentou a Érico Magalhães, que foi diretor da Central Globo de RH e que passou a ser meu interlocutor nas renovações de contrato, sempre com o aval dela. Isso foi um enorme salto profissional para mim, representou uma mudança de patamar na minha relação com a emissora. E ainda acabou gerando uma grande amizade com Érico quando descobrimos que o basquete nos unia. Havíamos jogado na mesma época, ele atuando pelo Botafogo carioca. Quando Érico deixou a TV, Vanessa Pina assumiu suas funções com a mesma competência e uma enorme diferença: ela não joga basquete, mas é muito mais bonita.

Até hoje o *Bem, Amigos!* está no SporTV. Era, e continua sendo, um bate-papo sobre futebol misturado com música. Lá na França foram Ivan Lins, Nelson Motta, Daniela Mercury e, no último programa, Gilberto Gil, que tínhamos escolhido para comemorar o título que não veio.

Pelé se divertia muito. A gente chegava dos jogos em voos fretados. Fazia jogo em Lyon, saía do estádio para o aeroporto, pegava o jatinho, descia em Le Bourget, o aeroporto executivo de Paris, chegava a redação por volta de duas horas da manhã, o programa era às cinco. Pelé escolhia um sofá na sala do Luiz Fernando Lima — nosso diretor —, deitava e dormia. Nós tínhamos uma garrafinha de uísque escondida no armário do Fernandinho Guimarães, que dirigia as operações da TV. Tomávamos sempre uma dose para nos manter acordados e capazes de fazer o programa.

Uma noite, Pelé disse: "Hoje quem vai cantar no começo do programa sou eu". E quem sou eu para dizer a Pelé que ele não vai cantar? Havia umas lixeiras de plástico na redação com as cores do Brasil e da França, invenção de Luisinho Nascimento, chefe de redação naquela e em muitas outras

Copas do Mundo. Pelé pegou uma delas e começou a batucar. Júnior acompanhou, Arnaldo atravessou o samba, e Falcão começou a fazer número com uma lata, porque batucar ele não sabe. Mas Pelé e Júnior garantiram. Pelé, como bom vascaíno, se lembrou de Martinho da Vila e começou a cantar: "No cais dourado da velha Bahia/ onde estava o capoeira/ a iaiá também se via. Juntos na feira ou na romaria. No banho de cachoeira/ e também na pescaria" e cantou o samba-enredo inteiro que Martinho havia composto para a sua Vila Isabel, "Yáyá do Cais Dourado". Não tenho a menor ideia de onde ele tirou isso. O que eu sei é que ele acordou quinze pras cinco, lavou o rosto, fez a maquiagem, entrou no estúdio e começou a cantar.

Esse é Pelé.

14.

Antes dos jogos, falávamos bastante, combinávamos tudo. Ele me consultava sobre o que deveria dizer. "A que horas eu falo, eu espero você perguntar?" Ele me chamava, brincando, de "meu diretor". Pelé tinha a humildade de saber que estava ali com profissionais de televisão, coisa que ele não era. Por isso, perguntava tudo. Ele tinha o jeito dele. Terminada a transmissão, queria saber: "Como é que eu fui? Fui bem? Fui mal?".

As pessoas exigiam ou imaginavam que ele seria um comentarista tão brilhante quanto fora jogador. Evidente que não era assim. Mas ele analisava o jogo muito bem, tinha visão do que estava acontecendo e do que poderia acontecer, tinha sacadas ótimas. Como por exemplo no Brasil e Argentina da Copa de 1990, a única boa partida de nossa seleção num mundial em que tivemos nossa pior participação, pelo menos entre as Copas em que trabalhei. No intervalo — estava 0 a 0 — ele disse: "Estou preocupado. O Brasil jogou seu melhor primeiro tempo, mas não soube ganhar. E não saber ganhar é a coisa mais próxima da derrota que existe". E podia ter completado: "Esse filme eu já vi". O jogo acabou com vitória da Argentina, com aquele gol de Caniggia que nos mandou de volta para casa nas oitavas de final.

15.

O MUNDO QUERIA SABER o que Pelé ia falar. Ele errou algumas vezes, acertou muitas outras, mas sempre parti do princípio de que qualquer pessoa que fosse amante do futebol iria gostar de saber o que Pelé tinha a dizer. Foram seu Dondinho e dona Celeste que fizeram Edson Arantes do Nascimento, mas quem criou Pelé foi Deus. E quando Deus pegou o Edson e o transformou em Pelé, foi para jogar futebol. Um cara do bem, bom caráter, gentil, amistoso, mas não obrigatoriamente um gênio na televisão.

Para mim, foi assim: Pelé passou a mão na minha cabeça de menino nos anos 1960, viajei perto dele nos anos 1970, e nos anos 1990, durante toda uma década, trabalhei e convivi de perto com ele. Tenho uma honra enorme disso.

Em janeiro de 2004 sofri um acidente cavalgando na minha fazenda no Paraná e tive que ser internado no hospital Albert Einstein, em São Paulo, onde passei por uma complicada cirurgia. Meu braço esquerdo estava praticamente perdido e foi salvo pela arte do doutor Moisés Cohen e equipe. No hospital, quem passava os dias conversado e distraindo a mim e a Desirée era meu amigo irmão e sócio Luiz Eduardo Batalha. E todos os dias eu recebia a visita de dois colegas de profissão, amigos queridos e solidários, Silvio Luiz e Jorge Kajuru.

Um belo dia, a porta do meu quarto se abriu e entrou o Rei, quase camuflado para não chamar muita atenção. Imaginem minha alegria ao receber aquela visita. Um fotógrafo d'*O Globo* que estava ali de plantão registrou a cena. Em dezembro de 2014, cheguei da Europa num fim de semana e passei a segunda-feira me preparando para apresentar o *Bem, Amigos!* especial de entrega dos prêmios aos melhores do Brasileirão. Planejava visitar Pelé no Einstein — onde se recuperava de uma infecção no rim — na terça-feira em que ele convocou a imprensa para anunciar que havia recebido alta, que estava indo para casa. Mandei entregar um enorme buquê de rosas brancas com um bilhete: "Rei, meu querido amigo, me preparei para te visitar no hospital, mas, graças a Deus, não deu tempo. Desirée e eu estivemos sempre orando por você, que bom que você já está em casa".

Pelé é Pelé.

Meus jogos inesquecíveis

A primeira vez a gente nunca esquece, diz a sabedoria popular. Por isso, meu primeiro jogo inesquecível deveria ser o da minha estreia como narrador na TV Bandeirantes, aquele 0 a 0 entre Flamengo e Vasco no Maracanã, em 9 de agosto de 1977, pelo segundo turno do Campeonato Carioca. Mas não foi. Foi o primeiro jogo do Brasil em Copa do Mundo que narrei, em 6 de junho de 1986, no México. O grande Osmar Santos, então o narrador da Globo para jogos do Brasil, teve um problema de saúde e eu transmiti o jogo. Brasil 1 x 0 Argélia, gol de Careca. A oportunidade caiu do céu e ficou guardada aqui no cantinho do meu coração.

Em seguida, veio a Copa de 1990 e outro jogo inesquecível: o Brasil e Argentina que comentei acima. Era minha primeira vez como narrador oficial dos jogos do Brasil e aquela partida estava ganha no primeiro tempo. Só que a bola não entrou. Aí, deram um minutinho de liberdade ao Maradona e ele enfiou a bola para Caniggia, que fez o gol e nos mandou para casa.

Outro jogo inesquecível é o da final de 1998, uma das grandes barrigas que a imprensa mundial já engoliu, a história da convulsão de Ronaldo, a ida dele a um hospital sem nenhum jornalista perceber que ele não estava no ônibus da seleção. O Brasil travou duplamente. Travou na angústia dos jogadores, preocupados com Ronaldo, e travou taticamente. O técnico francês botou dois caras adiantados pelas pontas, segurou Cafu e Roberto Carlos e nós ficamos sem saída. A França foi melhor e nos aplicou um 3 a 0. O jogo é inesquecível muito mais por todas essas circunstâncias dramáticas do que pelo que aconteceu em campo.

Teve também a classificação do Brasil para Copa de 1994 — Brasil 2 x 0 Uruguai, no Maracanã, em 20 de setembro de 1993 —, quando Parreira finalmente se deixou vencer pela lógica e trouxe o baixinho marrento, Romário, para aquele último jogo das eliminatórias. Romário acabou com o Uruguai. Narrei os dois gols dele, já no segundo tempo. Para mim, o Brasil começou a ganhar a Copa ali, porque Romário tinha voltado ao seu lugar de direito para ser o maior jogador do torneio mundial. A simbologia do retorno de Romário na hora em que a seleção precisava ganhar para se classificar fez desse um jogo inesquecível para mim.

Da Copa de 2002, o jogo inesquecível foi aquele em que cometi uma pequena loucura — Brasil e Inglaterra, quartas de final. No horário brasileiro, a partida começava às três horas da madrugada. Foi talvez a única vez na televisão que uma transmissão deu cem por cento de *share*, 63 pontos de audiência, e a concorrência, zero — traço, como se diz na linguagem de TV. Emanuel Castro gritava no meu ouvido: "Ô maluco, os outros estão dando traço, vamos fazer história!". O helicóptero da Globo começou a sobrevoar São Paulo e eu pedi que as pessoas apagassem e acendessem as luzes de casa. Coisa de maluco. Já pensou a vergonha se ninguém acendesse e apagasse a luz? De repente, a câmera aberta lá de cima, e milhares e milhares de casas no bairro da Casa Verde e ao redor, perto da marginal do Tietê, apagando e acendendo as luzes, uma loucura. Esse é o poder da seleção brasileira e da Rede Globo. Marco Mora, diretor-executivo da Central Globo de Esportes, tem uma foto dessa cena em sua sala até hoje.

Teve também a partida final do pentacampeonato, Brasil e Alemanha. Sabe o que é você narrar um jogo e não passar medo em quase momento algum? Chegamos ao estádio com a certeza absoluta de que o Brasil seria campeão. As duas seleções tinham o maior número de vitórias, o maior número de títulos, e jamais tinham se enfrentado em Copa do Mundo. A gente tinha todo o trabalho de Felipão, a preparação, a confiança que ele deu ao time. Cafu e Roberto Carlos voando. Rivaldo, Ronaldinho Gaúcho e a redenção do Ronaldo Fenômeno, uma coisa espetacular. Ganhamos de 2 a 0! Esse foi o meu antepenúltimo jogo inesquecível.

O penúltimo foi o da final da Copa de 1994, pela carga emocional. O Brasil não chegava à final desde 1970, já eram cinco Copas sem ganhar nada, nosso melhor resultado tinha sido disputar o terceiro lugar duas vezes, uma vez com a Polônia, em 1974, quando perdemos, e a outra vez com a Itália, em 1978, vitória nossa. A final de 1994 com a Itália foi um sufoco. Fazia um calor danado, a bola não entrava, veio a prorrogação, as minhas canelas machucadas e inchadas de tanto pontapé que eu tomava de Pelé. Na cabine, ele quis fazer os gols que os jogadores não fizeram em campo e deu uns dez bicos na minha canela — cada bola que alguém ia chutar, ele chutava junto.

E lá vamos nós para a maldita decisão nos pênaltis. Porra, será que vai ser como na partida contra a França, em 1986, quando perdemos por 4 a 3 nos pênaltis? Será que vai ser como contra a Argentina na Copa América de 1993, um ano antes, quando fomos derrotados nos pênaltis por 6 a 5? Márcio Santos abriu nossa série e perdeu, mas o italiano também havia perdido antes. Depois foram Branco, Dunga e Romário, que não estava na lista, mas falou para Parreira: "Professor, me bota pra bater que vou meter essa porra pra dentro". A cobrança dele ainda bateu na trave antes de entrar. E aí, sobrava Bebeto. Imagine a pressão que Bebeto ia ter para bater o ultimo pênalti da série! Mas veio Baggio, jogou lá no quinto andar da arquibancada e veio aquela maluquice do "Acaboooou! É tetra! É tetra! Acabou!". O resto todo mundo sabe.

Meu último jogo inesquecível... não aconteceu. Eu tinha certeza de que seria inesquecível narrar o Brasil jogando a final da Copa de 2014 no Maracanã, mas a seleção ficou pelo caminho, num 7 a 1 que eu não aceito como "inesquecível".

As Copas no Brasil: manifestação nas ruas, euforia nos estádios

1.

O dia 12 de junho de 2014 caiu numa quinta-feira. Foi o primeiro dia de trabalho da minha décima Copa do Mundo e passou a ser uma das datas mais importantes da minha vida. Acordei em São Paulo e fui fazer minha preparação normal, meu dever de casa: verificar o uniforme e preparar o caderninho que sempre levo comigo, com minhas anotações pessoais, informações e as escalações de Brasil e Croácia. Esse é o dia a dia de meus últimos quarenta anos de eventos e transmissões.

De repente, no curtíssimo trajeto entre meu hotel e a Globo São Paulo, a ficha caiu: "Peraí, eu tô indo fazer a abertura da Copa do Mundo no Brasil!". É como se eu tivesse trabalhado quarenta anos para que esse dia chegasse. Copa do Mundo é o auge para um jornalista esportivo. O que dizer de uma Copa em casa? Mesmo depois de o Brasil já ter sido escolhido como país sede, nunca tinha passado pela minha cabeça a imagem daquela manhã: eu me preparando para o jogo de abertura da minha décima Copa do Mundo, no meu próprio país.

Entrei no prédio da emissora sem saber direito o que viria pela frente. Esse era o grande desafio. Minha cabeça parecia um liquidificador batendo muitos sentimentos. Primeiro, orgulho e realização profissional. Junto, uma enorme, imensa felicidade por ser no Brasil. Por fim, um sentimento que nem sei definir direito por estar escalado para ser o narrador principal, o apresentador, o animador da festa, a pessoa que centralizaria os trabalhos daquela cobertura na TV Globo. Quando saí do hotel me veio a percepção de que eu estava iniciando o trabalho que poderia me levar ao meu melhor momento profissional. Já nem interessava saber se o Brasil iria ganhar ou perder, qual seria a sequência — e a consequência — da Copa de 2014.

Mas tinha também o medo: o que vai acontecer do lado profissional? Como o telespectador vai receber o trabalho? Como seremos tratados pelo torcedor nas ruas e nos estádios? Quais serão os números de audiência? A imagem ficou ainda mais real quando embarquei no helicóptero que me levaria até as proximidades do estádio. A pá girando sobre nossas cabeças parecia a de um liquidificador, misturando ansiedade, felicidade, orgulho, medo e um pouco de insegurança.

2.

Isso me jogou lá para trás na minha história, ao começo de tudo. Incorporei por alguns segundos o menino Carlos Eduardo, que gostava de muitos esportes e que, quando escolheu uma faculdade, foi a de Educação Física. Vi aquele jovem que jogou de tudo e era melhorzinho no basquete. Passou muito rápido na minha cabeça um filme que me fez viajar por quarenta anos de profissão, mais até, por cinquenta anos de vida, até 1963, quando eu tinha treze anos e ia ver o Santos de Pelé jogar no Pacaembu.

Ainda não era meio-dia e foi muito bacana ver lá do helicóptero a movimentação em São Paulo. Já havia um fluxo em direção a Itaquera, alguns congestionamentos, a cidade estava meio parada esperando a abertura da Copa. A chegada ao estádio foi tranquila, não houve tumulto e a torcida nos recebeu com muito carinho e incentivos.

À medida que a Arena Corinthians foi se enchendo de torcedores, eu me sentia cada vez melhor. O estádio quase lotado e nosso estúdio também. Num determinado momento, tínhamos ali a alta direção da TV Globo, composta por Carlos Henrique Schroder, diretor-geral da Rede Globo, Ali Kamel, diretor-geral de jornalismo e esporte, Renato Ribeiro, diretor de esporte, João Pedro Paes Leme, diretor de conteúdo de esporte, e Roberto Marinho Neto, diretor de Projetos Esportivos, os câmeras, o pessoal do som, da arte, da maquiagem, da produção, Patrícia Poeta, o repórter Marcos Uchôa, velho companheiro de tantas Copas e Olimpíadas. Arnaldo também chegou, depois vieram Casagrande e Ronaldo.

Todos tinham a convicção de ter feito o melhor até ali, cada um em sua área. Ainda assim, enquanto não começava, havia certa tensão. Me dei conta de que ali, de todos os colegas, o mais experiente era eu. Faltando poucos minutos para começar para valer o trabalho, eu disse a todos: "Gente, todo mundo fez de tudo durante muito tempo para que tudo corresse bem. Essa cobertura vai ser um sucesso, não tenho dúvida nenhuma". Em seguida, fiz questão de cumprimentar todos, como faço sempre, batendo as palmas das mãos no alto.

Quando coloquei o fone de ouvido e abri o microfone, ouvi mensagens de quem me ajuda nas transmissões: Marco Mora, Sidney Daguano, Fernandinho Guimarães, Franklin Toledo, Sérgio Barros — o Serginho-Serginho, porque repete tudo o que diz —, Duda e Ricardinho. Todo mundo fez questão de dizer alguma coisa positiva. E vamos embora que vai começar!

3.

NESSE DIA DA ESTREIA eu trabalharia com duas equipes. Primeiro, teríamos que narrar o show de abertura, talvez o maior fracasso dessa Copa do Mundo. Achei meio burra a decisão de entregar a uma coreógrafa estrangeira — no caso, uma belga — a tarefa de contar em quinze minutos o que é o Brasil. Meus três tenores foram Patrícia Poeta, Marcos Uchôa e o repórter Renato Ribeiro. Mais tarde, para o jogo propriamente dito, vieram meus outros tenores: Arnaldo Cezar Coelho, Walter Casagrande e Ronaldo Fenômeno, sempre com os dois repórteres, dois verdadeiros solistas, no gramado: Tino Marcos e Mauro Naves.

"Tá contigo, Galvão."

Ouvi a deixa e soltei o primeiro "Bem, amigos da Rede Globo..." da Copa de 2014.

Pronto! O avião tinha decolado. E tinha que voar até o dia da final, 13 de julho. Decolou bem, bonito, redondinho, em céu de brigadeiro. Os primeiros números de audiência foram excepcionais, e aí, então, começou para valer a Copa do Mundo.

Era fundamental que o Brasil ganhasse a partida. Ganhou, mas foi complicado. A seleção saiu atrás, fez 1 a 1, estava difícil. O juiz japonês arrumou um pênalti em cima de Fred, e Arnaldo, na hora, teve a firmeza de dizer: "Não foi pênalti". Viramos. Depois veio o gol de Oscar e aí acabou!

O trabalho ainda continuaria no *Jornal Nacional*, ancorado por Patrícia Poeta e por mim, lá da Arena Corinthians. Mas isso já era parte do voo de cruzeiro, a decolagem se completara com o apito final de Brasil 3 x 1 Croácia. Ficaram as sensações positivas. No meu liquidificador, batia agora uma grande alegria, íntima, pessoal, um sentimento só meu. E, mais do que tudo, a certeza de que teríamos uma grande Copa do Mundo.

4.

Tive essa certeza já no primeiro dia, mas ainda com um pezinho atrás, afinal era o jogo de abertura e o sucesso podia ter acontecido apenas por ser estreia, por ter começado com vitória da seleção brasileira. Certeza mesmo eu tive em Manaus, para onde voamos no dia seguinte, para transmitir Itália e Inglaterra. Aí não era a abertura nem havia o envolvimento emocional com a seleção. Você chega a Manaus para um confronto de duas grandes forças do futebol mundial e era como se o Brasil estivesse ali. Manaus me encantou! Havia um clima de festa nas ruas, a Fan Fest na beira do rio, todo mundo vestindo verde e amarelo, jurando que a cidade tinha a rua mais enfeitada do país. Senti que era grande nas pessoas a alegria de receber a Copa do Mundo. Quando saímos de lá, fizemos uma escala para reabastecimento em Altamira, no Pará.

Foram três situações completamente diferentes: São Paulo recebeu a seleção brasileira e a abertura da Copa; Manaus recebeu um grande jogo de dois adversários importantes, mas que não tinha nada a ver com o Brasil. E em Altamira a Copa só chegava pela televisão, pelo rádio e pela internet. Mas estava presente. A Copa não passou por Altamira, mas Altamira estava dentro da Copa e os brasileiros ali se sentiram nela. Ao decolar de Altamira em direção a Fortaleza para o segundo jogo da seleção, eu não tinha a menor dúvida: "Esta Copa vai ser um espetáculo". E foi.

Isso se repetiu em Montes Claros, Minas Gerais, na volta de Fortaleza para São Paulo. E dessa vez foi muito engraçado porque Casagrande, com aquele jeitão dele, dizia: "Ôrra meu, eu já joguei aqui". No pequeno aeroporto, Casão insistia: "Quando eu tinha dezoito anos me emprestaram para a Caldense (de Poços de Caldas) e eu vim jogar em Montes Claros no campeonato mineiro". "Contra quem?", perguntei. "Contra o Ateneu de Montes Claros." O chefe de controle do aeroporto emendou: "Faz tempo isso, hein! Esse clube já fechou há décadas".

5.

Quando comecei a reunir histórias para este livro, a ideia era lançá-lo antes da Copa de 2014. Mas, com tudo o que aconteceu na Copa das Confederações, resolvemos aguardar a Copa do Mundo. Por quê? Porque a Copa das Confederações, que já seria importante por ser o evento teste da Copa do Mundo, acabou entrando para a história por conta das manifestações, mais do que justas, que explodiram nas ruas. Ela acabou sendo marcante porque envolveu muito mais do que esporte.

Ninguém se esquecerá daquelas semanas incríveis de futebol e manifestações. Vou aqui começar falando da parte esportiva, da reconquista de um protagonismo que a nossa seleção tinha, infelizmente, perdido. Eu lembro que Mano Menezes disse no *Bem, Amigos!*, logo ao assumir a seleção, que sua missão seria a de recuperar nosso protagonismo. Acho que ele fez um bom trabalho, pensando no período crítico que pegou, logo depois de uma Copa do Mundo — a de 2010 — que, para nós, tinha terminado muito mal.

Era uma tarefa complicada. Todos desconfiávamos que era pouco provável que o trabalho dele durasse um ciclo inteiro. Ainda mais após a troca de comando na CBF. O presidente que tinha saído, Ricardo Teixeira, era mais ligado às questões comerciais e políticas da CBF, não se metia no futebol em si e deixava o técnico trabalhar. Aí assumiu José Maria Marin, que tinha uma ligação com o futebol desde o tempo em que foi jogador, na juventude. E ele, junto com seu vice, Marco Polo Del Nero, gostava de opinar sobre o que acontecia na seleção. Os dois acharam que uma mudança tinha que ser feita.

O futebol brasileiro nunca chegou tão desacreditado a um evento como chegou à Copa das Confederações de 2013. Eu nunca imaginei que a dupla Felipão e Parreira — os dois últimos técnicos campeões do mundo com o Brasil — fosse funcionar tão bem. Luiz Felipe Scolari trouxe Murtosa, seu homem de confiança de tantos e tantos anos, mas a participação de Parreira foi fundamental na transformação do time, que, de desacreditado, passou a ser protagonista. Felipão tem um lado emocional muito forte, sabe trabalhar o aspecto motivacional com os jogadores. Parreira é um cara mais estudioso, quase um teórico. O que a gente viu também foi um Felipão um pouco diferente daquele de 2002, uma pessoa realizada profissional e pessoalmente e de bom humor, com um comportamento mais afável, bufando menos e sorrindo mais.

6.

Eu tive a comprovação disso na véspera da estreia do Brasil na Copa das Confederações. Fui convidado para uma conversa com Felipão e Parreira, lá na concentração da seleção em Brasília — eu estava com João Ramalho, meu colega da Globo, e eles, com Rodrigo Paiva, na época diretor de comunicação da CBF. Fomos depois do *Jornal Nacional* e ficamos lá um tempão num bate-papo com os dois e Murtosa. Ali, eu comecei a perceber que existia um entrosamento muito grande entre eles. Em Fortaleza, os dois vieram participar do *Bem, Amigos!*, transmitido de um estúdio armado nos jardins do hotel da seleção. Fizemos um trato: eu os liberaria depois de meia hora. Mas eles acabaram ficando quase noventa minutos, Felipão emendando uma história na outra. Tanto que, quando eu disse "tá na hora de liberar vocês", o próprio Felipão respondeu: "É, quem falou muito hoje fui eu!". Nesse programa ele revelou como a coisa funcionava: Parreira, mais equilibrado; ele, mais emocional. "De vez em quando, Galvão, tenho vontade de mandar alguém...", achei que ele ia terminar com "...pra pqp", mas completou: "...pro inferno". Aí vinha Parreira dizendo "calma, Felipe, vamos lá, vamos conversar". Um completava o outro, são dois apaixonados por futebol, dois vitoriosos. A escolha da dupla acabou sendo muito feliz e mudou o clima do time.

Em outro *Bem, Amigos!*, no dia seguinte à grande vitória em cima da Espanha, Fred esteve conosco. Lembrou que, nos dois primeiros jogos, não tinha feito gols, e que Jô tinha vindo do banco e marcado. Contou que Parreira o chamou para uma conversa: "Fred, às vezes, é muito mais importante você abrir espaço e fazer uma assistência do que fazer o gol". É claro que centroavante vive de gol, mas Parreira tentou tranquilizá-lo com o lado tático da questão. Depois Fred foi chamado por Felipão: "Você é o meu centroavante e só sai do time se perder uma perna. Enquanto estiver com as duas, você vai jogar comigo". Ou seja, foram conversas bem diferentes, no estilo de cada um. No jogo seguinte, contra a Itália, Fred fez dois gols e acabou virando o artilheiro do torneio.

7.

A COPA DAS CONFEDERAÇÕES representou a recuperação da nossa autoestima, o resgate do amor e do respeito do torcedor, comprovados pela participação de todos dentro dos estádios. O momento histórico foi no Maracanã, na final, quando um coro de umas 75 mil vozes começou a cantar "o campeão voltou!". Essa foi a grande vitória do futebol brasileiro na Copa das Confederações, maior até do que o próprio troféu ou o título.

A minha participação nessa cobertura estava revestida de uma expectativa maior, de um nervosismo mais acentuado. Afinal, o evento era no Brasil e o nosso futebol vivia uma fase muito ruim, praticamente abandonado pelos torcedores. Eu tinha a missão de narrar os jogos e de liderar nossa equipe de transmissão. A novidade era que estávamos recebendo um reforço de peso na equipe (nenhuma alusão aqui ao peso do corpo, só ao peso histórico do grande craque): a chegada de Ronaldo Fenômeno. Formamos um time novo, depois de tantos anos com Falcão — a quem, aliás, faço aqui uma reverência especial, pois sinto falta de trabalhar com ele. O ideal seria ter Arnaldo, Falcão, Casagrande, Júnior — com quem fiz a Copa de 2010 — e receber Ronaldo, mas seria impossível. Meus parceiros de transmissão incluíam também os repórteres Mauro Naves, com quem trabalho há dezoito anos cobrindo seleção, e Tino Marcos, que na Copa de 2014 completou, junto com Arnaldo, 25 anos ao meu lado em transmissões de seleção brasileira. Tino é um profissional fácil de definir: é o maior e mais importante repórter de futebol da história da TV brasileira. Fico muito seguro ao lado dele.

Além das transmissões, eu participaria ancorando esse povo no *Central da Copa*, apresentado por Tiago Leifert e Alex Escobar, com participação de Caio Ribeiro. E entraria ao vivo no *Jornal Nacional*, nas vésperas dos jogos do Brasil, como tinha feito na Copa de 1998, com William Bonner, e nas Copas de 2002, 2006 e 2010 com Fátima Bernardes. Bonner foi escalado como âncora do *JN* nos locais onde o Brasil jogaria. Fizemos isso só no jogo da estreia, em Brasília, o 3 a 0 contra o Japão. Aconteceu o que todo mundo sabe: a tampa da panela de pressão explodiu, as manifestações tomaram as ruas de todo o Brasil e William Bonner, que além de apresentador também é editor-chefe do *Jornal Nacional*, em acordo com a direção da emissora, voltou para a redação, no Rio de Janeiro.

8.

"Você segura a onda, Galvão?", vieram me perguntar. Olha, desafio é o que eu mais gosto, faz parte de minha vida profissional e de minha maneira de ser.

Adoro situações extremas, trabalhar com adrenalina no nível máximo. Naquela mesma noite, Bonner estava de volta à bancada, e eu comecei a ancorar sozinho o noticiário da Copa das Confederações no *JN*. O primeiro dia foi meio nervoso, porque essa tinha sido uma mudança de última hora, mas éramos um grupo de profissionais experientes: Ricardo Villela, editor responsável pelo *JN* itinerante, João Pedro Paes Leme, diretor de conteúdo de esporte, e Renato Ribeiro, diretor de Esporte. Graças a Deus, deu tudo certo, e fiquei muito contente.

Essa é a essência da vida do jornalista. Ali Kamel, diretor-geral de Jornalismo e Esporte, e Renato Ribeiro me passaram uma orientação: gostariam que eu não estivesse ali apenas para "ler", mas que tentasse impor o meu jeito de ser, que desse as informações com as minhas palavras. A experiência de Ricardo e João Pedro contou muito. Havia muitas sugestões, escrevíamos e reescrevíamos os textos, acrescentávamos comentários, buscávamos as palavras adequadas, e assim passamos a ocupar cada vez mais espaço. Minhas entradas foram crescendo a ponto de, no sábado, véspera da final Brasil e Espanha, ocuparmos praticamente o jornal inteiro.

No telejornalismo existe uma briga feroz por tempo, cada segundo vale muito, por isso digo que foi uma demonstração de grandeza de Bonner ceder todo aquele espaço no *JN*.

9.

No plano profissional, portanto, tudo corria muito bem e dentro do que se poderia imaginar. Mas, como vimos, essa Copa das Confederações seria sempre lembrada de forma diferente por causa das manifestações. Os jornalistas talvez até já soubessem que as coisas caminhavam mal, por mais discursos positivos que tivéssemos, por melhores que fossem os números de desemprego e a diminuição dos níveis de pobreza.

Nunca me vangloriei disso, mas também fui para as ruas na juventude. Em 1968, eu morava em Brasília, tinha dezoito anos, era estudante e fui às assembleias, tomei porrada, gás lacrimogêneo, jato d'água... Eu me indignava, me sentia na obrigação de me manifestar contra a ditadura. Dona Mildred, minha mãe, e tia Rejane levavam comida aos estudantes que se mantinham em assembleia permanente, sitiados pelos militares no campus da universidade. Em 2013, o povo brasileiro chegou ao seu limite. Por isso a comparação com a panela de pressão: o feijão vai cozinhando, a panela vai criando pressão e, de repente, a tampa pode explodir.

Tudo começou com uma manifestação contra o aumento da tarifa de ônibus e se espalhou pelas ruas quando ficou evidente que os gastos na construção dos estádios e da infraestrutura, tanto para a Copa das Confederações quanto para a Copa do Mundo, eram muito elevados, entre outros motivos, por conta das rígidas normas impostas pela FIFA. Era justo que se fizesse, sim, uma comparação do dinheiro gasto nos eventos com aquilo que poderia estar sendo investido em educação, saúde, infraestrutura, segurança e transporte.

As manifestações começaram de forma pacífica, mas muitas terminaram em pancadaria, vandalismo e repressão, às vezes mais violenta do que o necessário — embora eu reconheça que é difícil fazer um julgamento. Convivemos na Copa das Confederações com as emoções do esporte e com o sadio sentimento de indignação da população. Para mim, como narrador e jornalista, foi muito bom poder gritar "olha o gol", poder gritar "é campeão", poder dizer "o campeão voltou", mas também entrar ao vivo e contar que as pessoas se manifestavam nas ruas e pediam o fim da impunidade, das injustiças, pediam melhores condições de transporte, de saúde, de ensino. Foi muito bom poder misturar o discurso do esporte com o discurso que veio das ruas.

10.

Depois da vitória sobre a Espanha na final, fizemos, Arnaldo, Casagrande, Ronaldo e eu, a última edição do *Central da Copa*. Quando saímos do estádio já passava de meia-noite. Lá mesmo fui informado por Ali Kamel e Renato Ribeiro que eu teria a responsabilidade de, no *Jornal Nacional* do dia seguinte, fazer um comentário para encerrar a cobertura, um texto que desse conta do que tinha acontecido na Copa das Confederações — o título, a união de Felipão e Parreira, a recuperação da autoestima, a reconquista do torcedor — e costurasse isso com a mistura de indignação do povo nas ruas e o entusiasmo nos estádios. Era muito nítido para mim que à medida que ia aumentando a mobilização nas ruas, também ia aumentando a participação do torcedor no estádio.

Encerrei meu comentário dizendo que o Brasil havia reencontrado o Brasil.

11.

Era grande, portanto, a expectativa para a Copa de 2014. Começou o movimento "Não vai ter Copa" — algo em que nunca acreditei —, mas os pontos de interrogação eram muitos. Como vai ser este mundial? Vai ser um fracasso retumbante? Vai envergonhar o Brasil? Nossos aeroportos vão funcionar? Como será a mobilidade? E a questão da segurança? O turista vai ficar exposto a assaltos, crimes e arrastões? Vamos ter uma explosão social, como tivemos em junho de 2013, ou algo ainda maior, por ser um evento tão grande? Até que ponto isso vai interferir ou poderá interferir na Copa? E na parte esportiva, os estádios estarão prontos? E como será a participação do Brasil?

Os bons resultados de 2013 nos fizeram esperar uma participação grandiosa da nossa seleção. O Brasil sempre será um dos favoritos em Copas do Mundo. Mas Parreira e Felipão, nossos líderes, dois profissionais competentes, com a experiência de títulos mundiais, elevaram essa expectativa ao máximo quando começaram a dizer que o Brasil iria ganhar, sim, a Copa do Mundo.

Eu lembro que no *Esporte Espetacular* do dia seguinte ao sorteio das chaves, na Bahia, em dezembro de 2013, perguntei a Felipão: "Você realmente afirma que o Brasil vai ganhar a Copa?". Ele respondeu: "O Brasil vai ganhar a Copa". Depois, Parreira, já em Teresópolis, numa entrevista exclusiva para o *Jornal Nacional*, me disse com todas as letras: "O Brasil vai ganhar a Copa do Mundo".

12.

VAMOS VOLTAR ÀS INTERROGAÇÕES: como seria a Copa? Ela nos faria passar vergonha ou nos faria felizes por sermos brasileiros e termos a Copa no Brasil? Como seriam as manifestações populares? Mais intensas? Mais violentas? E dentro de campo? Estariam certos os nossos líderes ao garantir que o Brasil ganharia a Copa? Ou estariam longe da verdade? E a Copa em si, como ela entraria para a história das Copas do Mundo?

Foi muito bom ter esperado para publicar o livro, pois hoje temos algumas respostas para tudo isso. A primeira coisa que devo dizer é que na Copa não tivemos nenhuma das dificuldades que nós, da Globo, enfrentamos na Copa das Confederações. Basta lembrar que em 2013, em Salvador, no jogo contra a Itália (Brasil 4, Itália 2) saímos do hotel às nove da manhã para um jogo que começaria às quatro horas da tarde!

Na Copa do Mundo, a Globo montou um esquema para nos dar segurança total. Recebíamos informações em tempo real para definir quais caminhos deveríamos tomar. Houve até um exagero no jogo de abertura. Fomos de helicóptero da Globo até o aeroporto de Guarulhos e de lá seguimos de carro. Evitamos uma pequena manifestação que havia na região e chegamos à Arena Corinthians com total tranquilidade.

Isso se repetiu em todos os jogos. Já contei aqui que, no dia seguinte a Brasil e Croácia, fui para Manaus narrar Itália e Inglaterra, abertura do grupo da morte, uma vitória importantíssima da Itália, 2 a 1. Tudo indicava que a Azzurra faria uma grande Copa. Tivemos um esquema de segurança perfeito, tínhamos até batedores do Batalhão de Fronteira e chegamos ao estádio sem qualquer sobressalto. Isso se repetiu a Copa inteira.

Às vezes eu achava que não precisávamos daquele esquema todo, porque havia algo mais fantástico: o carinho popular. Em 2013, quando as manifestações começaram, parte dos protestos tinha sido contra a Globo. Eu sou um alvo fácil nessas horas, até já me acostumei com isso. Mas o que vi e senti na Copa foram demonstrações de afeto, com gente na rua ajudando nosso carro a passar, uma coisa espetacular! O que vi foi a alegria e o envolvimento do torcedor brasileiro em Manaus, em São Paulo, no Rio, em Belo Horizonte, em Fortaleza e em todos os lugares por onde andei, e olha que não foram poucos...

Por uma questão de logística, nossa equipe se movimentava num avião privado. Era uma exigência do trabalho, tínhamos que viajar muito e em horários pouco previsíveis. Quando o ônibus da seleção saía da Granja Comary, nós já estávamos a caminho da próxima parada, fosse ela Fortaleza, Brasília ou Belo Horizonte, para ancorar o *Jornal Nacional* e depois transmitir o jogo. Arnaldo, Casagrande, Patrícia Poeta, Ana Paula, nossa produtora, e José Iecker, nosso "faz-tudo" — além dos eventuais "caronas" —, nas mãos seguras do comandante Henrique e do piloto Rodrigo fizemos um total de 28 decolagens de 13 de junho, dia da abertura, a 13 de julho, dia da final, quando voamos pela última vez de Brasília — onde o Brasil perdeu a disputa do terceiro lugar — para o Rio de Janeiro, onde transmitimos Alemanha e Argentina.

13.

Foi uma experiência incrível. Não falo só por mim, a equipe toda ficou encantada com o que vimos e vivemos. Eram dias extremamente prazerosos, até que veio a dor daquela goleada de 7 a 1. A gente pôde ver que o amor do brasileiro pela seleção continua intacto. A paixão do brasileiro pelo esporte é muito grande. Os torcedores em sua imensa maioria queriam sim a Copa do

Mundo no Brasil. Isso ficou evidente. Ninguém no mundo recebe as pessoas com tanto carinho, com tanta simpatia, com tanto benquerer, como o brasileiro faz, e isso ficou muito claro na Copa.

O maior legado da Copa foi a imagem do Brasil lá fora. Ficou a imagem de um país que sabe receber, um país lindo, diferente, um país que consegue não misturar seus problemas com a alegria das pessoas. Um dos melhores exemplos foi o de Copacabana, a princesinha do mar, bandeira do turismo brasileiro, que antes estava marcada pela violência e pela insegurança. Copacabana viveu a Copa do Mundo 24 horas por dia, todos os dias do torneio.

No Rio, jogaram Argentina, França, Alemanha, Equador, Espanha, Rússia, Bélgica, Chile, Colômbia, Uruguai e Bósnia e Herzegovina. Todas as torcidas se concentraram em Copacabana, que exerceu em sua plenitude a vocação de receber pessoas do mundo inteiro, felizes e encantadas de estar ali.

É claro que tivemos problemas, aqui ou ali, de voos, de engarrafamento, de transporte, problemas pontuais de segurança, mas a Copa foi um sucesso. Falando disso, me ocorre que o mundo todo jogou no Rio de Janeiro, menos o Brasil, porque fizeram a extrema burrice — eu não sei exatamente de quem foi essa incompetência — de definir que só jogaríamos no Maracanã se fôssemos até a final. Onze seleções jogaram no Rio de Janeiro. O Brasil, não. O responsável por isso tinha que ser eliminado do futebol, e talvez até já tenha sido. Se foi Ricardo Teixeira, se autoeliminou.

No final, tivemos muito mais respostas positivas do que negativas às indagações do período da Copa das Confederações. Foi uma grande Copa do Mundo. Na aplicação dos jogadores — vimos um futebol muito mais atlético e físico — e na maneira como o brasileiro viveu o torneio. E, acima de tudo, na intensidade com que o estrangeiro viveu a Copa do Mundo. Não me lembro de ter visto, em dez edições, tantos torcedores de tantos países. Foram 101 mil argentinos, 83 mil americanos e 44 mil chilenos, só para dar alguns exemplos.

14.

Quem poderia imaginar que as Fan Fest explodiriam de alegria daquele jeito? Havia o medo de que elas se transformassem em centros de violência. Durante um bom tempo nem se sabia se elas aconteceriam. E foram festas maravilhosas. Teve um dia que eu não aguentei. No meio da minha corridinha, em Manaus, fui até a porta da Fan Fest... Que coisa espetacular, que alegria, na beira do rio Negro! Depois tive que sair correndo de lá, mas tudo na maior paz.

O futebol também saiu ganhando nessa Copa. Três dias depois da final eu já estava no avião de novo. O trabalho continuaria e no fim de semana seguinte aconteceria o Grande Prêmio da Alemanha. Logo em seguida, o Grande Prêmio da Hungria. Cheguei à Europa, liguei a televisão, Real Madrid e Manchester United estavam jogando num estádio de baseball, o Michigan Stadium, em Ann Harbor, nos Estados Unidos. Pré-temporada, sem os jogadores que estiveram na Copa. Vitória do time inglês por 3 a 1. Havia 110 mil pessoas no estádio para ver uma partida de futebol! O futebol pegou nos Estados Unidos. Agora aguenta que eles vêm aí com tudo.

Aqui, do nosso lado do mundo, foi impressionante a forma como os colombianos foram recebidos. Chegaram às quartas de final e perderam do Brasil por 2 a 1 botando pressão para cima de nós no fim do jogo.

E os argentinos? Uma loucura! Chegaram à final e a invasão foi total — me disseram que havia um Maracanã inteiro de *hermanos* no Rio. Alguns deles se comportando mal em alguns momentos, mas não pela rivalidade com o Brasil, e sim porque gente mal-educada tem em todo lugar, é importante dizer isso.

15.

Tem um detalhe engraçado do nosso trabalho na Globo que agora eu posso revelar. Eu já disse que o planejamento da nossa operação foi supercuidadoso, pensou-se em tudo, em todas as possibilidades de engarrafamento, manifestações, atrasos, chegadas e saídas dos estádios e dos hotéis e até em nossa segurança pessoal nos estádios, onde a reação da torcida é sempre uma incógnita.

Um belo dia, acho que foi no jogo de Fortaleza, o segundo do Brasil alguém espirrou na cabine. Foi a senha para que Ali Kamel, nosso diretor, passasse a exigir que todos os que viessem falar comigo desinfetassem as mãos. Providenciou-se ali uma garrafinha de álcool, e, nos jogos seguintes, até a final, Ana Paula, nossa produtora, teve a missão de conseguir gel desinfetante antes de ir para o estádio.

"Todo mundo pode ficar resfriado nessa cobertura", dizia Ali, "menos o Galvão!" Foi uma sábia providência. Me protegeu durante a Copa, cheguei bem até o jogo final, e aquela falta de voz na prorrogação no Maracanã talvez pudesse ter sido pior ou até ter acontecido antes.

16.

Ter viajado tanto durante o torneio e ter vivido o que vivi naquele período reforçou em mim a certeza de ser contra a frase genial criada por um publicitário que é meu amigo e por quem tenho admiração fantástica, Nizan Guanaes. É ele o autor do "Copa das Copas", bordão ótimo, mas que foi utilizado politicamente pela presidente Dilma. A mistura de esporte e política me arrepia desde os tempos da ditadura, mas infelizmente os políticos não resistem.

Pouco antes da Copa eu recusei um convite para jantar com a presidente Dilma Rousseff, em Brasília. Ela convidou vários jornalistas de esporte, segundo a presidência, para trocar ideias sobre a Copa. Antes de mais nada, eu quero dizer que, como cidadão, respeito profundamente a instituição da presidência da República. Mas o momento não me pareceu apropriado, era véspera da Copa do Mundo e ano de eleição presidencial. Claro que minha primeira atitude foi a de procurar a direção da Globo. Expliquei os meus motivos e fui liberado. Eu estava fora do país, a trabalho, mas queria deixar muito claro que partiu de mim a iniciativa de pedir à Globo que me liberasse de ir a Brasília para esse jantar. Não é nenhum desrespeito à presidente Dilma, muito menos à presidência da República.

Independentemente de qualquer posicionamento político — claro que tenho o meu, mas não vem ao caso aqui —, ganhar a Copa não teria significado a solução dos problemas do país, que continuariam existindo, como continuaram. Da mesma forma, perder a Copa não os faria mais graves. Então, o bordão era absolutamente político.

Eu não diria que foi a Copa das Copas, mas que foi uma Copa diferente. Eu a chamaria de Copa da Intensidade. Dentro e fora de campo. Nas oitavas de final, dos oito jogos, cinco foram para prorrogação, e dois — inclusive o nosso contra o Chile — acabaram em disputa de pênaltis. Jogava-se com muito vigor, lances decisivos aconteciam até o último minuto. O Brasil teve um desses, a bola na trave contra o Chile. Se ela tivesse entrado, nossa história teria terminado nas oitavas — o que talvez fosse melhor que perder de 7 a 1 na semifinal. A Alemanha tomou uma bola na trave da Argélia, na prorrogação, que poderia ter mudado toda a história.

Na primeira fase, os Estados Unidos decidiram o primeiro lugar da chave com a Alemanha, e os americanos perderam um gol incrível aos 47 do segundo tempo que, na pior das hipóteses, teria jogado a Alemanha para o caminho de Argentina e Holanda. O jogo foi para a prorrogação, com vitória alemã. Um gol do Uruguai tirou a Azzurra de uma oitava de final contra a Colômbia e de uma provável quarta de final contra o Brasil.

Foram lances nos últimos minutos, lances na prorrogação, lances no final da prorrogação e decisões por pênaltis. Haja coração para tanta intensidade. No capítulo das disputas de pênaltis, aliás, duas menções especiais. A primeira, nosso Júlio César, que foi gigantesco na decisão contra o Chile. A trave e Júlio levaram o Brasil para as quartas de final. E, a segunda, o técnico holandês Louis van Gaal, que treinou um goleiro de dois metros de altura e o colocou em campo faltando um minuto para acabar a prorrogação. O cara entrou para defender os pênaltis contra a Costa Rica, pegou dois e classificou a Holanda. E ninguém sabia dessa estratégia.

17.

A COPA FICOU MARCADA para nós pela dor de perder em casa a semifinal por 7 a 1, partida que entrou para os livros como a maior derrota da nossa história em Copa do Mundo, a maior derrota da história da seleção brasileira em cem anos, a maior derrota da história das semifinais, a maior derrota de um time dentro de casa. Ou seja, batemos todos os recordes negativos possíveis.

O debate sobre o que aconteceu naquela partida não vai acabar tão cedo. Vamos ter que discutir o formato de trabalho da seleção brasileira, o esquema de concentração, o contato com a torcida e o atendimento à imprensa. A seleção tem que ter a casa dela. Temos a nossa cultura e não podemos agir como a Argentina, por exemplo, que abre os portões uma vez por semana e não atende a imprensa diariamente. Esse esquema não funciona com o Brasil.

A Alemanha deu uma grande lição: se hospedou num *resort* construído especialmente para ela, em Santa Cruz Cabrália, na Bahia. Depois da Copa, o local se tornou um grande empreendimento comercial — hotel e condomínio com terrenos e casas.

Comparando os dois extremos, talvez a coisa mais inteligente feita na Copa do Mundo tenha sido a jogada alemã de construir um espaço para receber a seleção exatamente onde o Brasil nasceu. E a coisa mais burra foi não botar o Brasil para jogar no Maracanã. Um extremo de burrice, outro de inteligência.

Estranhamos ver Schweinsteiger e seus colegas tomando banhos de mar, mas, na hora de trabalhar, eram dois treinos por dia, fechadinhos, para Joachim Löw poder ter sossego e foco.

A Holanda fez outra coisa. Os holandeses são diferentes, quem conhece Amsterdã sabe que a cabeça deles é outra. A forma como encaram a liberdade é completamente distinta da de qualquer outro país do mundo. Eles ficaram num hotel em Ipanema. Jogadores e membros da comissão técnica atravessavam a avenida e iam à praia de manhã, passearam, pegaram táxis para ir ao Corcovado, ao Pão de Açúcar... De noite, iam jantar no Leblon, alguns até com as famílias.

Mas, toda tarde, se fechavam no campo do Flamengo, na Gávea, para treinar. Ninguém entrava e só no finzinho dos trabalhos foi que a torcida laranja conseguiu ver o que podia ser visto. Foi assim que Van Gaal pôde preparar em segredo seu goleiro de dois metros para entrar e defender os pênaltis contra a Costa Rica nas quartas de final.

18.

Na cobertura dessa Copa, nós fizemos uma das mais incríveis edições do *Jornal Nacional* desde que ele existe. A tal ponto que quando o jornal saiu do ar, nos pegamos, todos nós, Patrícia Poeta, eu, os editores, os câmeras, os produtores, enfim, todo mundo, aplaudindo e se abraçando. Nunca tínhamos feito nada igual.

Foi no dia de Brasil 2 x 1 Colômbia, em Fortaleza, o jogo das quartas de final que terminou com aquela contusão de Neymar. O jornal iria entrar praticamente colado no final do jogo. Nosso camisa dez tinha saído de campo numa maca, mas ninguém, até o JN começar, sabia direito o que havia acontecido. Já tínhamos noticiado que Neymar estava num hospital fazendo exames, em entradas ao vivo de nossos repórteres. Mauro Naves estava na zona mista do estádio, na saída do vestiário, ouvindo os jogadores da seleção.

Faltavam uns três minutos para o jornal entrar no ar e eu resolvi ligar para Rodrigo Paiva e tentar saber se havia alguma novidade sobre Neymar. Ele tinha até o direito de não atender, mas, no segundo toque, atendeu, e quando eu disse "Rodrigo", ele não me deixou falar: "Meu amigo, perdemos nosso garoto para a Copa". Foi exatamente essa a frase dele. "O quê?", eu disse, e ele repetiu: "Perdemos nosso garoto para a Copa, fratura". "Fratura de quê, onde?" Senti na hora que Rodrigo também estava emocionado e ainda não tinha todas as informações médicas. Ao meu lado, Patrícia Poeta ouvia e já se posicionava em frente à câmera para abrir o JN. "Rodrigo, obrigado, obrigado, essa eu te devo pro resto da vida, o jornal tá entrando no ar", eu disse e desliguei o telefone.

Me deu outro estalo, meti o dedo e liguei, para o doutor José Luiz Runco, médico da seleção. Aqui, devo fazer mais um agradecimento, pois ele também atendeu na hora. Alguém gritou: "O jornal tá entrando!". Bonner abriu do Rio: "Vamos imediatamente ao estádio em Fortaleza, depois da vitória sofrida do Brasil, o drama da contusão de Neymar, vamos até lá com Patrícia Poeta e Galvão Bueno". Fiz um sinal de "câmera nela", porque naquele instante doutor Runco começou a me explicar o que tinha acontecido. "Runco confia em mim, você vai continuar falando com o João Pedro, estou entrando no ar." Patrícia disse: "Galvão tem uma notícia em primeira mão que não é boa", e eu joguei o celular para minha produtora Ana Paula, que o repassou a João Pedro, nosso diretor de conteúdo, repórter nato, jornalista de primeira e, sobretudo, homem de televisão.

Olhei pra câmera e disse: "Neymar está fora da Copa do Mundo, teve uma fratura na coluna, e não é caso de cirurgia". João Pedro, ouvindo as explicações do Runco, começou a falar no ponto eletrônico — meu e de Patrícia — e nós fomos dando os detalhes, qual era a vértebra fraturada e as consequências.

Foi uma coisa espetacular e que dificilmente acontece hoje em televisão. Era uma notícia que eu não queria dar e que acabou sendo o grande furo da Copa. Mauro Naves, lá na zona mista, ouviu a notícia no ar e pegou o primeiro jogador que apareceu, "Fred, você sabe que o Neymar está fora da Copa? Teve uma fratura". E Fred: "Hã?".

O *Jornal Nacional* informou o Brasil e o repórter do *Jornal Nacional* informou os companheiros de Neymar. É uma coisa que, nos dias de hoje, praticamente não ocorre mais. Ali Kamel num e-mail chamou isso de "furambaço", e eu nem sabia se essa palavra existia. Schroder, mais tarde, comentou que eu poderia ter pensado em entrar no ar falando ao telefone com Runco, mas no calor da notícia eu achei que não seria apropriado.

Na minha décima Copa eu já tinha conhecimento e algum prestígio para dar os telefonemas que dei e ser atendido. Isso é jornalismo, é o que nos move desde sempre, a notícia apurada com as pessoas certas, as que têm a informação correta, o que a gente chama de informação em estado puro.

Esse foi o momento máximo, imagino eu, dessa cobertura.

19.

Enquanto isso, em Teresópolis, a Granja Comary parecia uma festa de São João. O Felipão não tinha um dia sequer de sossego para dar um treino sem uma multidão de pessoas assistindo, torcendo, gritando. Havia lugar para convidados VIP, para patrocinadores e uma tribuna de imprensa com dezenas, centenas de jornalistas. Todos os dias.

A Granja Comary é uma concentração espetacular, mas fica no meio de um condomínio com centenas de casas. Os campos de treino da seleção beiram as varandas de muitas dessas residências. Não dá para impedir os moradores de transitar em seu próprio condomínio. Então, você não pode evitar que dos dois lados do campo centenas de pessoas se aglomerem.

Foi muito bacana o carinho da torcida. Teresópolis viveu como nunca a Copa do Mundo, foi um espetáculo. Adorei ficar lá, gostei do trabalho, de sair para jantar e sentir todo o clima. Mas a seleção precisava de mais privacidade. Se Felipão quisesse montar um esquema de jogo diferente, não conseguiria fazer em um treino, na véspera de uma partida. Isso se faz durante uma semana, repetindo, repetindo e repetindo... Tanto que o Brasil não sabia como se comportar em campo no jogo contra a Alemanha. Felipão não havia treinado o time que entrou em campo no Mineirão, e, contra a Holanda, os jogadores bateram cabeça pelo mesmo motivo, o time não tinha treinado daquele jeito.

Eu mesmo tive dificuldades para trabalhar, mal conseguia assistir a um treino, tal a quantidade de *day passes* — credenciais válidas por um dia — de convidados da CBF, patrocinadores e outros agregados, além da multidão de jornalistas de todas as línguas. Eu tinha que atender muita gente que não estava lá para trabalhar — queriam entrevistas, autógrafos, *selfies*...

20.

Para falar direito da derrota por 7 a 1, tenho que repetir algo que eu já disse publicamente: achei um desastre a demissão de Mano Menezes. Ele pegou uma roubada no pós-Copa de 2010, um trabalho muito difícil, um recomeço, e encarou. Depois de muitos tropeços e de uma participação pífia na Copa América na Argentina, quando ele chegou a um time, a um resultado, foi demitido.

Lembro bem, era 21 de novembro de 2012. Chegamos à Bombonera para o Superclássico das Américas e o repórter Mauro Naves já tinha a informação de que Mano seria demitido. A gente tinha certeza, mérito de Mauro, mas não tínhamos como confirmar e por isso não demos a informação. Era a primeira vez que o Brasil jogava no estádio do Boca Júniors, e foi um jogo difícil. O Brasil ganhou de forma meio dramática, com gol no final e decisão nos pênaltis.

Na hora da premiação, com a seleção e Mano comemorando intensamente, ficamos sabendo que o presidente da CBF e seu então vice, Marco Polo Del Nero — que todo mundo sabia que seria o sucessor —, já não estavam no estádio, haviam ido embora "para não perder o avião". Como, se eles viajavam num jato privado da CBF? Ora, não é todo dia que se ganha da Argentina dentro da Argentina valendo taça… E não é todo dia que se conquista um título na Bombonera. Foi uma atitude pouco cavalheira da cúpula da CBF. Dois dias depois veio a confirmação da demissão de Mano. Não achei correto, não achei justo e acho que o trabalho de Mano poderia nos levar a uma boa performance na Copa do Mundo. Ganhar ou não a Copa do Mundo é outra questão. O Brasil poderia ganhar, sempre será candidato a vencer.

21.

Logo a seguir, veio a nomeação de Felipão e Parreira. Uma dupla de respeito. Uma escolha que tinha razões esportivas, mas também um aspecto político. No sorteio da Copa das Confederações, em dezembro de 2012, o presidente Marin se aproximou de mim e perguntou: "E aí, gostou da minha escolha? Não foi inteligente? Os dois últimos campeões do mundo. Dei a eles a possibilidade de uma consagração definitiva". Era como se ele estivesse me dizendo: "Eu escolhi os dois: se ganharmos, ganho junto, se perdermos, perderam eles'. A certeza de que foi uma atitude política foi o próprio Marin quem me deu, quando para se livrar de Andrés Sanchez simplesmente extinguiu o cargo de diretor de seleções. "Essas coisas a gente vai aprendendo na política", me disse Marin. "Aprendi com o Jânio Quadros, que me prometeu a Secretaria de Esportes quando se elegeu governador. Eu fui cobrar e ele disse: 'Não posso te nomear, Marin, o cargo não existe mais, eu extingui'."

Felipão e Parreira pegaram uma roubada. Assumiram em cima da Copa das Confederações, pouco mais de um ano antes da Copa do Mundo. Fizeram suas apostas e acertaram bem no centro do alvo. O Brasil fez uma belíssima Copa das Confederações, com cinco vitórias e um único jogo mais difícil, contra o Uruguai. Foi assim até aquela vitória apoteótica, em que meteram três gols na Espanha e levantaram a taça no Maracanã. Parabéns!

Mas passou-se um ano e a aposta continuou sendo a mesma. É raro, quase impossível, você ter os mesmos onze jogadores nas mesmas condições um ano depois. O time que entrou em campo para jogar a abertura da Copa do Mundo contra a Croácia era o mesmo que tinha decidido a Copa das Confederações um ano antes. A aposta foi rigorosamente a mesma, com poucos nomes diferentes — Ramires, Maxwell e Willian, que não eram titulares. Marcelo, lateral, tinha passado por uma contusão e não estava entre os titulares do Real Madrid. Paulinho, quando jogou a Copa das Confederações, atuava no Brasil e estava na metade da temporada; agora, vinha do futebol inglês em final de temporada, se recuperava de uma contusão e estava na reserva. Fred estava com problemas, não tinha a mesma forma de um ano antes.

Mas isso não foi o mais importante. Eles resolveram fazer essa aposta e, da minha parte, tiveram todo apoio e respeito. Cada um tem seu modo de pensar. O time se perdeu pelo caminho, por isso é que eu disse no *Jornal Nacional* que o apagão da semifinal contra a Alemanha não foi causa, mas sim consequência de uma série de fatores que apareceram durante o percurso da seleção na Copa do Mundo.

22.

Foi o que eu tentei passar nos meus comentários. Primeiro, logo depois do jogo, ainda sob efeito daquela porrada — aquilo foi um cruzado de esquerda de Éder Jofre, que botava qualquer um no chão —, e depois no *Jornal Nacional*.

O JN impõe uma limitação. Você tem um tempo relativamente curto para contar uma história com começo, meio e fim e que passe uma mensagem. No dia seguinte, eu gravei nos estúdios da Globo com mais tranquilidade e pedindo ajuda para, entre outros, João Pedro Paes Leme, nosso diretor editorial, e encontramos outra expressão para definir o que aconteceu.

O raciocínio foi o seguinte: a Argentina jogou fechadinha contra a Holanda, ocupou os espaços, fechou o meio-campo. Resultado do jogo? Prorrogação e pênaltis. Os *hermanos* tiveram a frieza e a humildade de jogar evitando que a Holanda jogasse e a Holanda fez o mesmo, evitou que a Argentina jogasse. Por isso, naquele comentário do JN, eu disse que tinha faltado à comissão técnica brasileira a humildade de reconhecer que não vínhamos fazendo uma grande Copa do Mundo, que tínhamos passado às oitavas graças ao travessão e a Júlio César nos pênaltis, e que tinha sido assim até a semifinal.

Faltou a humildade de reconhecer isso e montar um time que diminuísse os espaços, que ocupasse o meio-campo, que evitasse deixar a Alemanha aberta, jogando com o que ela tinha de melhor. O 7 a 1 foi sim uma humilhação, que pode ter vindo dessa falta de reconhecimento de que o time não estava bem, que a Alemanha era superior e que teríamos que jogar de uma forma diferente. Todo mundo que jogou fechado contra a Alemanha levou o jogo para a prorrogação. Com a Argélia foi assim, com os Estados Unidos também, até com a Argentina, na final.

Só duas seleções jogaram de cara para o vento contra a Alemanha: Portugal e Brasil. Uma tomou de quatro na primeira fase, e a outra de sete na semifinal.

Para o JN daquele sábado, o último da cobertura, por essa necessidade de contar a história em pouco tempo, tive uma ideia que executamos praticamente a oito mãos, Ali Kamel, Renatinho, João Pedro e eu: o Brasil vinha passando aos trancos e barrancos, jogando contra seleções que não eram do nosso clube, o clube que o Brasil lidera, com cinco títulos mundiais. Croácia,

México, Camarões, Chile e Colômbia não são do nosso clube. Quando chegou a fase decisiva, valendo vaga na final ou medalha de bronze, jogamos contra dois times do nosso clube e perdemos de 10 a 1 — 7 a 1 da Alemanha e 3 a 0 da Holanda. Então, alguma coisa estava errada.

Eu tinha que falar isso, não podia deixar de dar o recado. Eu sou o animador da festa, o cara que chama o Olodum em Salvador, a festa no Anhangabaú, os bonecos de Olinda, que mostra a praia no Rio de Janeiro, mas na hora do jogo eu tenho que andar no fio da navalha. Tenho a realidade de um lado e a minha obrigação de vender emoção do outro, mas chega um momento em que, quando acontece uma coisa estapafúrdia como esse 7 a 1, é hora de falar sério.

E revelo aqui um segredo profissional: o texto ficou com quase dois minutos e meio e é impossível falar um troço desse tamanho ao vivo, no improviso. Eu faço isso em muitos comentários do *JN*, mas são textos de 35 ou quarenta segundos, no máximo um minuto. Mas ali era quase um editorial, não dá para decorar um texto desse tamanho. No local de onde fizemos o jornal não havia *teleprompter* — um equipamento que permite ao apresentador ler as notícias olhando para a lente da câmera. Como fazer? A solução veio de João Pedro: "Eu vou lendo o texto no seu ponto eletrônico, Galvão, você ouve e vai dando a sua interpretação". Não é assim tão simples, mas nós dois já tínhamos feito isso antes. A voz de João Pedro foi o meu *teleprompter*. Deu certo!

Penso que Felipão e a comissão técnica tinham que ter dito: "A culpa é nossa, fizemos uma escolha e a escolha não deu certo". Isso é do esporte, por isso lamento que não tenha existido humildade para reconhecer um erro. A Alemanha era favorita contra o Brasil, mas jamais para chegar àquele resultado.

23.

EU NARREI ESSE JOGO para o Brasil e disso eu não posso fugir, esse fato me marcou e vou carregá-lo comigo para o resto da vida. Para ficar só em Copas do Mundo: narrei a derrota para a Argentina, em 1990. Depois, três finais seguidas: a vitória nos Estados Unidos em 1994, a derrota traumática no Stade de France em 1998 e o penta contra a Alemanha, em Yokohama, em 2002. Ficamos nas quartas de final nas duas Copas seguintes, mas perdendo de 1 a 0 para a França, em 2006, e de 2 a 1 para Holanda, em 2010. Nada tão traumático quanto perder uma semifinal em casa de 7 a 1.

Muito mais importante do que escolher o culpado é perguntar: o que aconteceu? Por que aconteceu? O que deve ser feito para que não volte a acontecer? Outra dúvida: continuamos naquele clube? O Brasil é o único país que tem cinco títulos mundiais, mas será que continuamos na liderança de fato, tática e técnica?

Nós sempre tivemos o privilégio do talento, sempre fomos uma fábrica de craques. Os outros países foram montar escolas, projetos para descobrir jogadores, foram fazer seu dever de casa para competir com o padrão de futebol-arte definido pelo futebol brasileiro. O maior exemplo é o da Alemanha, que criou dezenas, centenas de centros de treinamento para chegar ao resultado que chegou. Nós trabalhamos mal os nossos garotos, não sou eu quem diz, a maioria dos nossos técnicos fala a mesma coisa. Preparamos os nossos meninos para que possam ser rapidamente negociados com a Europa.

Aí está o centro da trama. Hoje, nós temos Neymar, que é uma exceção, mas já de algum tempo para cá os nossos destaques nos grandes times do mundo são goleiros e jogadores de defesa. Na seleção da Bola de Ouro da FIFA de 2014 há apenas dois brasileiros, ambos da defesa, Thiago Silva e David Luiz. É uma mudança! Nossas referências costumavam ser aqueles que por oito vezes ganharam o prêmio de melhor jogador do mundo, três vezes Ronaldo, duas vezes Ronaldinho Gaúcho, e mais Romário, Rivaldo e Kaká. Esse prêmio foi instituído em 1991. O primeiro vencedor brasileiro foi Romário, em 1994. Em dezenove edições, de 1991 a 2009, foram oito brasileiros, quase a metade. De lá para cá, não houve brasileiros nem entre os finalistas. Isso sem falar nos nomes que não ganharam o prêmio — que não existia — mas levantaram as taças, como Pelé, Garrincha, Rivelino, Jairzinho, Tostão e muitos outros... Temos que prestar atenção nisso, alguma coisa está acontecendo de diferente e, enquanto isso, os outros estão trabalhando. Hoje a bola é da Alemanha, mas a Espanha e o Barcelona chegaram a dominar o futebol mundial em cima de um trabalho muitíssimo bem feito na base. Para ficar só no Barcelona, quantos jogadores foram formados lá mesmo? É só checar: Valdés, Piqué, Puyol, Xavi, Iniesta, Fàbregas, Pedro, todos pratas da casa — e eu certamente estou esquecendo alguns.

24.

Na Copa das Confederações, algo espetacular tinha acontecido: a torcida cantando o hino à capela a partir do jogo de Fortaleza. Esse jeito de cantar surgiu antes, em Belém, num Brasil e Argentina disputado em 2011, no segundo jogo do Superclássico das Américas, mas foi na Copa das Confederações que a coisa pegou para valer. Aquilo mexeu com o grupo e mexeu com todos nós. Até eu fiquei com lágrimas nos olhos. Foi um dos pontos marcantes daquele torneio, junto com a recuperação da autoestima e o grito de "o campeão voltou".

Mas, na Copa do Mundo, talvez tenha passado um pouco do ponto. Por que chorar tanto? Ninguém estava indo para a guerra, estavam indo jogar futebol. O maior exemplo do exagero foi aquela camisa de Neymar que Júlio César e David Luiz, dois jogadores que eu admiro muito, levaram a campo na semifinal em que o craque estava contundido. Gosto demais deles, espero que eles não passem a ter raiva de mim, mas os dois ali, abraçados, com aquela expressão e carregando a camisa de Neymar... parecia um enterro. Um certo exagero, um certo desequilíbrio emocional.

Na minha opinião, ao final da Copa, Felipão e Parreira deveriam ter entregado o cargo, como fez Cesare Prandelli, técnico da Itália. Os italianos acharam uma vergonha a seleção deles não passar da primeira fase. Eu esperava que Felipão e Parreira fizessem isso, e não fizeram. Então, acabaram sendo demitidos.

25.

Nós começamos o jogo contra a Alemanha com muita animação. Na nossa transmissão fizemos muitas brincadeiras, e, quando o jogo começou, o clima era muito bom, o astral, como se diz, muito alto, muito positivo. Quando a Alemanha fez o primeiro gol, numa jogada que mostrava que estava tudo errado na nossa defesa pela forma como a bola chegou em Müller, Arnaldo olhou para mim imediatamente — nós temos 25 anos de Copa do Mundo juntos —, eu olhei para ele, que estava com cara de "fodeu". Eu concordei com a cabeça, como quem diz "tá feia a coisa". Um a zero. Depois, dois, três, quatro, cinco... Eu narrava o jogo, olhava para Casagrande, olhava para Ronaldo, olhava para Arnaldo... Gente, o que está acontecendo?

E sem que providência nenhuma fosse tomada. Quando se toma o segundo, o terceiro gol, tem que parar o jogo. Cai um jogador, entra o médico, entra o técnico. Para, esfria, conversa um pouco. Isso acontece tantas vezes no futebol. Mas nós tomamos o terceiro, o quarto, o quinto e não aconteceu nada. E ainda tive que narrar mais dois gols alemães no segundo tempo. O jogo caminhava para um 7 a 0, as pessoas se esquecem disso, e foi só bem no finzinho que veio o gol de Oscar. Incrível, depois de quarenta anos de profissão eu ter que narrar um gol de honra da seleção pentacampeã do mundo numa Copa disputada no Brasil. Foi a mais doída de todas as derrotas, para quem não esteve no Maracanã em 1950: o Mineiraço ficará para o resto da vida!

A Copa de 2014 me consumiu, foi intensa e cansativa. Mas valeu a pena. Foi sem dúvida o trabalho que me deu mais prazer na carreira, mesmo com o 7 a 1.

26.

Era preciso muita calma para buscar um caminho novo depois disso, mas não foi o que vimos. A Copa terminou no dia 13 julho, eu saí do Brasil no dia

16 para ir ao Grande Prêmio da Alemanha. No dia seguinte, já tínhamos um novo coordenador e, dias depois, um novo técnico. Por que fazer as coisas assim, tão às pressas?

Era preciso que se formasse um grupo para estudar o que tinha acontecido, para pensar o que poderia ser corrigido dali para frente, e não pura e simplesmente que se tomasse outra atitude evidentemente política. Demitido Mano, colocam-se os dois últimos campeões do mundo. Demitidos os dois últimos campeões do mundo, vem o grupo que foi campeão em 1994.

Ninguém se debruçou sobre o que aconteceu na Copa. Em que momento está o futebol brasileiro? O que pode ser feito? Ainda estamos no clube? O que os outros fizeram de certo que nós não fizemos? O que nós fizemos de errado que eles não fizeram?

A minha discordância é com a forma como são feitas essas escolhas, na calada da noite, de forma apressada, assoberbada, apenas para dar uma satisfação imediata ao torcedor, sem equilíbrio, sem qualquer estudo.

A Europa dá muitos exemplos que poderiam ser aproveitados pelo Brasil. A Itália fez uma Copa para esquecer, caiu na primeira fase e seu técnico, Cesare Prandelli, pediu demissão, como já comentei. Levou mais de um mês para que o novo técnico fosse escolhido. E olha que havia três grandes nomes sendo analisados: Carlo Ancelotti, que para mim é o melhor técnico do mundo, atual campeão da Liga dos Campeões com o Real Madrid; Roberto Mancini, que vem de títulos em sequência na Inter de Milão e no Manchester City; e Antonio Conte, tricampeão com a Juventus. Houve um intenso debate e no fim o cargo ficou com Conte.

A Itália esperou um mês para escolher o seu técnico. A Alemanha fez um projeto de dez anos para chegar ao título em 2014. A França fez um projeto de dez anos para ganhar em 1998. Esses são exemplos que poderíamos seguir, não precisamos simplesmente virar as costas a tudo isso e resolver em dois, três dias como vai ser o futebol brasileiro nos próximos anos.

Ninguém me perguntou, mas eu vou falar para não me arrepender de não ter falado. Na minha opinião, não há ninguém mais bem preparado para assumir o cargo de diretor técnico da CBF ou diretor de seleções do que Leonardo. Ele fala vários idiomas — que eu me lembre, inglês, francês, italiano, espanhol e ainda arranha um pouco de japonês —, foi campeão do mundo com o Brasil e jogou na França, na Espanha, no Japão, na Itália, foi campeão por onde passou. Trabalhou anos e anos no Milan com um cara muito competente, que é o Adriano Galliani. Foi técnico no Milan e na Inter, ganhou títulos nos dois times e recebeu a chave do cofre e carta branca para montar a reformulação do Paris Saint-Germain. E, fora isso, é um cara preocupado com a terceira via, com a justiça social, toca com Raí a Fundação Gol de Letra. Resumindo, é um profissional com grande, enorme vivência de futebol em alto nível e, acredito, teria uma grande contribuição a dar ao futebol brasileiro.

E, para que eu não me arrependa por omissão, quero recuperar um trecho do programa *Na Estrada*, que gravei com o técnico Tite, no final de 2014. Perguntei se ele estava decepcionado por não ter sido escolhido técnico da seleção. Ele respondeu que sim, que tinha se preparado, que tinha um currículo recente de grandes conquistas, que as pesquisas o indicavam e que a mídia brasileira falava disso. Mas, "vida que segue", e desejou sorte a Dunga.

Eu quero dizer aqui que concordo que ele deveria ser o técnico da seleção. E, se nossos dirigentes quisessem realmente abrir uma discussão sadia, tínhamos outros nomes importantes, como Vanderlei Luxemburgo, Muricy Ramalho, Abel Braga e Marcelo Oliveira, além do próprio Tite.

Faço minhas as palavras dele: desejo toda a sorte do mundo a Dunga, a Gilmar e a Taffarel, que é uma grande figura e muito bem-vindo nessa comissão técnica. Que eles tenham todo sucesso. O que eu quero mesmo é continuar narrando vitórias e títulos da seleção brasileira. Tomara que isso volte logo a acontecer.

27.

No dia 23 de junho de 2014, no terceiro jogo da fase de grupos contra Camarões, o Brasil chegava à marca de cem jogos em Copas do Mundo. Eu transmiti quarenta desses cem jogos, 40% dos jogos da única seleção que disputou todas as vinte edições da Copa do Mundo. Não é pouca coisa! Depois teve Chile, Colômbia, Alemanha e Holanda, 104 jogos do Brasil, 44 narrações minhas. Difícil não ter uma pontinha de orgulho disso!

As Copas do Mundo de 1974 a 2010

1.

Da Copa de 1974, na Alemanha, narrei alguns jogos, sempre *off tube*, daqui do Brasil. Minha primeira Copa *in loco* foi a de 1978, na Argentina. Aprendi nesses anos que existem duas Copas completamente diferentes: a dos jogos transmitidos para o mundo inteiro e a dos jogos do Brasil, transmitidos para o nosso país.

Jogo do Brasil em Copa do Mundo é espetacular, apaixonante, uma transmissão muito especial. Você precisa caminhar em cima de um fio de navalha: a consagração de um lado, a desgraça de outro; a felicidade geral da nação num momento, o desespero em outro; a alegria e a frustração andando quase juntas, separadas por um sopro, uma jogada, um gol inesperado. É emoção em estado puro. E é perigoso: a emoção e o excesso de emoção é que podem induzir ao erro, ao exagero.

Na Copa de 2006, a Ambev, que fez um grande investimento no evento, realizou um estudo sobre o alcance das transmissões da Globo nos jogos da seleção, que a empresa patrocina. Eu tenho um grande amigo lá, José Adilson Miguel, e que, na véspera da estreia do Brasil, almoçando em Berlim comigo e meu filho Popó, me perguntou: "Sabe para quantas pessoas você vai falar amanhã? Oitenta milhões". Respondi: "Ah, não me assusta, Adilson, isso deve ser brincadeira".

Na manhã do jogo — Brasil 1 x 0 Croácia, gol de Kaká — procurei Roberto Almeida, que era nosso diretor de programação e meu amigo desde os tempos de Brasília, um profissional de primeiríssima linha com quem eu já havia trabalhado na TV Bandeirantes. Pedi a ele um favor especial: que ao final do jogo me informasse qual tinha sido o pico de audiência e quantas pessoas isso significava. Pouco depois do apito final, já sabendo dos números, procurei Adilson e fui direto: "Você errou, amigo. Não foram 80, foram 100 milhões de pessoas". Comemorei muito esse feito também com Antonio Zimmerle, um amigão desses quarenta anos de trabalho e um dos gênios da programação da TV. Zimmerle, com aquele jeitão dele, só me chama de Galvão Bueno do Brasil, o que, claro, infla meu ego. Sou muito grato a ele.

É coisa de louco. Se você parar para pensar nisso quando entra na cabine, trava tudo. É aí que mora o perigo. Venho me equilibrando bem nesse fio de navalha desde que transmiti todos os jogos do Brasil em uma Copa pela primeira vez, na Itália, em 1990. De lá para cá foram seis mundiais. Antes, tinha feito apenas dois jogos do Brasil em Copas. O primeiro, em 1978, na Bandeirantes, a disputa pelo terceiro lugar, vitória contra a Itália. E o segundo, um jogo no México, em 1986, um Brasil e Argélia, no lugar do Osmar Santos, que ficou doente. Eu já tinha narrado jogo da seleção em Olimpíadas, mas não se compara. É completamente diferente até das competições de Jogos Olímpicos quando tem Brasil na disputa, seja na pista, na piscina ou na quadra. Igual à seleção brasileira de futebol em Copa do Mundo, não existe.

2.

SEI MUITO BEM DISSO desde a primeira Copa na qual eu trabalhei fazendo as transmissões no local, a de 1978 na Argentina, ainda na Bandeirantes. Para mim aquilo foi um espetáculo. Era uma equipe enxuta, mas extremamente competente, com três narradores, Fernando Solera, eu e Alexandre Santos. Os comentaristas eram Alberto Helena Júnior, Márcio Guedes, Larry Pinto de Faria — que havia sido do Inter, do Fluminense e da seleção — e os repórteres Chico de Assis e Paulo Stein. Nosso chefão era o Ivan Magalhães. Uma equipe ficou em Mar del Plata e outra em Buenos Aires. Foi a primeira vez que eu conheci um centro de produção de Copa do Mundo, que na Argentina se chamava ATC, Argentina Televisora Color. O mundo inteiro trabalhando ali e eu fascinado com aquela movimentação.

Fiz a transmissão do jogo de abertura, um 0 a 0 entre Alemanha Ocidental — campeã da Copa anterior — e Polônia. Narrei todos os jogos importantes que não fossem da seleção brasileira. Transmiti inclusive aquele 6 a 0 da Argentina em cima do Peru, jogo que tirou o Brasil da final por conta do saldo de gols e sobre o qual pesam muitas desconfianças de suborno e outras maracutaias. Narrei o chute de Oblitas, uma bola que o goleiro Fillol não conseguiu segurar e que bateu no pé da trave. Naquele momento, o jogo ainda estava 0 a 0 e tenho dúvidas se a Argentina conseguiria virar e fazer sete gols caso aquela bola tivesse entrado. Depois, foi um jogo esquisito, com os peruanos errando tudo, completamente perdidos em campo — vai saber por quê — e tomando um gol atrás do outro.

Como o Brasil chegou entre os quatro finalistas, juntamos as equipes para fazer os dois últimos jogos, a disputa do terceiro lugar, Brasil 2 x 1 Itália e a grande final, Argentina e Holanda, vencida pelos donos da casa por 3 x 1.

Foi um grande barato. Foi a primeira vez que eu viajei com um uniforme: terno cinza, de lã, com a logomarca da Bandeirantes e gravata vermelha. Para mim, era tudo uma grande novidade. Eu tinha 27 anos.

Antes da Copa, já a caminho de Buenos Aires, em 25 de maio de 1978, fiz o jogo de despedida da seleção, em Porto Alegre, contra a seleção gaúcha. Foi 2 a 2. O Brasil foi vaiado o tempo todo porque o técnico Cláudio Coutinho não havia convocado Falcão, que brilhava no Internacional. Criei até um bordão: o ingresso deu aos torcedores o direito de vaiar a seleção e o presidente da República, o também gaúcho Ernesto Geisel, que estava no estádio. E olha que vaiar o general-presidente, de corpo presente, naquela época de ditadura, era uma façanha e tanto!

Cláudio Coutinho disse no final do mundial que o Brasil era o campeão moral, e eu acho que foi uma frase infeliz dele. O Brasil tinha time e jogou para ser campeão do mundo, mas não soube ganhar da Argentina na fase final, ficou no 0 a 0 em Rosário e deu no que deu.

Foi nessa Copa que tive meu primeiro contato mais próximo com Arnaldo. Ele estava lá como árbitro, apitou alguns jogos, visitava os jornalistas, sempre atrás de uma boa conversa, e veio assistir ao jogo Brasil e Polônia na nossa redação. Naquela jogada em que a bola bateu três vezes na trave antes de entrar, Arnaldo começou a dar murros nas paredes, derrubou uma divisória e quase causou uma pequena tragédia.

Esse cara é meio trapalhão, pensei comigo. E esse trapalhão acabou virando meu irmão.

3.

MINHA PRIMEIRA COPA NA Globo foi a da Espanha, em 1982. Foi uma cobertura faraônica, a primeira desse porte da Globo, porque tinha conseguido exclusividade nas transmissões. Tudo foi feito de lá e o centro de TV era fantástico. Não faltava nada, profissionalmente, para nós. A não ser os uniformes, um pouco errados, compostos só de roupa de calor quando em Oviedo e Gijón fazia um frio danado. Para mim, foi especial. Eu tinha chegado à TV Globo um ano antes, nunca tinha visto nada tão grandioso. Eram três duplas de narradores e comentaristas e mais de uma dezena de repórteres. Luciano do Valle e Márcio Guedes, que faziam os jogos do Brasil, Carlos Valadares e José Maria de Aquino, eu e Sérgio Noronha. Zanzamos por toda a Espanha. A rotina era tentar chegar ao estádio duas horas antes do jogo. A transmissão era mais sossegada do que hoje, a gente fazia o primeiro tempo e voltava depois para o segundo, pois o intervalo não era feito pelo narrador.

Hoje, numa transmissão de futebol, ainda mais em jogo da seleção, são pelo menos três horas de tensão total. Você entra ao vivo antes de o jogo começar, faz o primeiro tempo, aí faz o intervalo, chama os repórteres, narra os melhores momentos com os comentaristas e já começa o segundo tempo. Vai emendando uma coisa na outra e só para nos *breaks* comerciais. Não dá nem para ir ao banheiro.

4·

Uma história de 1982 que não esqueço aconteceu em Vigo. Nós estávamos almoçando, eu e Sérgio Noronha, e vimos um velhinho sentado sozinho numa mesa de canto. "Noronha, olha, é o Zezé Moreira." E era mesmo seu Zezé técnico que dirigiu a seleção brasileira na Copa de 1954 e que estava ali como olheiro da CBF. Só que tinham deixado seu Zezé em uma situação deplorável. "O hotel que me deram é horroroso, um parador de quinta categoria." Ele não tinha nem como ir aos estádios. Fizemos um trato: nós o levávamos aos estádios e depois ele nos dava uma entrevista exclusiva.

Ele estava observando a seleção da Itália, que tinha feito uma primeira fase ridícula. Quando os italianos se classificaram, ele nos disse: "O meu amigo Telê que tome cuidado porque a Itália veio para ser campeã do mundo". Ficamos chocados, mas não deu outra: a Itália desclassificou o Brasil e foi campeã do mundo. Aquela derrota foi uma grande frustração. Era uma seleção fantástica, com Zico, Sócrates, Falcão, Júnior, Toninho Cerezo, Éder... O time do Brasil era especialíssimo, fantástico, bonito, ofensivo, competente, com grandes jogadores. Era uma geração privilegiada. Mas não deu certo.

5·

A Copa de 1986 manteve o rodízio — um mundial na Europa, o seguinte na América do Sul — que, em termos de futebol, incluía o México. Era assim desde a Copa de 1950 no Brasil. Teve 1954, na Suíça; 1962, no Chile; 1966, na Inglaterra; 1970, no México; 1974, na Alemanha Ocidental; 1978, na Argentina; 1982, na Espanha; e 1986, quando a Copa seria na Colômbia. Para essa Copa, as coisas foram ficando em banho-maria mais ou menos como na Copa de 2014, no Brasil: será que os estádios ficarão prontos? Será que vai ter transporte? Será que as comunicações vão funcionar? No Brasil teve tudo. Na Colômbia, em 1986, não. Nem Copa teve. Em cima da hora eles caíram fora. João Havelange, presidente da FIFA, tinha excelentes relações com os mexicanos, especialmente com o grupo que controlava a Televisa e aceitou os argumentos de que a estrutura da Copa de 1970 continuava valendo dezesseis anos depois. É verdade que o caderno de encargos da FIFA na época não era cruel como hoje. Quatro anos antes, na Copa de 1982, na Espanha, havia o Camp Nou, do Barcelona, e o Santiago Bernabéu, do Real Madrid, que não era nenhuma maravilha; os estádios restantes eram bem fraquinhos. Inclusive um, em Oviedo, que era um verdadeiro pardieiro. O próprio Sarriá, onde a Itália nos eliminou, era meio pardieiro. Por isso foi possível o México receber de novo o mundial em 1986. Existia uma estrutura em Guadalajara, outra na Cidade do México e estádios de interior. Viajava-se muito de carro, as comunicações eram sofríveis, mas é o que eu digo: para nós, Copa do Mundo é Copa do Mundo, ponto.

Até o jogo de abertura não se sabia se iria funcionar, se as transmissões chegariam ao Brasil. A engenharia da Globo, como sempre, trabalhou de forma muito dura, exigindo o melhor, e conseguimos fazer nosso trabalho direito.

Dentro de campo, tínhamos um bom time. Seria a segunda Copa de Telê Santana, a mesma filosofia de um futebol limpo, bonito, ofensivo. Alguns jogadores de 1982 começaram como titulares e acabaram na reserva, mas ainda assim era um belo time de futebol. Fomos eliminados nas quartas, nos pênaltis, pela França, time no auge, que tinha feito uma boa Copa em 1982 e que em 1986 chegou às semifinais.

Foi um jogo atípico. O Brasil saiu na frente e teve o pênalti para ganhar o jogo. Lembro da comemoração quando Branco sofreu o pênalti. Junto com Júnior e Falcão, Zico vivia ali um grande drama. Havia sido convocado com um problema seriíssimo no joelho. Entrava durante os jogos e era incrível como o Brasil crescia quando ele aquecia, tal a importância que tinha. E Zico perdeu o pênalti, o goleiro pegou. Nos pênaltis da decisão, ele marcou e Platini perdeu, mas o Brasil foi eliminado, até com uma ponta de falta de sorte, que é como eu defino aquele pênalti adversário que entrou depois de ter batido na trave e nas costas do goleiro Carlos. Pênalti é assim.

Dentro de campo, foi a Copa de Maradona, de seu gol maravilhoso contra a Inglaterra, no mesmo jogo em que ele marcou com "la mano de Dios". Os mexicanos são muito receptivos e adoram futebol, eles mesmos brincam com a frase "Jugamos como nunca, perdimos como siempre", e só tiveram sua primeira conquista importante na medalha de ouro olímpica nos jogos de 2012. Uma Copa confusa nas comunicações, difícil nos transportes, ruim nos estádios, mas com Maradona.

Em 1986 eu fiz a minha primeira transmissão de jogo do Brasil em Copas. Osmar Santos era o narrador titular, um nome forte em São Paulo, e sempre gostei muito de seu trabalho. Confesso que não fiquei muito feliz quando ele assumiu, achei que com a saída do Luciano do Valle seria minha vez nos jogos da seleção, mas a vida profissional tem dessas coisas e ainda bem que era Osmar. Ele foi um dos gênios da comunicação esportiva de todos os tempos, deu uma mexida gigantesca na narração esportiva de rádio, era um comunicador espetacular e isso ficou muito claro na maneira como ele participou dos comícios pelas Diretas Já. Osmar tinha uma maneira muito própria de narrar e criar bordões no rádio. Na TV, não sei se havia tanto espaço para ele, que fez uma Copa correta. No meio do mundial, ele teve uma indisposição que o tirou do jogo do Brasil contra a Argélia, que eu narrei, 1 a 0, gol de Careca.

Guadalajara era bem legal e a Copa teve um clima de festa muito grande. Foi também uma Copa simples, sem complicações, sem *scanners* e detectores de metal nos estádios, algo que viria a seguir, já a partir da Copa de 1990.

6.

A Copa de 1990 foi planejada com bastante antecedência, mas na hora em que o Plano Collor saiu, tudo foi por água abaixo. Zélia Cardoso de Mello confiscou a poupança dos brasileiros e mexeu com o orçamento da nossa cobertura. O número de pessoas para cobrir o evento caiu para quinze. Depois entraram mais alguns, mas foi uma equipe reduzidíssima. Lá na Itália todo mundo fazia de tudo, todos se ajudavam e a coisa só andou mesmo porque éramos a Globo e tínhamos a capacidade de superar dificuldades. Até Chico Anysio foi cortado, justo ele que depois se casaria com a ministra Zélia. Só mesmo Chico!

Foi essa a primeira Copa em que trabalhei ao lado de Pelé. E que transmiti pela primeira vez jogos do Brasil, inclusive aquele que é considerado o melhor jogo da seleção, o da eliminação contra a Argentina, em Turim: passe de Maradona, gol de Caniggia.

Para nós, brasileiros, Copa do Mundo é uma coisa diferente do que é para os outros, que encaram a Copa como um torneio de futebol: ganhou, ganhou; perdeu, perdeu. Para nós, não: perdeu, é tragédia nacional. Na Copa de 1990, eu ainda não estava preparado para entender o "calma, gente, é só esporte" que eu diria em 2006, na Alemanha, quando fomos eliminados pela França. Naquele jogo com a Argentina, para mim também a derrota foi uma tragédia! Lembro que na saída do estádio Delle Alpi, uns jornalistas me perguntaram: "Como é que você está se sentindo e o que você tem para dizer?". Estava um tumulto danado, e eu, que não era nada comparado ao torcedor brasileiro, soltei uma frase que dizia respeito somente a mim. "Eles não tinham o direito de fazer isso comigo." Eu exprimi o que estava sentindo: sofrimento e decepção. Era o meu sofrimento de torcedor e a decepção de profissional com um time que podia ter ido mais à frente e feito sua melhor partida na Copa.

7.

Depois de 24 anos sem título, a Copa nos Estados Unidos foi um grande barato e acabou em festa. Havia bastante curiosidade pelo que iria acontecer num país que não era assim tão apaixonado por futebol. Os estádios iriam lotar? Os americanos passaram no teste, mas nos fizeram sofrer um bocado. Fazia um calor de rachar, era complicado chegar e sair dos estádios, mas no fim deu tudo certo.

A seleção ficou numa cidadezinha do Vale do Silício, Los Gatos, e nossa equipe ficou perto, em San Jose, então era fácil se locomover. Ao contrário da Europa, tínhamos o fuso horário contra nós, então o fechamento do *Jornal Nacional* era bem corrido. Gostei do nosso trabalho, gostei da aposta que fizemos no time de Parreira, ao contrário de uma parte da imprensa que sentava a pancada na seleção. O grande jogo daquela Copa foi com a Holanda, nas quartas de final, em Dallas. Fazia um calor absurdo no Texas. Dunga me disse depois do jogo que tentava respirar e o que vinha era só um bafo quente. O Brasil fez 2 a 0 e controlava a partida, mas a Holanda achou um gol, logo depois empatou e passou a dominar. Ia atropelar o Brasil, virar, seria mais uma Copa de frustração. Veio então a jogada de Branco, inesquecível. Ele cavou uma falta O juiz deu. Ele bateu forte, Romário encolheu a bunda, a bola passou raspando no calção dele e gol! Três a 2, estávamos na semifinal. Não tinha mais quem pudesse nos parar. Mas ainda passamos sufoco na semifinal, contra os mesmos suecos que nos seguraram naquele empate na primeira fase. Deu muito trabalho, mas um cruzamento de alta precisão do Jorginho encontrou o baixinho Romário no meio da área e ele fez, de cabeça, 1 a 0!

Na final, o Brasil tinha muito mais time que a Itália e jogou mais futebol. Perdeu gol no final da partida, perdeu gol na prorrogação, e a partida foi para os pênaltis. Em Pasadena fazia um calor medonho e estávamos trabalhando ao ar livre, no Sol. O jogo começou ao meio-dia. Chegamos duas horas antes do início da transmissão, aí foram duas horas de jogo e prorrogação. Quando os pênaltis iam começar eu achei que tinha chegado ao meu limite e que não iria aguentar. Minha cabeça começou a fazer zuuuum, de repente tudo rodou e me senti meio tonto. "Meu Deus do céu, vou desmaiar!" Espera aí, pensei, trabalhei a vida inteira para chegar aqui hoje, narrando o Brasil numa final de Copa do Mundo. Respirei fundo na hora em que quase apaguei e falei para mim mesmo: "Quer saber, o Brasil vai ganhar". E ganhou. A minha transmissão foi aquela explosão de emoção, aquele "Acabou! É tetra!", aquela coisa histérica, desafinada, Pelé me puxando de um lado, Arnaldo Cezar Coelho amassando meus óculos do outro lado… Foi ridículo, mas foi pura emoção.

8.

Na Copa de 2002, no Japão, a emoção de transmitir a vitória não foi nem parecida. Nos Estados Unidos eram 24 anos sem gritar "É campeão!". O Brasil foi campeão em 1970. Eu tinha começado a fazer Copa do Mundo em

1974. Só perdemos: 1974, 1978, 1982, 1986 e 1990. Então, 1994 foi um espetáculo. Um belo trabalho de toda a equipe da Globo. Uma Copa especial, marcante, uma das mais marcantes da minha carreira.

O Brasil, mesmo quando não tem um time brilhante, sempre entra na Copa do Mundo como um dos favoritos. E foi assim na França, em 1998, quando chegamos como campeões e com Ronaldo jogando uma barbaridade. Era um time teoricamente melhor do que o de 1994. Havia mais estrelas, alguns jogadores mais experientes e outros novos que tinham surgido. Um fato marcante da Copa de 1998 foi o corte de Romário. Ele tinha sido, indiscutivelmente, o grande jogador de 1994 e vinha cheio de vontade. Acho que, no momento do corte de Romário por contusão, tudo desandou um pouco. E parece ter desandado também no relacionamento interno da seleção.

9.

É CURIOSO QUE, COMO na anterior, o grande confronto da Copa de 1998 foi Brasil e Holanda, na semifinal, jogo espetacular. E aí, depois de empate no tempo normal e na prorrogação, veio outro momento marcante, Zagallo incentivando os jogadores antes das cobranças de pênaltis. "Nós vamos ganhar! Vamos ganhar!" Ele foi ao Taffarel: "Você vai pegar o pênalti. Você vai defender". Era contagiante. Acho que foi um grande momento de Zagallo, que sempre foi uma pessoa de muita paixão. Ele teve uma participação importantíssima na estratégia do futebol na Copa de 1970. Depois, em 1974, perdeu um pouco a mão. E voltou a ser técnico em 1998. Deu certo, ganhamos nos pênaltis. E acreditamos que não iríamos perder mais.

Quem poderia imaginar o que iria acontecer no dia da final, logo que os jogadores acordaram da soneca de depois do almoço? As convulsões de Ronaldo, o desespero de Roberto Carlos, e ninguém sabendo de nada. Foi a maior mancada que a imprensa esportiva brasileira deu na sua história. Ninguém, nenhum de nós consegue, até hoje, explicar por quê. Eu tinha gravado com Ronaldo na véspera, logo depois do último treino. Ele estava inteiro, bom, perfeito para jogar, cheio de vontade. Era a Copa dele. Ele começava a ser o Fenômeno.

No estádio, foi uma loucura. Chegamos mais de duas horas antes do jogo e quando recebemos o papel oficial com a escalação — Edmundo no lugar de Ronaldo — achamos que era um erro. A notícia chegou ao mesmo tempo para todos os narradores de todas as TVs do planeta. Todo mundo pegou aquele papel e começou a olhar para nós. Emissoras da Inglaterra, da Itália, da Argentina, todo mundo olhava para nós como quem diz: "O que vocês sabem sobre isso?". Ninguém sabia de nada, Ronaldo não tinha entrado no ônibus com a seleção e nem estava no estádio, e ninguém da imprensa do Brasil — TVs, rádios, jornais, revistas — sabia o que estava acontecendo. Surpresa total. Os detalhes do que havia acontecido — e todas as versões, todas as teorias da conspiração — só saberíamos no dia seguinte. Ronaldo teve uma convulsão, o time sentiu, baqueou, a França jogou mais que a gente, estava melhor postada em campo e ganhou a Copa.

Se eu disser que cheguei ao estádio da final de 1998 com a pulga atrás da orelha, vão me chamar de engenheiro de obra pronta. Mas cheguei. Em 1994, na final, a primeira da seleção brasileira que narrei, eu tinha chegado ao Rose Bowl assustado, mas sabia que precisávamos ganhar aquela Copa de todo jeito. Na final de 1998, cheguei desconfiado. Estava tudo perfeito demais. Lembro que comentei com Júnior quando entrávamos no estádio: "Tem alguma coisa que não estou gostando". E ele: "Nem eu. Está tudo certo demais". Estava uma tranquilidade. No estádio, o Brasil era reverenciado e os jornalistas dos outros países já nos olhavam com cara de parabéns, como quem diz: "Vão ganhar de novo". Tinha alguma coisa esquisita. E então, aconteceu tudo aquilo. Você transmitindo o jogo e vendo que não está normal...

10.

A Copa de 2002 foi demente, espero que nunca mais a gente tenha que fazer uma Copa em dois países. O Brasil ainda se deu bem, jogou a primeira fase toda na Coreia e depois ficou no Japão até a final. Mas o IBC, o centro internacional de TV, ficava na Coreia, e os jornalistas que cobriam outras seleções tiveram que voar de um lado para o outro, enfrentando burocracia, um visto para cada viagem, uma situação bastante estressante. Eu fiz os jogos do Brasil e, quando fomos para o Japão, fiz mais algumas coisas por ali, mas Cléber Machado, Casagrande e Falcão sofreram um bocado trocando de país toda hora.

Para nós, da Globo, foi bom poder ficar o tempo todo perto da seleção. Em alguns lugares até ficamos no mesmo hotel dos jogadores. Eles tinham seus andares privativos, mas em Ulsan, primeira parada na Coreia, todo dia depois do almoço a "boleirada" aparecia no *lounge* para conversar. Foi se criando um clima bom de trabalho. Quando a seleção viajava, a gente viajava atrás. Foi a única Copa em que estivemos cem por cento do tempo juntos com a seleção.

Foi quando comecei a me relacionar com Felipão, um cara que tem um coração muito grande e às vezes é meio ranzinza, mas que ali soube criar a Família Scolari e colocar a seleção no caminho certo. Houve uma ocasião, antes da estreia contra a Turquia, em que ele pediu que eu fosse até o refeitório dos jogadores para falar com ele. Me puxou até uma mesa mais afastada, pegou copo, garrafa, garfo, faca e começou a me explicar como a Turquia jogava:

"Fulano vem por aqui, o outro cobre ali, fecham deste lado…"

"Felipão, você me trouxe aqui para me ensinar como a Turquia joga?"

"Eu tô muito preocupado, meu time tá achando que o jogo será uma baba. Você vai às coletivas e tem seu comentário no *Jornal Nacional*, as coisas que você fala, todo mundo fica sabendo. A gente tá remando na mesma direção?"

"Evidente que sim, desde que não seja nada antiético. O que você acha?"

"Eu acho que será um jogo duro, eu acompanho a Turquia e acho que será um jogo duríssimo."

Entendi o recado. Na coletiva de imprensa, naquela tarde, pedi o microfone para fazer uma pergunta:

"Felipão, eu tô achando que muita gente tá pensando que esse jogo de amanhã é uma baba, e eu sei que o time da Turquia é duro, cara, é bom…"

"Mas que bom que você fez essa pergunta…"

E então ele disse para todo mundo o que tinha me dito em particular no restaurante. Assim, me deu o direito de, no *Jornal Nacional*, dizer: "O técnico Luiz Felipe Scolari, hoje na coletiva, se mostrou preocupado...". Felipão sabia que o que a gente falava no JN voltava rápido para os jogadores pelos pais, mães, irmãos, amigos e o monte de gente que ligava para a Coreia. Com relação ao jogo, ele tinha razão. O Brasil começou perdendo, conseguiu empatar e virar com um pênalti que todo mundo viu que não foi. A Turquia depois seguiu em frente e voltou a cruzar com o Brasil na semifinal, ou seja, os turcos chegaram entre os quatro melhores daquela Copa.

Um dia antes do terceiro jogo do Brasil, contra Costa Rica, Felipão passou por mim no hotel e disse:

"Tchê, vamos ao seu quarto tomar uma cerveja."

"O quê?", respondi surpreso.

Chamei Mário Jorge Guimarães, meu colega de tantas coberturas, e subimos para o meu quarto.

"Amanhã", disse ele, "seu jogador vai jogar."

"Meu jogador, Felipão? Eu não sou pai de jogador, não sou empresário, não sou presidente de clube... que história é essa?"

"Vou te confessar uma coisa, Galvão, eu tinha uma última dúvida para fechar a convocação final da Copa, Kaká ou Djalminha. E eu não aguentava mais você na TV e meu filho em casa me pedindo o Kaká. Então é essa a brincadeira, seu jogador entra em campo amanhã."

E Kaká fez naquele dia sua estreia em Copas do Mundo.

Tivemos uma ótima parceria com Felipão naquele mundial. Por causa da enorme diferença de fuso, o *Jornal Nacional* começava às oito da manhã no horário de lá e todas as vezes que solicitamos, ele acordou cedo para falar ao vivo, responder nossas perguntas e dar seus recados.

Se o Brasil jogasse a final da Copa de 2002 com a Alemanha dez vezes, ganhava as dez. Eram as duas maiores forças do futebol mundial, nunca tinham se enfrentado numa Copa e se encontraram justamente na final. Foi tranquilo, 2 a 0. E podia ter sido mais, pois os alemães só criaram um momento de perigo, num chute que São Marcos tirou com a ponta dos dedos. Para mim, foi menos emocionante do que em 1994, mas ainda assim uma grande alegria. Era a volta triunfal de Ronaldo e, para nós, da Globo, teve a festa maravilhosa na saída do vestiário, onde Fátima Bernardes e eu recebemos todos os jogadores.

II.

Para definir a Copa de 2006 numa frase, eu diria: foi um pecado. Se houve uma Copa em que o Brasil sobrava para ganhar, na teoria, foi a de 2006. Antes de mais nada, uma Copa na Alemanha, organização espetacular. Nós já tínhamos vivido uma bela experiência na Copa das Confederações um ano antes, quando descobrimos o país e vimos que era muito fácil se movimentar por aquelas *autobahns*, mais fácil até do que viajar de avião. Organização perfeita, nada a reclamar.

Aí, antes da Copa, teve aquela loucura de Weggis, sede da preparação da seleção para a Copa de 2006, na Suíça, projeto que fulminou a carreira do secretário-geral da CBF, Marco Antônio Teixeira, tio do então presidente Ricardo Teixeira. Aquilo foi o maior absurdo jamais cometido na preparação de uma seleção na história das Copas do Mundo. A rua que dava acesso ao estádio onde a seleção treinava, eu a apelidei de "comércio da barbárie"; se vendia de tudo ali, de tudo mesmo, gente: droga, comida, bebida, roupa... E os treinos eram abertos, havia total falta de privacidade. Tenho admiração pelo Parreira, pelo profissional, pela lisura com que se comporta, pela elegância, pela capacidade, por tudo, mas faltou ali que Parreira ou alguém batesse na mesa.

Era um momento muito difícil da vida pessoal de Parreira em função de um câncer que sua esposa enfrentava, e do qual, depois fiquei sabendo, ela saiu vitoriosa. E Zagallo, mesmo com sua experiência e seu conhecimento, não estava bem de saúde. Lembro uma frase do doutor Runco, médico da seleção, depois da Copa: "Faltou Zagallo". O que ele queria dizer era que ele "tinha que cuidar do Zagallo quando o certo era que o Zagallo cuidasse de nós". Ou seja, começou tudo errado.

Nós tínhamos o quarteto mágico e era mágico mesmo, mas ficou no papel. Imagine se Ronaldinho Gaúcho, Kaká, Ronaldo e Adriano estivessem no auge da forma e jogando com cem por cento de sua capacidade? Ninguém poderia parar o Brasil. Esses jogadores nos davam enorme poder ofensivo num mundial que entrou para a história como a Copa das defesas. A Itália foi campeã tomando dois gols, um dos Estados Unidos na primeira fase, e outro, de pênalti, na final contra a França. O melhor jogador foi Zidane, mas a Bola de Ouro daquele ano foi para o capitão italiano Fabio Cannavaro. A defesa da Itália tinha o goleiro Gianluigi Buffon no auge de sua forma, tinha Cannavaro, Materazzi, jogava trancada, com um meio de campo fechado. A França já não era a mesma, o Zidane de 2006 não tinha nada a ver com o Zidane de 1998. Então o Brasil sobrava, mas sobrava também o peso de Adriano, sobrava o peso de Ronaldo, sobravam as noites de R10 e de Roberto Carlos. Faltava condição física a Kaká. E acho que faltou ousadia para mexer no time, pois tínhamos bons jogadores no banco, mas eu reconheço que havia a expectativa — ou a esperança — de que o quarteto mágico seria mesmo mágico e entraria para a história das Copas. Foi lamentável: em 2006, o Brasil sobrava e perdeu para si mesmo.

Para nós, da Globo, foi uma Copa muito bacana. Se tínhamos tido cem por cento de *share* de audiência no jogo contra a Inglaterra em 2002, na Alemanha tivemos o maior número de pessoas assistindo a um jogo; na estreia do Brasil contra a Croácia, 100 milhões de espectadores.

Fizemos nossos programas, tínhamos um estúdio ao lado do Portão de Brandemburgo, em Berlim, e de lá encerrei a Copa com Pedro Bial, no *Fantástico*, depois de narrar a expulsão do Zidane e a vitória da Itália nos pênaltis. Tínhamos uma equipe muito bem conduzida por Schroder, hoje diretor-geral da Globo, com Luiz Fernando Lima como diretor de Esporte e Fernandinho Guimarães como diretor de operações. Luizinho Nascimento mais uma vez chefiava o jornalismo na Alemanha, e eu tinha todo meu "povo", Arnaldo, Falcão, Casagrande, Tino Marcos, Mauro Naves e Marcos Uchôa. Quem tem um time desse não pode querer mais nada na vida.

Foi nessa Copa que eu disse no ar, pela primeira vez: "Calma, gente, isso é apenas um jogo de futebol, isso é esporte", depois da derrota para a França. "Não é uma tragédia."

Após a derrota do Brasil, ficou uma polêmica e eu estive envolvido nela: a da imagem de Roberto Carlos ajeitando o meião na hora do gol da França. Quem percebeu — e tem um olho aguçado para essas coisas — foi Casagrande. Ele me cutucou, eu narrei a cena no *replay* do gol. Roberto argumentou que não era ele quem tinha que marcar, que ele nem tinha altura para isso. As redes sociais já tinham influência e o mundo caiu na cabeça dele. Ele me culpou por aquilo. Depois de tantos anos de bom relacionamento, fiquei com um saldo negativo ao final daquela Copa por ele ter se magoado a ponto de dizer que eu tinha feito a mãe dele sofrer.

Hoje esse é um assunto inteiramente superado, retomamos a amizade que tínhamos antes, e quem mediou nossa reaproximação foi Felipe Massa, que é meu amigo e gosta muito de Roberto. Acho que Roberto Carlos merecia mais reconhecimento por ter sido um lateral esquerdo gigantesco, apesar da altura, além de ter um chute fantástico, precisão no passe e condicionamento físico invejável. Roberto teve grande longevidade no seu auge, tanto na seleção como nos clubes em que jogou, especialmente no Real Madrid, onde ficou nove temporadas como titular e foi tricampeão da Liga dos Campeões — ele ganhou a sétima, a oitava e o que eles chamavam de "*la novena*", a nona.

12.

A Copa de 2010, para mim, começou uns dias antes do jogo Brasil e França da Copa anterior, o jogo que desclassificou o Brasil. Uma noite, estávamos no bar do Schloss Bensberg, perto de Colônia, o hotel onde nos hospedamos na Copa das Confederações de 2005, eu; Maroca — Mário Jorge Guimarães —, meu colega de Globo; Paulo César Vasconcellos, do SporTV; Ingo Ostrovsky, na época na Nike; e Adilson Miguel, da Ambev, quando apareceu Ricardo Teixeira, ainda presidente da CBF, e seu amigo Alexandre "Sandro" Rosell, que depois foi presidente do Barcelona.

Conversa vai, conversa vem, foi o presidente da CBF quem puxou o assunto: "Galvão, na sua opinião, quem deve ser nosso técnico em 2010?". Parreira já tinha deixado claro que sairia depois da Copa de 2006, qualquer que fosse o resultado. Defendi o nome de Luxemburgo, embora alguém na roda tenha dito que ele era difícil de controlar. Eu disse: "Isso é uma coisa que só você pode resolver, presidente, porque como técnico não tem ninguém mais competente, e você sabe disso". Era apenas uma conversa de fim de noite.

Depois da Copa, tirei umas férias e fiquei sabendo que Dunga tinha sido nomeado técnico da seleção. Imediatamente me veio à cabeça 1990 e a escolha de Falcão. As situações eram parecidas, uma derrota numa Copa complicada e então a escolha de um técnico sem experiência. E a coisa é tão maluca que o presidente da CBF era o mesmo, o homem que durante 24 anos escolheu sozinho os treinadores da seleção. Isso eu acho uma loucura.

Eu sempre fui apreciador do Dunga jogador de futebol, durante toda a carreira dele. Quando terminou a Copa de 1990 e começaram, na chacota, a chamar aquilo de Era Dunga, eu fui uma das poucas vozes no jornalismo esportivo brasileiro a sair em defesa dele. Cheguei a dizer um dia: "A minha seleção tem Dunga e mais dez". Eu achava a postura dele na seleção importante. Falcão me chamava a atenção para o jeito com que ele invertia o jogo de um lado para o outro, a capacidade de finalização, além de ele ser um capitão com forte personalidade, o que ele confirmaria em 1994.

Transmiti o primeiro jogo que Dunga dirigiu, em 16 de agosto de 2006, em Oslo, contra a Noruega, um empate de 1 a 1 — diferente de agora, quando começou com uma série de vitórias. Ele usou jogadores que a gente sabia que não iriam continuar. E fez um trabalho muitíssimo bom como técnico. Até a Copa do Mundo.

Teve o título da Copa América de 2007 com um chocolate em cima da Argentina. A forma como passou pelas eliminatórias, se classificando com algumas rodadas de antecedência e com uma grande vitória em cima da Argentina, lá na Argentina. A vitória na Copa das Confederações, ganhando da África do Sul, time de Papai Joel Santana, na semifinal e dos Estados Unidos na final.

Não fez uma Copa do Mundo ruim, teve bons e maus momentos. Achei que a convocação não tinha sido a ideal, tanto que no jogo da desclassificação com a Holanda o próprio Dunga não chegou a usar a terceira substituição. A impressão que tenho é que ele olhava para o banco e pensava: "E agora, vou fazer o quê?".

Na primeira fase, o time jogou o que tinha que jogar, depois passou bem pelo Chile e chegou às quartas de final com a Holanda, uma das forças da Copa, sem dúvida. Todo mundo estava encantado com a Espanha, mas eu achava que a Holanda é que seria campeã. O Brasil jogou bem o primeiro tempo, fez 1 a 0 e, no segundo tempo, uma série de fatores mudou tudo: uma saída malfeita de Júlio Cesar, que se atrapalhou com Felipe Mello, a expulsão do próprio Felipe, o fato de Dunga não usar a terceira alteração, talvez uma indicação de que ele não estivesse psicologicamente bem naquele momento.

No campo esportivo foi isso.

Agora, Dunga se perdeu mesmo no processo quando deixou que antigas divergências tomassem conta dele. A Copa teve cenas lamentáveis fora de campo, como as coisas que Dunga falava baixinho nas coletivas, como a absurda discussão dele com Alex Escobar, que era um jovem, apenas começando sua carreira internacional.

O cargo de técnico da seleção brasileiro tem uma liturgia a ser seguida.

Vamos esperar que ele, que começou tão bem o trabalho de 2010, agora possa ser o Dunga que o *Esporte Espetacular* mostrou perto do final de 2014, porque seu trabalho dentro de campo é muitíssimo bom.

Na Copa de 2010, tudo isso influenciou. O Brasil não sobrava naquela Copa como sobrava em 2006, mas tínhamos ainda uma estrutura bastante forte e podíamos ter ido mais à frente. Perdeu como podia ter ganhado, pois foi uma Copa mediana.

Para mim, pessoalmente, foi "a" Copa. Comecei todo alegre e feliz, junto com Fátima Bernardes fazendo a cerimônia de abertura, e, no dia seguinte, aconteceu a avalanche do vídeo "Cala a boca, Galvão!". Essa história eu vou contar melhor daqui a pouco, mas adianto um pouco para completar o relato sobre essa Copa. No dia em que o vídeo surgiu, fui dormir com uma enorme geladeira nas minhas costas. "Vamos levar isso na brincadeira", foi o que disse Luiz Fernando Lima, nosso diretor de Esporte, e aí combinamos um diálogo com Tiago Leifert. Ele dizia: "Ô Galvão, cala a boca...". Depois veio a história do papagaio em extinção e eu disse no ar que o Ayrton Senna em algum lugar deveria estar rindo muito, porque ele foi o primeiro a me chamar de papagaio. Entramos firmes na brincadeira e acabei sendo notícia no *El País*, no *The New York Times* e mundo afora.

Dormi apavorado e acordei feliz da vida.

Montamos um time de transmissão que foi o mais completo de uma Copa, com Arnaldo, Falcão, Casagrande, Júnior, Tino Marcos e Mauro Naves. Tivemos audiências excelentes e, para mim, foi um momento muito especial. Tive a comprovação de que sou uma pessoa polêmica. Tem muita gente que não gosta de mim e virou "moda" bater no Galvão, mas tenho também um público fiel que me sustenta e me leva esses anos todos. Foi uma vitória pessoal muito grande.

Campeões do mundo! As comemorações

1.

Na Copa de 2002, as transmissões dos programas passaram a ser feitas no que se convencionou chamar de *studio presentation*, ou seja, do mesmo lugar em que transmitíamos os jogos. Fizemos também alguns nos hotéis da seleção, o primeiro deles com Felipão. Fátima Bernardes participava do programa com Arnaldo, Falcão e Casagrande, e havia sempre um convidado: Rivelino, Júnior, Tostão e Parreira, entre outros. Bial fazia uma crônica. O sucesso de Fátima foi tão grande que ela foi eleita pelos jogadores a musa da Copa.

O último programa foi espetacular. A TV Globo conseguiu um espaço, uma espécie de *lounge*, que ficava logo na saída do vestiário da seleção brasileira. Quando o jogo terminou — estamos falando da final da Copa de 2002, em Yokohama, Brasil 2 a 0 na Alemanha — nós corremos lá para baixo. Já estava tudo montado e havia uma arquibancadinha que a gente construiu na esperança de receber algum jogador. O primeiro que veio foi o goleiro Marcos, sem nem tomar banho. Eu me lembro dele sem chuteira, com um meião na mão, grama numa das pernas, machucado na outra, sangrando. Ele fez muita festa, tinha saído de um jogo espetacular e sido um dos caras mais importantes daquela conquista.

De repente, a gente começou a ouvir uma batucada, e atrás dela veio o time inteiro, Ronaldinho Gaúcho puxando a fila e batendo um tan-tan, a galera toda cantando atrás. Num piscar de olhos tínhamos a seleção brasileira inteira presente. Até Felipão estava mais à vontade. É um dos momentos de que me orgulho na minha carreira e de que nunca vou esquecer. E esse programa com os heróis do pentacampeonato, ainda no estádio, foi especialíssimo.

2.

Quando me lembro desses casos de Copa do Mundo, tenho realmente a sensação de ser um privilegiado. Eu sou brasileiro, me emociono com o Brasil como todo mundo, e sou torcedor da seleção, como todo mundo. Mas tenho o privilégio de ser a pessoa que transmite essa emoção aos brasileiros. Até quem não gosta me assiste. É algo que não sei explicar e que nem sei se mereço. Ao mesmo tempo que me acho um afortunado, acredito que os resultados indicam que sim, que eu mereço estar ali. Considero que sou um brasileiro como qualquer outro, mas que tem a responsabilidade de falar, como no jogo de abertura da Copa de 2006, para 100 milhões de pessoas. O trabalho me deu o privilégio de ser a emoção viva ajudando a criar a emoção nos outros. Isso é impagável! Se a Globo pedir, eu devolvo os salários dos meses de Copa do Mundo, porque isso não tem preço.

3.

Penso em tudo isso quando lembro a primeira vez que narrei um título nosso de Copa do Mundo, em 1994, nos Estados Unidos. Havia quatro pessoas na equipe da Globo — Telmo Zanini, Marco Antônio Rodrigues, Pedro Bial e eu — que torciam muito para o Brasil ganhar. Nós tínhamos uma seleção muito, mas muito criticada. Depois da final, depois do "acabou", quando desci da cabine, a primeira pessoa que abracei foi Bial. No fim da tarde, passei no hotel da delegação e percebi um clima pesado no ar. A seleção, como eu disse, tinha tomado um pau da imprensa durante toda a Copa, e tinha acontecido no saguão um bate-boca entre Ricardo Teixeira, presidente da CBF, e alguns jornalistas. Eles se estranharam e saíram dos limites. Teve gente que bateu demais na seleção, é verdade, mas também é preciso saber ganhar, com altivez. Quando acabou a confusão, apareceu Romário e me disse naquele jeito dele: "Espera aqui um pouquinho que eu tenho um presente". Foi ao quarto, pegou a camisa azul que tinha usado na semifinal — jogo contra a Suécia, 1 a 0, gol dele, de cabeça — e escreveu uma dedicatória: "Do seu fã, Romário". Ele nem desceu. De lá de cima mesmo, do mezanino, gritou: "Aí, parceiro, essa é sua, você é campeão junto com a gente", e me jogou a camisa. Foi um momento espetacular.

De noite, como não estávamos mais trabalhando, fomos parar numa cervejaria, numa festa da Brahma, empresa que na época fazia marketing de guerrilha com a seleção. Hoje, ela faz parte da Ambev e é patrocinadora da CBF. Além do Pedro Bial, estavam lá Luiz Fernando Lima, Tino Marcos e Marcos Uchôa. A festa era para convidados, mas um dos seus organizadores era Ingo Ostrovsky, meu parceiro neste livro, que era amigo nosso e botou todo mundo para dentro. Já eram quase duas da manhã. Eu achei que as pessoas estavam alegres, mas faltava animação. Presentes, todos os jogadores, menos Jorginho, por questões religiosas. Eu sei que me deu um troço, subi no palco, passei a mão no microfone e comecei a cantar o deboche que era o grande sucesso entre os boleiros: "Toda vez que eu chego em casa, a barata da vizinha tá na minha cama...". Depois, chamei jogador por jogador. Todos subiram. O mais difícil de convencer foi Leonardo, que ainda estava traumatizado pelo jogo contra os Estados Unidos, nas oitavas de final, em que uma cotovelada e a expulsão acabaram tirando-o do restante da Copa. Mas ele acabou subindo. Deixei Romário para o fim, e foi muito engraçado. Romário não bebe, mas naquela noite tomou uns goles de champanhe. Na hora de subir no palquinho, ficou me olhando, os olhos bem vermelhos, e disse: "Me ajuda aí, porra!". A noite terminou com os jogadores cantando músicas de Carnaval no palco enquanto os garçons recolhiam os copos para a festa não desandar de vez!

Aquela foi a primeira vez que eu me aproximei de Leonardo, pessoa com uma cabeça muito especial. Hoje, é um querido amigo e nos vimos bastante nos anos em que fiquei morando em Mônaco e ele trabalhava no Milan. Eu resolvi ser rubro-negro também na Europa e comecei a frequentar o San Siro — estádio em que Milan e Internazionale mandam seus jogos em Milão. Eu dirigia 250 quilômetros para ver o Milan jogar e Leonardo sempre me conseguiu ingressos de tribuna, o que me permitiu, depois de muitos anos, voltar a ser torcedor. Ele também me abriu as portas do Milanello, o centro de treinamento do Milan, onde fiz entrevistas para o *Esporte Espetacular* com Ronaldinho Gaúcho e Kaká, e ainda me deu acesso aos estúdios da TV Milan. Lá gravei várias edições do *Bem, Amigos!*. Leo também me apresentou Adriano Galliani, principal executivo do Milan, um dirigente que certamente teria uma boa contribuição a dar ao futebol *brasiliano*.

Voltando à festa do tetra: foi muito difícil levar Leonardo para cima do palco naquela noite, mas fiz questão de fazer uma reverência a ele, que, afinal, era também um tetracampeão!

4·

Nos dois títulos mundiais, o de 1994 e o de 2002, as situações de pós-jogo foram completamente diferentes. Mas mais diferente ainda, e muito menos feliz, foi a festa que não aconteceu, a do título que não veio em 1998, na França. Vivi um sentimento de perplexidade com o que tinha ocorrido e que, imperdoavelmente, ninguém tinha entendido. Não se justifica, pela qualidade do trabalho e pela produção disponível — não só a TV Globo, todos os outros também —, que toda a imprensa tenha engolido a barriga imensa de não saber que Ronaldo nem sequer entrara no ônibus para ir jogar a final. Além dessa, tinha a perplexidade de ver o estado do time em campo durante o jogo, que a França dominou totalmente e mereceu ganhar.

Hoje sou bastante amigo de um dos nossos carrascos naquela tarde em Paris, Youri Djorkaeff. Ele acabou indo jogar nos Estados Unidos, se encantou com Nova York e mora lá com a família, mas tem um apartamento em Mônaco, onde passa os verões. Um dia, pedi que falasse daquela final e ele me disse: "Não tem explicação, aquele é um momento único na vida de um atleta, foi o auge da minha carreira. Vocês, o Brasil, eram os grandes favoritos, mas nós entramos em campo com fome, como se fôssemos miseráveis e estivéssemos realmente morrendo e aquele jogo fosse o único prato de comida que tínhamos. Durante o jogo, a gente não conseguia perceber o mesmo sentimento no time brasileiro. Eu achei muito estranho, mas também não sabia o que estava acontecendo".

É bacana o depoimento de um cara do lado de lá que jogava muita bola, que mais tarde foi colega de Ronaldo na Inter de Milão e, hoje em dia, quando se despede de mim, sempre diz "Un bisou à mon copain". Ele sempre manda um beijo para o amigão dele.

Ganhar é bom, mas ganhar da Argentina é muito melhor: Copa América de 1991

Tem gente que me critica por dizer a frase acima ao microfone, mas todo mundo, no fundo, concorda. Os argentinos são nossos maiores adversários; Brasil x Argentina é um clássico mundial, extrapola o nosso continente. Não acho desrespeitoso nem ofensivo com os argentinos demonstrar nosso contentamento em vencê-los, pelo contrário. Sou admirador do futebol deles e por isso mesmo acho muito bom derrotá-los.

Narrei muitos Brasil e Argentina. Em Copa do Mundo, só uma vez, em 1990, quando eles "me" eliminaram com aquele passe de Maradona para o gol de Caniggia. Mas meu Brasil e Argentina inesquecível foi em 1991, na Copa América no Chile. O Brasil vinha mal, estava quase desclassificado, tinha perdido da Colômbia e estava empatando com o Equador. Conseguiu ganhar no finalzinho e se classificou. Nós, da Globo, estávamos no mesmo hotel de Julio Grondona, presidente da AFA, a Associação de Futebol da Argentina. Ali estava também Carlos Bilardo, técnico campeão do mundo em 1986. Eu e Marco Mora nos encontrávamos muito com eles no bar do hotel, tomávamos alguma coisa, existia uma relação cordial. O técnico do Brasil era Falcão.

Para a fase final se classificaram, num grupo, Chile, dono da casa, e Argentina, e, no outro, Colômbia e Brasil, em segundo. O regulamento previa que o dono da casa faria o jogo principal, ou seja, Brasil e Argentina jogariam na preliminar de Chile e Colômbia.

Para a Globo isso queria dizer que o jogo começaria no meio da novela das sete, invadiria o *Jornal Nacional* e seguiria no horário do que era, na época, a novela das oito. Fizemos de tudo, o possível e o impossível, para tentar alterar o horário, mas regra é regra, e ela dizia que o segundo do grupo jogaria a preliminar e o primeiro do grupo jogaria contra o dono da casa. Ponto.

Em julho de 2011, o então presidente da CBF, Ricardo Teixeira, deu uma entrevista à revista *Piauí* e, entre várias outras coisas, disse que tinha sido ele o responsável por marcar um jogo da seleção durante o *Jornal Nacional*. Não foi bem assim, o horário do jogo tinha sido definido pelas regras da competição.

A programação da Globo estava arrancando os cabelos. Boni, com razão, estava muito puto e soltou os cachorros em cima de Roberto Buzzoni, diretor da Central Globo de Programação. Que por sua vez fazia arder o ouvido de Durval Honório, um de seus comandados. A coisa estava feia. O jeito foi encurtar as duas novelas. Mas e o *Jornal Nacional*, que ia ao ar entre elas? A solução seria apresentá-lo no intervalo do jogo. Mas quinze minutos era muito pouco, o jornalismo queria e precisava de vinte minutos. Marquinho Mora foi até Julio Grondona:

"Vocês poderiam atrasar em três ou quatro minutos a volta para o segundo tempo?"

"*Mi entrenador* [Alfio Basile] não vai topar", respondeu o cartola. "Ele adora voltar logo, com dez minutos já quer voltar para o jogo. Se fosse o Bilardo não haveria problema."

Grondona, entretanto, fez uma proposta a Marquinho:

"Eu faço o seguinte, tranco a porta do vestiário por fora, você fica com a chave e resolve a hora de abrir."

Com doze minutos de intervalo já estava uma gritaria no vestiário, com gente chutando a porta. Isso é inédito: eu fiquei na cabine recebendo o retorno de áudio do *Jornal Nacional* e quando Cid Moreira entrou com as últimas notícias, eu gritei para o Marco: "Solta!".

Ele abriu a porta e os jogadores da Argentina saíram que nem loucos para dentro de campo. Ou seja, a Globo não mexeu em coisa nenhuma, não fez nada. Marco Mora, com a minha humilde ajuda, acertou uma mutreta com o presidente da AFA, e o arranjo só aconteceu graças a sua gentileza. Deixamos a Argentina trancada mais quatro minutos dentro do vestiário. Esse ato não prejudicou ninguém, o telespectador pôde ver o *Jornal Nacional* compacto, curtiu as emoções de Brasil e Argentina e, infelizmente, a Argentina venceu por 3 a 2. E acabou, na sequência, como campeã da Copa América de 1991.

Eles ganharam de novo o título em 1993, eliminando o Brasil na semifinal, nos pênaltis, com o maior pegador de pênaltis que eu conheci na vida, Sergio Goycochea, o Goyco. Acho que rogamos tanta praga na Argentina depois dessa que ela nunca mais ganhou nada com o time principal! Ganhou medalha de ouro em Olimpíada, mas o time principal, nada mesmo. São mais de vinte anos de jejum, desde esse 1993.

Julio Grondona, que nos ajudou com a chave do vestiário, foi presidente da AFA por 35 anos até sua morte, em 2014, alguns dias depois de ver a Argentina perder a final da Copa de 2014 para a Alemanha.

Marco Mora, ou Marquinho, é mais do que um colega, é um cara especial para mim. Estamos juntos desde a Copa de 1982, e pouca gente conhece como ele os caminhos e as armadilhas do trabalho em televisão. Somos dois veteranos do esporte, meio ranzinzas um com o outro, mas velhos amigos e cúmplices, daqueles que discutem quase todos os dias — para quem vê, parece até que é briga — mas na verdade, sem trocadilho, ele mora no meu coração.

Os estádios do meu coração

1.

Falar de estádios é falar de onde passei boa parte da minha vida. É claro que a minha casa, digamos assim, é o Maracanã. No atual, totalmente reconstruído para a Copa de 2014, e muito bonito, sinto falta, antes de mais nada, do cimento das arquibancadas, que foi onde cresci vendo grandes jogos, principalmente os do Flamengo. Eu sou de 1950 e ainda não tinha cinco anos quando fui pela primeira vez ao Maracanã e vi o Flamengo ser campeão. Desde aquele tricampeonato de 1953, 1954 e 1955, me tornei frequentador assíduo de suas arquibancadas.

Mesmo depois de ter ido morar em São Paulo, costumava vir ao Rio e passar muito tempo na casa dos meus tios, na Urca. Dali, eu pegava o 106, o lotação Urca/Lins, descia em frente ao Colégio Militar e ia a pé para o estádio. Por isso o Maracanã é a minha casa.

Hoje o estádio é muito mais seguro e confortável, mas antes ele tinha aquela arquibancada grande, larga, em que, quando vinha um público daqueles, 180 mil pessoas, você se sentava em fila dupla. Assistíamos ao jogo sentados e pulávamos no momento certo, era mais civilizado.

O Maracanã era o maior estádio do mundo, dizia-se que tinha capacidade para 200 mil pessoas e que esse teria sido o público da final da Copa de

1950. O maior público que vi foi de cerca de 180 mil pessoas, em duas ocasiões. A primeira, um Fla x Flu decisivo, um 0 a 0 em que Marcial fechou o gol e deu ao Flamengo o título do Campeonato Carioca de 1963. Os números oficiais declararam 177.656 pagantes e mais 16.947 não pagantes, num total de 194.603 torcedores. A segunda ocasião foi a das eliminatórias para a Copa de 1970, no jogo contra o Paraguai que classificou o Brasil e que, segundo os dados oficiais, levou 183.441 torcedores ao estádio.

Mais tarde, foi no Maracanã que fiz minha primeira transmissão, de rádio, num sábado de março de 1974, ainda como comentarista da Rádio Gazeta. O jogo era Botafogo e Olaria. Por que uma rádio de São Paulo faria a transmissão de um jogo entre dois times cariocas num sábado à noite? A Loteria Esportiva havia recém-surgido e as rádios iam atrás das partidas que faziam parte das apostas. E, invariavelmente, a Loteria Esportiva ou Loteca fechava, no domingo, com o jogo do Maracanã, muitas vezes um clássico. Os jogos do Rio eram sempre às cinco horas da tarde, os de São Paulo começavam mais cedo. Por isso, no começo da minha carreira, eu ia muito ao Maracanã fazer os jogos do sábado à noite e o de domingo de tarde, que fechava a rodada.

Eu fui um privilegiado. Nos anos 1970, qualquer que fosse o clássico — Fla x Flu, Flamengo e Vasco, Botafogo e Fluminense, Vasco e Fluminense, Flamengo e Botafogo —, todo domingo era garantia de um espetáculo fantástico, sempre com o Maracanã lotado.

Após minha volta ao Rio em 1977, já na TV Bandeirantes, desenvolvi uma espécie de ritual que me faz falta no Maracanã de hoje: pegar o elevador da imprensa, sair, subir a pequena rampa espremida entre as cadeiras da tribuna de imprensa e as cadeiras especiais e ter aquela visão incrível das torcidas. Aquilo não tinha preço. Sinto falta de uma superstição: ficar ali uns cinco minutos, em pé, começar a me concentrar no trabalho que iria fazer e só depois descer para as cabines.

Sinto falta também da tribuna de imprensa. E, claro, sinto falta da cabine do Maracanã, inesquecível local de trabalho, espremidinha, apertada, estreitinha, com visão maravilhosa, exatamente no pé da arquibancada e acima das cadeiras. Ali, vivi muitas histórias, grandes jogos.

2.

O Pacaembu também é um estádio que considero como minha casa. Contei, no começo do livro, como o menino Carlos Eduardo matava aula no Colégio Rio Branco para assistir aos jogos no estádio. Meu primeiro encontro com o Pelé aconteceu nele. E os meus primeiros jogos importantes, na rádio, foram feitos no Pacaembu. Por isso, o Pacaembu também está na minha história.

3.

O Morumbi também passou a ser marcante na minha vida porque, mesmo morando no Rio, durante muito tempo, por uma questão estratégica da empresa, eu transmitia os jogos dos times de São Paulo. Fiz todas as campanhas do São Paulo na Libertadores no Morumbi, que eram especiais. O São Paulo, eu sempre disse, tinha uma química diferente quando o time jogava a Libertadores. Fiz os clássicos Corinthians e Palmeiras no Morumbi, os jogos da seleção no Morumbi, estádio extremamente confortável para quem trabalha.

4.

Eu poderia acrescentar, claro, o Mineirão dos grandes eventos, daquela fase fantástica do Atlético Mineiro, da retomada do Cruzeiro, de alguns grandes confrontos, principalmente Atlético e Flamengo, grande rivalidade que levou a algumas decisões de título. E também os dois estádios do Rio Grande do Sul. O Olímpico, onde transmiti o Grêmio ser campeão da Libertadores pela primeira vez, uma coisa fantástica. Tenho guardadas na memória algumas imagens do Beira-Rio, outro estádio extremamente confortável. Até surgirem as *studio presentations*, a melhor cabine de transmissão do Brasil, sem dúvida nenhuma, era a do Beira-Rio. Aquela "coreia" — a arquibancada popular —

fervendo ali embaixo, e em campo o grande Internacional de Falcão, o time que não perdeu, campeão brasileiro invicto. Mais recentemente, depois que o Internacional ganhou o Mundial de Clubes, voltei ao Beira-Rio quando o time, como eles dizem, "virou campeão de tudo" após a conquista da Copa Sul-Americana. Foi uma das mais belas festas que eu vi num estádio de futebol.

5.

O ENCANTO DE FAZER pela primeira vez um jogo no San Siro, em Milão, ou no Estádio Olímpico de Roma, também é digno de nota. Eu narrei o último jogo da seleção brasileira — Brasil e Inglaterra — em Wembley, antes da demolição do velho estádio de Londres. Os estádios ingleses não são muito confortáveis para os narradores. Não há cabines, mas um negócio chamado *gantry*, que em tradução livre seria "canteiro" e que lembra mesmo um canteiro de obras, uma espécie de passarela com um banco de ferro em que você senta a bunda, morre de frio e vai narrando. Ainda assim, Wembley é especial e depois da reconstrução ficou um estádio espetacular. Lá, também fiz o primeiro Brasil e Inglaterra depois da reinauguração. Não tem mais *gantry*, é cabine aberta, lá no alto. A gente continua morrendo de frio.

6.

SE AQUI O MARACANÃ era conhecido como o maior do mundo, na Europa o grande estádio era o Hampden Park, em Glasgow, na Escócia. Famoso porque lá mais de 130 mil torcedores viram um dos grandes jogos da história do futebol, um 7 a 3 do Real Madrid sobre o Eintracht Frankfurt, em 1960, na final da Copa Europeia — hoje, Liga dos Campeões. Eu estive lá uma vez, em 1982, quando estávamos nos preparando para a Copa da Espanha. Com meu querido amigo e mestre Michel Laurence — infelizmente falecido quase no final de 2014 — fui fazer um Escócia e Inglaterra na final de um campeonato que os britânicos adoravam, The Home Internationals, oficialmente British Home Championship. Só eles podem ter jogos "domésticos internacionais", envolvendo Inglaterra, Escócia, País de Gales e Irlanda do Norte, os quatro países que formam o Reino Unido, nesse campeonato conhecido também como Copa da Grã-Bretanha.

Chegamos ao aeroporto de Glasgow, pegamos um táxi e o motorista nos advertiu:

"Prestem atenção, hoje à noite vocês seguramente vão parar em algum *pub*, então tenham cuidado quando estiverem bêbados porque às vezes as pessoas aqui são meio violentas."

"Mas nós não pretendemos ficar bêbados", respondi.

E o pobre escocês quase bateu o carro com o susto: "Não?".

Ou seja, ele achava um absurdo alguém não ficar bêbado em Glasgow numa sexta-feira. Naquela noite, antes do jantar, no bar do hotel, eu, querendo ser bacana, caprichei no inglês e pedi: "Please, a single malt scotch", "Um puro malte escocês, por favor". O garçom apontou para o bar e me perguntou: "Qual?". "Qual o senhor tem?", esta besta aqui respondeu. O garçom apontou para o bar e, quando eu me virei, dei de cara com o maior número de garrafas de uísque que já vi na vida. "Traga, *please*, aquele do ganso..." Michel Laurence rolava de rir com a minha ignorância.

Jantamos e saímos para ver o movimento na rua, não eram nem dez da noite. Foi aí que eu entendi o motorista de táxi, porque vi uma cidade de porre. Havia muita gente embriagada pelas ruas e nós morrendo de rir.

No dia seguinte, a equipe da BBC da Escócia nos levou para o Hampden Park. Vimos muitas pessoas em volta do estádio. Quando entramos, não tinha quase ninguém lá dentro e só faltava uma hora para começar. "Cadê a torcida?", perguntei para os colegas da BBC. "Eu vim aqui para ver o Hampden Park lotado." Meia hora antes do jogo, milhares de escoceses entraram aos berros de "Scotland! Scotland!" e aquilo lotou. Eu não vi nenhum torcedor inglês e, perguntando aqui e ali, entendi que torcedor inglês não vai ao jogo Escócia e Inglaterra no Hampden Park e torcedor escocês não vai ao jogo Inglaterra e Escócia em Wembley. Faltando três minutos para o fim da partida, 2 a 0 para a Inglaterra, a torcida escocesa não parava de cantar com a voz meio enrolada, "Scotland! Scotland!", e eu me lembrei do motorista de novo...

7.

Outra vez, em Moscou, fazia um frio danado, temperatura bem abaixo de zero, e eu no estádio de Luzhniki, sede do CSKA e da seleção russa, na véspera de um amistoso Rússia *versus* Brasil, procurando um lugar para gravar meu comentário para o *Jornal Nacional*. Descobri que o campo de jogo era aquecido. Vejam bem, só o campo! Na pista de atletismo, onde estávamos, meu pé congelava. Dei um jeito de entrar em campo e ficar num cantinho durante o treino de Parreira. E gravei... Foi a única vez na vida que eu gravei de dentro do campo com o treino correndo solto! Agradeço a Rodrigo Paiva — antigo diretor de comunicação da CBF — por isso, ele fingiu que não viu. Rodrigo, aliás, me ajudou muito em diversas ocasiões nos últimos anos de cobertura de seleção. Uma pena que ele não esteja mais a bordo.

8.

Um estádio que faz parte da minha vida é o Rose Bowl, de Los Angeles, onde eu soltei aqueles gritos de "É tetra! É tetra!" na final da Copa de 1994. Eu não tinha boas lembranças do Rose Bowl porque lá, dez anos antes, em 1984, eu havia narrado o Brasil perdendo da França na primeira oportunidade de ganhar aquela medalha de ouro olímpica que não vem.

O Brasil tinha sido campeão sul-americano e mundial sub-20 em 1983, e feito uma belíssima campanha nos jogos olímpicos, mas na final perdeu para a França, que dominou totalmente o jogo. Por isso eu não era muito chegado naquele Rose Bowl, não.

E aí, veio 1994 e a final da Copa do Mundo. Uma falta de organização danada para chegar ao estádio. O carro não conseguia circular, eu desesperado discutia com os guardas, meu motorista não falava nada, Ciro José — na época nosso diretor de Esportes — me pedia calma, Arnaldo não dizia palavra de tão nervoso, e todos angustiados já vendo a hora que íamos ter que descer do carro e andar cinco quilômetros, de terno e gravata, naquele calor de quarenta graus.

Quem diz que americano é organizado não sabe direito o que está falando. A chegada ao estádio da abertura da Copa do Mundo, em Chicago, e ao da final, em Los Angeles, foram, talvez, as duas mais desorganizadas da minha vida... E quem já foi aos Estados Unidos e conhece um pouco a América sabe que ninguém é mais arrogante, bravo e invocado do que um policial americano. Aí você chega estressado ao estádio, vem o nervosismo do jogo, a falta total de condições de trabalho — porque não tinha cabine, era um lugar espremido, debaixo de um Sol californiano, quarenta graus à sombra —, calcula só a pancada na cabeça.

A espera, o Sol, você tendo que ficar se enxugando, se hidratando, passando pó na cara porque vai aparecer na câmera, o sofrimento do jogo, o 0 a 0, a prorrogação, o 0 a 0, a disputa de pênaltis, o pênalti perdido, o "Acabou! Acabou!"... Mas, no fim, valeu! Por isso o Rose Bowl entra para a história dos estádios queridos, apesar de lá ter sido só roubada! Foi talvez o sofrimento mais gostoso desses quarenta anos de carreira.

9.

OUTRO ESTÁDIO ENTROU MAIS recentemente na minha vida. É daquelas coisas que não se explicam. O estádio de Yokohama, segunda maior cidade do Japão depois de Tóquio, escolhida para abrigar a final da Copa de 2002. Eu estive lá quatro vezes, fiz quatro jogos no estádio e transmiti quatro títulos mundiais para o Brasil. Saí do estádio "com a taça" quatro vezes. Quero fazer jogo lá todo ano.

A primeira vez foi em 2002, na final da Copa, dois gols do Ronaldo, 2 a 0 na Alemanha, Brasil pentacampeão do mundo. Em 2005, narrei o gol do Mineiro, 1 a 0 para o São Paulo contra o Liverpool, tricolor tricampeão mundial de futebol. Em 2006, o gol de Adriano Gabiru, 1 a 0, vitória histórica do Internacional em cima do grande Barcelona, o dia em que eu disse que o mundo ficou vermelho. E, em 2012, gol de Guerrero, 1 a 0 Corinthians em cima do todo poderoso Chelsea e de todo o dinheiro do dono do time, o russo Roman Abramovitch — nesse dia, o mundo passou a ser de um "bando de loucos".

Impressionante: quatro jogos, quatro títulos mundiais!

Em 2011, não fui ao jogo em que o Santos foi goleado pelo Barcelona. Naquele fim de semana havia o casamento de Cacá, meu filho, e a TV Globo, respeitosamente, tinha me liberado.

É uma trajetória e tanto essa minha no estádio de Yokohama, dos gols de Ronaldo em 2002 ao gol de Guerrero em 2012, que deu o bicampeonato mundial ao Corinthians. Nenhum corintiano esquece aquele título mundial de 1999, ganho no Maracanã, mas, nesse formato atual, com a participação dos campeões continentais e do dono da casa, a conquista do Japão foi a maior da história corintiana. E teve aquela torcida incrível. Foram quase 12 mil vistos concedidos pelo Japão a fieis torcedores que se endividaram, venderam carro, pegaram grana emprestada e se juntaram a impressionante multidão de decasséguis. Os decasséguis são os retornados, brasileiros de origem japonesa que há anos voltaram ao Japão em busca de trabalho.

Eu conheci os decasséguis por causa da Fórmula 1. Na década de 1980, a gente já transmitia corridas em Suzuka, uma cidadezinha pequena, onde eles eram mais de 3 mil. Hoje são quase 200 mil decasséguis no Japão inteiro. O que ninguém se dava conta, na época da final do Timão, é de que essas pessoas em sua maioria vinham do norte do Paraná, do noroeste do estado de São Paulo, e a maior parte delas era corintiana! Por isso é que foi uma loucura em Yokohama, um negócio inimaginável.

Eu tive a sorte e a fortuna de transmitir todos os títulos mundiais de times brasileiros depois de estabelecida a fórmula de jogo único no Japão. Transmiti o Flamengo em 1981 — um dos meus primeiros trabalhos na Globo —, o Grêmio em 1983, e depois passou-se um longo tempo até que o

São Paulo conquistasse o primeiro título, em 1992, e o bi, em 1993. Voltei ao Japão com o tri do São Paulo, em 2005, depois com o Inter campeão em 2006, e o Corinthians bicampeão em 2011.

Em 1981, vi uma significativa torcida do Flamengo no Estádio Olímpico de Tóquio, mas dentro do que se podia imaginar. Em 1983, vi a torcida do Grêmio no mesmo estádio. Vi a torcida do São Paulo comparecer aos três títulos, dois em Tóquio e um em Yokohama. E vi a grande torcida do Inter, em 2006, e até maior no ano seguinte, quando aconteceu na semifinal a tragédia colorada da derrota para o Mazembe, do Congo. Algo que se repetiria em 2013 com o Atlético Mineiro no Marrocos, com a vitória do Raja Casablanca, que tirou o time brasileiro da final contra o Bayern de Munique.

Nada disso se compara, porém, à invasão do bando de loucos em Yokohama. Eram uns 30 mil corintianos no estádio, algo impressionante. Confesso que este velho rubro-negro aqui foi corintiano por uma semana. O estádio de Yokohama estará comigo para o resto da vida. Tomara que eu volte algumas vezes e que venham mais títulos mundiais.

10.

HÁ OUTRO LUGAR DE que eu não posso deixar de falar, porque é diferente mesmo. A torcida do Boca Júniors tem razão quando diz que "la Bombonera no trembla, pulsa como la batida del corazón" — a Bombonera não treme, ela pulsa, igualzinho à batida do coração. Tem um maluco que fica de costas para o jogo e que comanda aquela torcida que não para de gritar e pular um minuto sequer. A seleção brasileira jogou oficialmente pela primeira vez na Bombonera só em 2012, no último jogo de Mano Menezes, quando conquistamos o Superclássico das Américas contra a Argentina. Dois amistosos, um lá e um cá, apenas com jogadores que atuam em seus países de origem. Eu, num *Jornal Nacional* que fiz lá da Bombonera em jogo da Libertadores, resolvi mostrar como cada torcedor assistia ao jogo. Num estádio de arquibancadas quase verticais, diante de cada fileira de cadeiras há uma barra amarela de ferro, porque se não o cara cai no campo. É um estádio antigo, dos anos 1920. Não tem quem não saia de lá encantado! Ir a um jogo do Boca Júniors na Bombonera é uma experiência única na vida de qualquer um que goste de futebol.

O dia em que perdi um gol feito: a lição de Armando Nogueira

1.

Aprendi muita coisa com Armando Nogueira — para quem não sabe, um dos maiores jornalistas que o Brasil já teve. Armando foi diretor da Central Globo de Jornalismo e uma vez me deu uma aula que nunca mais esqueci. Eu tinha narrado um jogo da seleção em Recife e me atrapalhei num gol, que acabei dando para o jogador errado. Quando percebi, passei um tempão tentando me justificar e desfiei um rosário de explicações, a bola veio de escanteio, a iluminação não estava perfeita e me atrapalhou, sei lá o que mais...

Na volta ao Rio, Armando me chamou na sala dele: "Galvão, você sabe a admiração que eu tenho pelo seu trabalho, mas em Recife você perdeu a oportunidade de conquistar o carinho e a simpatia de seus milhões de telespectadores. Você ficou preocupado em dar desculpas para o erro que cometeu, quando o correto teria sido você pedir desculpas pelo erro".

Nunca mais esqueci as palavras de Armando. Em fevereiro de 2014, bem antes da Copa, eu deixei de narrar um gol da seleção, de Oscar, e a primeira coisa que fiz foi pedir desculpas ao telespectador. Eu estava recebendo uma mensagem do Rio e tive que olhar o monitor de retorno para dizer o endereço de uma promoção da TV Globo. Esse monitor tem um *delay*, um atraso de imagem, de mais ou menos três segundos. Fui traído por esse atraso e não vi o outro monitor, o que mostra o jogo em tempo real. Quando olhei para o campo, depois de receber um cutucão do Arnaldo, Oscar já estava pegando a bola dentro do gol. No monitor com *delay*, a bola ainda não havia chegado a Oscar... Antes de mais nada, pedi desculpas ao telespectador, e depois ainda pedi desculpas a Oscar, pessoalmente, numa entrevista em sua casa, em Londres, para o *Na Estrada*. Ali, nós combinamos que eu ia caprichar no próximo gol dele, que ele acabou marcando logo no jogo de estreia da Copa de 2014.

2.

MESTRE ARMANDO SEMPRE TINHA razão, essa foi apenas uma das lições que aprendi com ele. Além de tudo, Armando era um ser humano de uma educação e uma delicadeza ímpares.

Na véspera da abertura dos Jogos Olímpicos de 1984, em Los Angeles, nós passamos várias horas, entrando madrugada adentro, na sala de Armando, traduzindo a programação e preparando a cerimônia do dia seguinte. Foi uma transmissão de luxo. Eu dividia a ancoragem com Osmar Santos e nós tínhamos na reportagem gente do calibre de Lucas Mendes, Reginaldo Leme, Glória Maria e, no nosso ouvido, no ponto eletrônico, durante horas e horas, ninguém menos do que Boni, o grande gênio da televisão brasileira, o cara que inventou e reinventou a TV como nós a conhecemos até hoje. Quando terminou, Osmar e eu estávamos exaustos, física e emocionalmente acabados, mas certos de que havíamos feito um bom trabalho. "Valeu, gente, muito obrigado, tudo certo, boa noite, até amanhã." Foram essas as palavras do nosso então diretor de esportes ao final da transmissão. Osmar Santos vinha do mundo do rádio e estava acostumado a ser tratado como uma grande estrela, que ele era! Ele olhou para mim com cara de apavorado e eu disse: "Vai se acostumando, a coisa é mais ou menos assim...". Quando acabei de falar, entrou a voz do Armando na caixa de som do controle: "Galvão, Osmar, eu quero dizer uma coisa para vocês. As competições nem começaram, mas vocês já ganharam as duas primeiras medalhas de ouro, pelo menos no meu coração. Boni e eu estamos mandando um carro buscá-los, vocês vêm jantar conosco".

3·

QUATRO ANOS DEPOIS, NOS Jogos de Seul, fiz a cerimônia de encerramento. Dessa vez, o meu ponto eletrônico era o próprio Armando, com suas tiradas inteligentes e bem-humoradas. Terminada a cerimônia de muitas e muitas horas, havia uma festa da Globo para comemorar o sucesso da cobertura e o final da Olimpíada. A festa era para todos, menos para mim. Eu saí do estádio olímpico direto para o estúdio, para fazer a transmissão do Grande Prêmio de Portugal, em *off tube*, lá da Coreia. Coisas da televisão. A corrida era fundamental para a conquista do título de Ayrton Senna. Depois de tudo, quando cheguei ao meu quarto de hotel, alta madrugada, flores me esperavam com um cartão: "Galvão flor, você foi nossa voz, nosso coração batendo forte, nossa emoção nos jogos de Seul. Um beijo, Armando".

4·

MAIS UMA DO ARMANDO. Nos Jogos de Seul, em 1988, o mundo assistiu a uma das grandes batalhas do atletismo: o canadense Ben Johnson contra o americano Carl Lewis, na final dos cem metros rasos. Johnson ganhou, mas dois dias depois foi pego num exame antidoping e teve que devolver a medalha de ouro. Armando escreveu uma crônica indignada a respeito e pediu que Ben Johnson devolvesse "as medalhas que roubou", o que acabou acontecendo nos dias e nas semanas seguintes. Aprendi mais essa com o Armando.

Eu passei a vida praticando e falando de esportes e a única coisa que realmente me incomoda no universo esportivo é essa sequência de resultados positivos de doping. Ben Johnson acabou admitindo que se dopava e o mesmo aconteceu mais recentemente com o ciclista Lance Armstrong, que não apenas admitiu que usava substancias ilícitas como disse que faria tudo de novo. A coisa se espalha por muitos esportes, é como uma doença. Mais uma vez, certo estava o Armando: não são atletas, são ladrões, de medalhas e de reputações.

5.

Armando Nogueira foi tão especial para mim que uma vez me tirou de uma grande saia justa com ninguém menos que doutor Roberto Marinho. Todos sabíamos da paixão de doutor Roberto pelo Flamengo. Não foram poucos os domingos em que ele vinha à TV com amigos para assistir aos jogos em circuito fechado, quando não havia transmissões ao vivo dos jogos do Maracanã. Pois um desses jogos foi narrado por mim, um Vasco x Flamengo. Mal começa o jogo, Vasco 1 x 0. Ainda no primeiro tempo, Vasco 2 x 0. "Só dá Vasco", disse eu ao microfone. Minutos depois, Armando ligava para a cabine com um recado do patrão: "Diga ao meu *speaker*" — ele falava *speaker* — "que ninguém quer ouvir a opinião dele, que ele se restrinja a narrar o jogo". Ele estava irritado porque eu dizia que o Vasco estava arrasando o Flamengo. No dia seguinte, Armando levou à sala dele uma gravação de várias vitórias do Flamengo narradas por mim, inclusive a do Mundial de Clubes no Japão. "Doutor Roberto", disse Armando, "ninguém é mais rubro-negro do que o senhor, mas o Galvão chega perto..." Doutor Roberto aceitou o argumento. Ele gostava muito de esporte. Lembro uma madrugada brasileira, em 1988, em que ele ligou para a equipe — estávamos no Japão — para elogiar a transmissão do Grande Prêmio que deu a Ayrton Senna o primeiro titulo mundial. E determinou que o final da prova fosse mostrado "muitas vezes, esse menino Senna é um orgulho para o Brasil".

Em agosto de 2003, coube a mim anunciar no ar a morte do doutor Roberto, durante a transmissão de um jogo no Mineirão. De lá para cá passei a ter um relacionamento mais próximo com seus filhos, Roberto Irineu, João Roberto e José Roberto, um convívio muito agradável e profissionalmente gratificante.

Em 2015 completo 34 anos de Globo, uma vida, praticamente. E é engraçado eu ter hoje momentos de amizade e companheirismo com Robertinho Marinho, neto de doutor Roberto, filho de Roberto Irineu. Ele é nosso diretor de projetos esportivos, começa a sua carreira na TV justamente no esporte, e a cada evento dá provas de que vai longe. Como o avô.

6.

As Olimpíadas me reservaram grandes momentos com Armando. Em 2004, na Grécia, inventei um programa diário, o *Crônica olímpica*, que eu apresentava no SporTV e que tinha Armado Nogueira e Renato Maurício Prado como debatedores dos temas do dia. O Armando gostou tanto da ideia que trabalhou como produtor, redator, chefe de reportagem, fazia a pauta, escolhia os temas das conversas, comprou uns bonequinhos que representavam os deuses olímpicos e foi o responsável por transformar uma conversa de dez minutos em programas que passaram de 45 e podiam até ir mais longe.

Um dia, entrou no estúdio a turma do vôlei e, entre as jogadoras estava Leila, no esplendor de sua beleza. (Não fique com ciúmes, não, Emanuel!) Armando sempre teve um encanto pelas mulheres esportistas, sempre escreveu crônicas sobre elas... Ele olhou para Leila e disse, do alto de seus quase oitenta anos: "Deus, se começas a me tirar as forças, por que também não me tiras o desejo?".

Eu e Renato caímos na gargalhada e ele, sorridente, disse apenas: "Na idade em que estou, já posso falar o que penso".

Esse era Armando Nogueira!

As pessoas que a seleção uniu

1.

Espero ansiosamente cada novo encontro com a seleção não apenas pelo esporte em si, mas também pelas pessoas que vivem em torno dela. Mudam os técnicos, mudam os jogadores, mudam as pessoas que comandam o futebol, mas a simbologia da seleção permanece a mesma. No meio disso tudo estão meus colegas e parceiros, uma turma que chamo de "meu povo". São companheiros de muitos anos que se uniram ao longo de uma saga chamada Copa América, onde ficamos sempre muito tempo juntos, e que emenda com as Eliminatórias para a Copa do Mundo, que no modelo atual virou um bate-volta sem fim. Começou na edição de 1987, na Argentina. Antes, eu tinha transmitido só uma final, em 1983, a derrota do Brasil para o Uruguai. Mas desde que ela se estabeleceu nos moldes atuais, foram onze Copas América seguidas, até a última em 2011, na Argentina.

Na edição de 1987, o Brasil foi eliminado prematuramente, ainda na primeira fase, e o Uruguai foi o campeão. Na ocasião, éramos uma equipe pequena, Luiz Fernando Lima como repórter — depois ele viria a ser diretor de Esportes da Globo — e eu narrando. A Copa América seguinte, em 1989, foi no Brasil, e teve uma cobertura diferente por ser em casa, como se diz no esporte. O Brasil foi campeão, quarenta anos depois de ter ganhado o Campeonato Sul-Americano de 1949.

Esse formato, que permanece até hoje, foi criado por um grande empresário do esporte, J. Hawilla, velho companheiro dos tempos de Rádio Bandeirantes e um dos bons amigos que tenho. Ele, Eliane, seus filhos e netos são pessoas muito queridas por Desirée e por mim. Em 2014, Jotinha, como o chamamos, nos deu um susto. Quase o perdemos. Mas ele foi forte, lutou e está bem melhor. Precisamos nos ver mais.

A partir de 1993, no Equador, surgiu na cobertura da seleção brasileira uma família que atravessou todas as edições seguintes. Em 1995, no Uruguai, ficamos hospedados na fronteira, em Santana do Livramento, porque o Brasil jogava em Rivera, do outro lado da rua. Uma Copa América que terminou no Estádio Centenário, em Montevidéu, onde perdemos para os anfitriões nos pênaltis. Em 1997, na Bolívia, ficamos quase um mês num hotelzinho em Santa Cruz de la Sierra até a final, em La Paz. Ganhamos da Bolívia por 3 a 1 e Zagallo gritou "vocês vão ter que me engolir". Depois, em 1999, no Paraguai — o técnico era Vanderlei Luxemburgo — de novo ficamos do lado de cá da fronteira, em Foz do Iguaçu, até a decisão em Assunção, em que o Brasil foi campeão, 3 a 0 no Uruguai. Na Colômbia, em 2001, a pior Copa América de todas para a seleção, saímos de carro de Cáli, subimos quinhentos quilômetros e fomos à cidade de Manizales, um lugarzinho danado de azarado para o futebol brasileiro. O Flamengo perdeu lá, nas quartas de final, a Libertadores; o São Paulo perdeu lá uma semifinal da Libertadores e, naquela Copa América, a seleção conseguiu ser eliminada por Honduras, tomando de 2 a 0. A Colômbia ganhou essa Copa América, 1 a 0 no México, na final. Em 2004 foi no Peru — o técnico era Parreira —, e ficamos em Arequipa, num hotel perto do vulcão. A final contra a Argentina foi em Lima e ganhamos nos pênaltis. Em 2007 — o técnico era Dunga —, vitória de novo, agora na Venezuela, onde circulamos bastante: Puerto La Cruz, Maturín e depois Maracaibo, onde jogamos uma semifinal dramática com o Uruguai, decidida nos pênaltis, e a final, quando de novo batemos a Argentina, 3 a 0.

A partir de 1993, no Equador, Telmo Zanini ficou com a responsabilidade de montar a equipe que até hoje faz um excepcional trabalho cobrindo a seleção. Esse povo é composto de muitos nomes. Fernandinho Guimarães, Franklin Toledo, Júlio César Bueno, Marco Antônio Rodrigues — o Bodão —,

Sidney Daguano, Fabio Caetano, Claudinho, Zeca Vianna, Sérgio Barros — o Serginho-Serginho —, Daniel Andrade, Cléber Schettini, Álvaro Santana José Carlos Mosca, Pincel — Valmir Alves—, Marco Antônio, Zé da Lapa, Alexandre Marum, Cláudio Moraes, Chumbinho, Raul Plassmann (depois substituído pelo Falcão), Casagrande, Mauro Naves, Tino Marcos, Eric Faria, Marcos Uchôa, Arnaldo Cezar Coelho, Alfredo Taunay. São profissionais de várias áreas — operações, engenharia, reportagem, comentaristas, cinegrafistas, editores, editores de imagem, produtores —, uma turma que encara qualquer desafio que envolva cobrir a seleção brasileira e fazer nossos espectadores no Brasil receberem as melhores imagens, a melhor cobertura, as melhores transmissões. Nessa equipe tem uma pessoa que cuida de mim — olha a minha sorte. Ana Paula é a produtora que sabe do que eu preciso para trabalhar, acerta por onde devo chegar, onde vou estacionar, como chegarei na cabine e ainda providencia qualquer extra que eu e a equipe precisarmos. Ela faz parte da equipe da Joana Thimóteo, gerente de planejamento do esporte, outra amiga querida, um verdadeiro anjo da guarda. Vocês não fazem ideia da quantidade de problemas que essas meninas — e todos os caras citados aqui — resolvem para que na telinha tudo apareça arrumado e com qualidade. Essa equipe é afinadíssima! Devemos isso a Telmo Zanini.

Nesses mais de vinte anos de cobertura da seleção, esse pessoal se movimentou pelo continente todo, foi a todas as edições da Copa América e a todos os jogos das eliminatórias da Copa do Mundo. Esse "povo" viajou muito, trabalhou um bocado e, posso garantir, também se divertiu bastante por esse mundo de Deus. Imagine uma turma dessas passando 27 dias num hotelzinho em Santa Cruz de la Sierra, na Bolívia. O mal-estar de um era o mal-estar de todos, a alegria de um era a alegria de todos.

O mínimo que posso contar é sobre as peladas — invariavelmente apitadas pelo Arnaldo — em que nosso time enfrentava qualquer adversário e, na maioria das vezes, ganhava e ganhava bem. Tenho que registrar que contávamos quase sempre com um ex-repórter da Globo, Jaeci Carvalho, que virou colunista do *Estado de Minas*, mas nunca pendurou as chuteiras da pelada.

Depois das transmissões, o jantar era sempre para comemorar a audiência. Todo mundo sentia certo orgulho de estar levando as emoções da seleção brasileira ao torcedor e existia entre nós a confiança de que fazíamos um trabalho benfeito e importante. Tenho um imenso carinho, um amor familiar por cada um deles.

Tem três nomes que eu quero destacar nessa turma e tenho certeza de que todos vão concordar comigo. João Ramalho é um dos mais talentosos profissionais do esporte, está na cobertura de seleção há umas duas décadas e hoje é o gestor do relacionamento da TV Globo com a seleção brasileira. Maroca, Mário Jorge Guimarães, repórter de jornal e depois de televisão, dono de uma cultura futebolística inigualável e que foi se transformando na cabeça pensante da reportagem esportiva em torno da seleção brasileira. Hoje, Maroca é responsável pela área de eventos do SporTV. E, por fim, Marco Mora, Marquinho, um cara que hoje viaja pouco mas que influencia com muita sabedoria qualquer cobertura que envolva a seleção brasileira.

2.

ALÉM DO POVO ACIMA e de outras turmas reunidas ao longo desses anos de viagens, corridas, jogos, excursões, Copas e Olimpíadas, uma das mais divertidas foi a que se formou em torno da seleção brasileira a partir do final da década de 1990. Ela se encontrava nos treinos, nos jogos e nas coletivas de imprensa da seleção e entre nós surgiu uma camaradagem que nos levava a bares e restaurantes para longas, memoráveis e divertidas noitadas, cheias daquilo que se convencionou chamar de "resenha".

Passávamos em revista os assuntos do dia, tanto da política — nacional e internacional — como daquilo que nos mantinha juntos, isto é, as coisas do futebol e as questões da seleção. Quantas vezes nos deliciamos escalando o time ideal, trocando zagueiros, escolhendo laterais, definindo os melhores esquemas de jogo, fazendo gols sensacionais, mudando o técnico e até trocando a maioria dos dirigentes da Confederação e dos nossos clubes.

Tudo acontecia em torno da boa gastronomia local — fosse na Espanha, na Itália, na Rússia, na China, na Alemanha, na Inglaterra ou em qualquer outro lugar para onde os interesses da CBF levassem a seleção. Sem falar nas garrafas: bebíamos bem, aprendemos a apreciar o que havia de melhor — a bom preço — nas cartas de vinho dos restaurantes que frequentávamos. E sobretudo, dávamos muita risada, nos divertíamos muito, depois de dias de trabalho intenso.

Era uma mistura de gente de várias áreas, como Adilson Miguel, executivo da Ambev, principal patrocinadora da seleção, e seu fiel escudeiro, Alexandre Leitão, na época, homem do marketing do Guaraná Antarctica e hoje CEO do Orlando City, o time de futebol que contratou Kaká para jogar nos Estados Unidos; Luiz Alexandre Rodrigues, ex-jogador da seleção brasileira de voleibol e diretor de marketing esportivo da Nike para a América do Sul; Ingo Ostrovsky, que eu já conhecia dos anos em que esteve na TV Globo e que também trabalhava na Nike. A eles se juntavam meus parceiros Arnaldo Cezar Coelho e Paulo Roberto Falcão e alguns dos meus colegas de Globo, como João Ramalho, Mauro Naves, Mário Jorge Guimarães e PC, Paulo César Vasconcellos, do SporTV.

Duas mulheres tinham cadeira quase cativa nesse grupo: Desirée, com quem sou casado, e Betise Assumpção, amiga antiga dos tempos em que era assessora de imprensa de Ayrton Senna. Betise era casada com Patrick Head, da Williams, vivia em Londres e estava, portanto, sempre próxima dos locais onde o Brasil jogava. Em anos recentes, Dani, esposa de Luiz Alexandre, se juntou ao grupo.

Uma noite, na França, ficamos bebericando no bar do hotel até o último freguês e, já na madrugada, nos metemos a cantar sambas antigos, com aquelas vozes de barítono tão comuns em certos graus de exagero etílico.

Semanas mais tarde, na Venezuela, durante a Copa América de 2007, o técnico Dunga acusou nosso grupo de "compor musiquinhas para tirá-lo da seleção". Para ele, eram nossos os versos — "ainda é cedo amor, mal começaste a conhecer a vida, já anuncias a hora de partida, sem saber mesmo o rumo que irás tomar..." — de uma das canções daquela noite francesa. Nem uma coisa nem outra, Dunga. Estávamos apenas nos divertindo. E os versos são de "O mundo é um moinho", conhecidíssima pérola da nossa música popular, de autoria do não menos consagrado Cartola.

Luciano do Valle

Nesses quarenta anos de profissão fiz muitos amigos e acho que minha maior vitória é não ter feito inimigos. Tem muita gente que não gosta de mim nem do meu trabalho, mas se tenho algum inimigo, eu não o conheço.

Fiz muitos amigos e também perdi muitos amigos, pessoas que o tempo acabou levando e que não estão mais entre nós.

Da minha primeira equipe na Gazeta já não estão mais Milton Peruzzi, Peirão de Castro, José Italiano, Geraldo Blota, Barbosa Filho, Rubens Pecci. Dos colegas de Bandeirantes já se foram João Saldanha, Sandro Moreyra, Oldemário Touguinhó e Darcy Reis.

Na Globo, perdi Armando Nogueira, Evandro Carlos de Andrade e Hedyl Valle Júnior. Em agosto de 2003, eu transmitia o jogo São Paulo x Cruzeiro, no Morumbi, e Marquinho Mora, diretor executivo do esporte, começou a falar no meu ponto eletrônico: "Galvão, atenção, não pare de narrar, mas anote algumas linhas". E logo depois eu anunciei a morte do doutor Roberto Marinho, meu patrão e meu ídolo.

O ano de 2014 foi cruel, foram embora parceiros e amigos que trabalharam comigo, pessoas com quem eu dividi cabine, dividi estúdio e dividi índices de audiência quando nos enfrentamos. Maurício Torres, o doutor Osmar de Oliveira, e dois amigos pessoais, Luciano do Valle e Michel Laurence.

A notícia da morte de Luciano do Valle veio num daqueles raros finais de semana desses últimos quarenta anos que tive para passar com a família.

Era um sábado, véspera do domingo de Páscoa, e eu estava na fazenda no norte do Paraná, com minha mulher Desirée, com minha mãe, dona Mildred, com minha filha Letícia, com meus netos Victória e Nicolas e com meu filho Luca. Fomos visitar um amigo que eu considero um verdadeiro irmão, Jorge Atherino, e sua esposa, Flora. Ele planta café perto de onde eu crio gado. O telefone tocou e do outro lado estava mais um grande amigo, o Ulysses Cabeleira, parceiro de incontáveis pescarias do meu sogro Eraldo. Os dois são empresários em Londrina e se conhecem há mais de quarenta anos. "Cê viu quem morreu? Luciano do Valle." Aí o telefone não parou mais de tocar, logo ligou João Pedro Paes Leme pedindo que eu gravasse para o *JN* falando dele. Terminei dizendo que seria muito difícil narrar um jogo sabendo que Luciano não estaria na cabine ao lado.

O nível de qualidade do trabalho dele me fez crescer profissionalmente, ele foi uma referência. E eu sei que o fiz crescer profissionalmente também. Nós disputamos pontos de audiência por mais de trinta anos e acho que um puxou o outro. Mesmo sendo adversários — não inimigos —, era tão bacana a nossa disputa que isso nos tornou amigos.

A última conversa longa que eu tive com ele foi no banheiro do novo Maracanã, no andar das novas cabines. Foi depois daquela vitória histórica do Brasil contra a Espanha na Copa das Confederações. Curiosamente, entramos juntos para lavar o rosto, dar uma refrescada e, como não tinha ninguém, ficamos uns vinte minutos ali, conversando. Falamos da vida, de dificuldades, da violência no futebol, dos maus momentos que ele e eu andávamos passando em estádios, mas falamos também do carinho do torcedor. Lembramos nossos jantares, os vinhos, falamos da família... Foi quase uma despedida sem saber que seria uma despedida.

Já contei aqui como foi para mim a abertura da Copa de 2014, mas omiti um momento de intimidade meu, que revelo agora: no meio daquela confusão organizada, eu fiz uma reflexão e dediquei aquela transmissão a ele, Luciano, porque era muito estranho abrir uma Copa do Mundo no Brasil sem que ele estivesse na cabine ao lado.

Michel Laurence

O Michel foi um dos mais completos jornalistas de esporte do nosso país, um francês animadíssimo e bem-humorado com quem passei momentos inesquecíveis na vida profissional. Um deles está narrado neste livro, no capítulo sobre os estádios mais importantes da minha carreira.

Pouco antes de morrer, Michel me pediu que escrevesse o prefácio de seu livro de memórias, que agora sua família está se preparando para lançar. Reproduzo aqui um trecho:

"Certeza mesmo eu tenho que aprendi muito com Michel Laurence. Quando cheguei à TV Globo, em agosto de 1981, eu era um operário da palavra, um cara que falava fácil e queria vender emoções. Michel me ensinou a ser equilibrista, a andar no fio da navalha, mantendo de um lado as emoções e, do outro, o jornalismo. Em outras palavras, Michel me ensinou o grande segredo: a notícia e a verdade antes de tudo. Se hoje sou o Galvão Bueno, polêmico mas respeitado, devo um bocado a esse francês de alma universal. Ele veio de Marseille, lá da Provence, para azar dos franceses, que o perderam para nós. A sorte é sua, que vai ler este livro. Causos e estórias desse maluco serão sempre suculentos como uma boa Bouillabaisse regada por um impecável Domaine Ott Rosé. Que saudade, querido maluco, como é imensa a falta que você me faz. *Vive La Provence! Vive Michel Laurence!*"

Raul Plassmann

1.

Meus primeiros comentaristas foram dois parceiros de primeiríssima linha. Em 1977, minha estreia na narração foi um Flamengo e Vasco no Maracanã, pela TV Bandeirantes. Os comentaristas não eram ex-jogadores, eram jornalistas. No Rio, Márcio Guedes. Em São Paulo, Alberto Helena Júnior. Dois jornalistas premiados, de faro aguçado e texto belíssimo, dois jornalistas de pesquisa, cheios de conhecimento, principalmente conhecimento prático de futebol, colunistas com as agulhas bem afiadas para espetar. Foi muito bacana esse período de quatro anos em que trabalhei, basicamente, com eles dois.

Depois vieram mais de trinta anos de TV Globo, nos quais tive a honra de ter como comentaristas — em Copas do Mundo ou fora delas — Zagallo, Rubens Minelli, Carlos Alberto Torres, César Luis Menotti, Júnior, Raul Plassmann, Falcão, Casagrande e mais recentemente Caio Ribeiro, sem falar, claro, em Pelé. A partir de um determinado momento, tive também os comentaristas de arbitragem, Arnaldo Cezar Coelho e José Roberto Wright, os dois numa faixa especial de grandes parceiros, mais longevos, junto com Renato Marsiglia. É um timaço, uma verdadeira seleção. Fora aqueles com quem ocasionalmente fiz jogos, como Branco e, mais recentemente, Roger Flores, Juninho Pernambucano e os comentaristas de arbitragem Leonardo

Gaciba e — o mais novo deles — Paulo César de Oliveira, que "pendurou" o apito em 2014. Outro grande comentarista com quem trabalhei, na Globo e na Bandeirantes, e com quem aprendi muito, foi o Álvaro José, uma verdadeira enciclopédia esportiva. Fiz de tudo ao lado dele, basquete, vôlei e principalmente Jogos Olímpicos, onde ele é imbatível, um verdadeiro craque.

2.

Júnior chama Raul Plassmann de "nosso Forrest Gump, o (desajeitado) contador de histórias". E é verdade, Raul tem sempre uma história para contar. Ninguém nunca sabe até que ponto elas são verdadeiras ou são parte de sua imaginação fértil, mas o fato é que ele tem histórias antigas, da época do Cruzeiro, como a de Pedro Paulo, um lateral direito fortíssimo, de quem todos tinham muito medo. Raul jura até hoje que ele era um pouco cleptomaníaco, que "se apoderava" de pequenas coisinhas e uma vez tentou roubar um daqueles botes de salvamento de avião, que acabou inflando a bordo, deixando Forrest Gump com a cara espremida na janelinha... Eu não consigo acreditar nisso, mas é muito engraçado Raul contando essa e outras histórias.

3.

Raul diz que escolheu ser jogador de futebol para poder viajar de avião — é engraçado depois ele ter sido dono de uma agência de turismo. Começou no Coritiba, foi emprestado para o São Paulo e depois foi para o Nacional, do Uruguai. Em nenhuma dessas transferências conseguiu viajar de avião. Depois de Montevidéu, voltou de ônibus pro São Paulo e um dia foi chamado à sala do presidente Laudo Natel.

"Garoto, vendi você para o Cruzeiro de Belo Horizonte."

"Eu vou de avião?"

"Lógico, um dirigente vai te esperar no aeroporto da Pampulha."

E lá foi Raul realizar o sonho dele, fazer a primeira viagem de avião. O presidente do Cruzeiro era Felício Brandi, que estava montando aquele time fantástico que encantou o Brasil com Raul, Procópio, Piazza, Dirceu Lopes, Tostão e Evaldo, uma verdadeira máquina de jogar futebol. Ganhou a Taça Brasil de 1966 atropelando o Santos de Pelé, tanto no Mineirão como no Pacaembu. Era o começo da grande carreira de um grande goleiro que, por incrível que pareça, não jogou na Copa do Mundo — quase que Telê o levou para a Copa de 1982.

4·

A ESTREIA DE RAUL no Cruzeiro é uma dessas histórias de Forrest Gump. O titular se machucou, Raul foi chamado em cima da hora e já no estádio, não tinha roupa para jogar. Hoje em dia, os fornecedores de material esportivo oferecem dezenas de camisas aos jogadores, mas naquela época não era assim. O goleiro machucado era bem menor do que Raul. E Raul tinha que jogar, tinha que estrear, e justo no clássico contra o Atlético Mineiro. Ele conta que vestiu o uniforme do titular e, além de a barriga ficar de fora, não conseguia mexer o braço, estava apertado demais. Foi quando ele viu uma pessoa no vestiário usando um moletom amarelo... meteu o número 1 nas costas e estava pronto: calção preto, camisa amarela, cabelão louro até o ombro. Subiu. A torcida do Atlético, que hoje em dia equivale à do Cruzeiro, naqueles anos era muito maior. Nem três minutos de jogo e a massa atleticana no Mineirão gritava: "É Wanderléa, é Wanderléa, é Wanderléa!". Raul carregou esse apelido por boa parte de sua carreira, mas naquela tarde pegou um pênalti, o Cruzeiro ganhou o jogo e ele nunca mais saiu do time. Foi campeão mineiro muitas vezes, ganhou a Taça do Brasil e foi campeão da Libertadores em 1976.

5.

Raul é um cara fantástico, uma grande pessoa, um grande parceiro, um grande amigo. Como atleta, depois do Cruzeiro, foi para o Flamengo, onde virou o Velho, o cara em quem todos aqueles craques — Zico, Júnior, Andrade, Leandro — confiavam. Foi de novo campeão da Libertadores e, agora sim, campeão do Mundo com o Flamengo. 3 a 0 no Liverpool, no Japão, um dos primeiros jogos que narrei na Globo.

6.

Ao encerrar essa brilhante trajetória nos gramados, Raul fez uma bela carreira de comentarista. Começou no rádio e veio para a TV Globo, onde fomos parceiros por muitos anos, até a Copa América e a Libertadores de 1995. Depois, Raul foi para o SporTV e eu segui na Globo. Fez uma tentativa de entrar para a política, no Paraná, que não deu muito certo, e passou por uma fase meio ruim.

Numa noite em Doha, no Qatar, numa viagem para um jogo da seleção, eu conversava com o então presidente do Cruzeiro, Zezé Perrella, chefe da delegação brasileira. A conversa, claro, era sobre futebol, e ele falava de alguns dos grandes times da história do Cruzeiro. E começou a lembrar alguns dos feitos de Raul. Na primeira brecha, eu disse: "Ele tá precisando de emprego". É incrível como certas coisas se encaixam, veja você. Ele respondeu: "Rapaz, acabei de perder meu gerente de futebol profissional e tive que promover o gerente das categorias de base. Tenho um lugar para o Raul. Pede para ele falar comigo quando eu chegar ao Brasil". Na hora, peguei o telefone e liguei para Raul: "Fala agora, presidente". Deu certo e uma semana depois Raul estava trabalhando com os garotos do Cruzeiro, de volta às origens dele. Eu me sinto extremamente feliz e contente por isso. Foi um grande goleiro! Grande comentarista! Grande profissional! Absolutamente do bem, um cara com quem tive um imenso prazer de trabalhar esses anos todos.

Pode isso, Arnaldo?

1.

A história com Arnaldo Cezar Coelho começa sete anos antes de ele ser contratado para comentar arbitragem na Globo, época em que ele apitava. Eu narrava e sentava a porrada nele. Arnaldo foi um grande juiz porque é um dos maiores malandros que conheço — malandro no bom sentido. Ele foi criado na praia, foi árbitro de futebol de praia. Aprendeu a nadar para fugir das confusões. O camburão do juiz de praia é o mar. Na hora da gritaria, ele corre para dentro do mar e sai nadando. Arnaldo nadou muito na praia de Copacabana para fugir dos caras que queriam pegá-lo. Ele é um bom exemplo do malandro carioca, por isso foi parar também no mercado financeiro. Arnaldo sempre soube aliar a malandragem ao bom senso.

As coisas acontecem na vida de Arnaldo e ele "aparece" sem fazer muito esforço. Na Copa de 1978, na Argentina, por exemplo, ele apitou França 3 x 1 Hungria, jogo para cumprir tabela, já que as duas seleções estavam eliminadas. Só que as duas entraram em campo com uniformes iguais, e Arnaldo, corretamente, não deixou o jogo começar. Foi a única vez que isso aconteceu numa Copa do Mundo. Tinha que ser com ele! Depois de muita discussão, a França aceitou jogar com o uniforme de um time local, de Mar del Plata.

2.

Fomos ter mais contato em 1982, na Copa da Espanha, naquele que foi o grande momento do Arnaldo como árbitro. Ele era amigo de Sérgio Noronha, o seu Nonô, meu companheiro nas transmissões. Na primeira fase, nos coube os jogos do grupo de Itália e Alemanha, duas seleções que depois fizeram a final. Eu e seu Nonô vivíamos viajando entre Vigo, La Coruña, Oviedo e Gijón. Cruzei com Arnaldo pela primeira vez quando ele foi bandeirar no jogo Alemanha e Argélia. Depois do jogo fomos jantar com Pelé. Mais tarde fomos para um *lounge* tomar uns drinques e tinha uma fila na porta. "Bota o Pelé na frente", disse Arnaldo. "Bota o Pelé na frente que eles abrem a porta." Pura malandragem do Arnaldo. E abriram mesmo.

Sérgio Noronha foi um mestre para mim naquela Copa, e como ele se dava com Arnaldo, começamos a nos encontrar muito. Daí surgiu nosso relacionamento pessoal. Eu e Noronha dividíamos quarto nas viagens. Numa manhã, bem cedo, o telefone tocou e eu atendi. Do outro lado, Arnaldo, achando que quem estava na linha era seu Nonô, gritava exultante, quase histérico: "Sou eu! Sou eu!", dando a notícia de que tinha sido escolhido para apitar a final. O Brasil havia sido eliminado e a escolha de um juiz brasileiro para a final passou a ser uma possibilidade. Como ele tinha ido bem nos jogos que apitara, acabou sendo escolhido.

A entrada dele na televisão aconteceu mais tarde. Em 1989, na fórmula antiga de disputa das Eliminatórias, Brasil e Chile eliminaram a Venezuela e decidiriam em dois jogos quem ficaria com a vaga para a Copa de 1990. O jogo de volta foi aquele da farsa do goleiro Rojas, no episódio da fogueteira no Maracanã. O jogo de ida, em Santiago, foi muito tumultuado. Romário caiu numa provocação e com três minutos de jogo foi expulso de campo. Mas o Brasil conseguiu fazer 1 a 0. De repente, o juiz marcou um sobrepasso de Taffarel. O chileno botou a bola no chão, tocou de lado e pronto, gol do Chile, 1 a 1. Nós na cabine ficamos meio atônitos, sem saber com certeza se aquilo era correto.

No dia seguinte, no Rio, nosso diretor Armando Nogueira convidou Arnaldo — que tinha parado de apitar no ano anterior — para explicar no

Globo esporte se o chileno podia ter feito aquilo. Foi assim, com Arnaldo no *Globo esporte*, que surgiu o comentarista de arbitragem na televisão. E foi aí que Arnaldo entrou de vez na minha vida. Brincamos dizendo que na Copa de 2014 celebramos bodas de prata, 25 anos trabalhando juntos.

3.

No começo, foi meio complicado. Para Arnaldo, dificilmente o juiz errava e demorou um pouquinho para ele perder o corporativismo. Eu devia ter tido um pouco mais de paciência, mas comecei a pegar demais no pé dele. Sempre com o intuito de provocar uma brincadeira, claro. Ele não gostou muito, mas consegui explicar que era mesmo brincadeira. "Arnaldo, eu sou a sua agência de publicidade", eu dizia, e hoje somos amigos fraternos. Talvez se fôssemos irmãos não seríamos tão amigos. É difícil passar um dia sem que a gente não se fale ao telefone. A mulher dele, Graça, é psicóloga. Ela sempre vem com um papo cabeça na hora certa e ficou muito amiga de Desirée, minha mulher. Nossos filhos também se conhecem desde pequenos. Um dos nossos grandes prazeres nos últimos anos é visitar a família de Arnaldo na casa que eles têm em Geribá, Búzios. Passei alguns *réveillons* lá. Arnaldo e Graça já vieram muitas vezes a Londrina, principalmente aos eventos que a Fundação Galvão Bueno faz e às feijoadas beneficentes que dona Mildred, minha mãe, organiza.

Em Londrina, em meus leilões de gado, Arnaldo desempenha uma função como poucos. Eu brinco dizendo que Mauro Naves e Mário Jorge Guimarães, dois queridos amigos da TV Globo, são meus "pisteiros", caras que provocam os lances para as pessoas gastarem mais. Ninguém, entretanto, faz isso melhor que Arnaldo. Ele arranca dinheiro das pessoas no leilão sem que elas percebam que estão gastando mais do que queriam gastar. Se ele não tivesse um pé no mercado financeiro e não fosse dono de um canal de TV — a TV Rio Sul de Resende, estado do Rio de Janeiro —, daria um ótimo leiloeiro.

Apesar de tudo isso, as pessoas acham que nós brigamos. Isso porque Arnaldo é tão malandro que alimentou essa história de ele ser o bonzinho e eu ser o cruel. Ele fica com aquela cara de santo, ainda mais no *Bem, Amigos!*, em que ele me provoca para que eu bata e ele se defenda, só para fazer o papel de coitado... Tudo isso é feito na maior camaradagem, na brincadeira. Resumindo, trabalhar com ele é um grande barato. Acabamos por formar uma dupla entrosada com quem o público se identificou. A Globo periodicamente faz pesquisas e, embora não divulgue os resultados oficiais, a gente sabe que nossa popularidade está em alta, tanto a minha quanto a dele, e fundamentalmente a dos dois juntos.

4.

ARNALDO É UM MILONGUEIRO, e a maior milonga dele é a história de que ele paga os jantares do *Bem, Amigos!*. Ele pouco vai aos jantares, é pura cascata. Na verdade, Arnaldo teve uma fase de extremo pão-durismo, quando tirar "algum" dele era missão quase impossível! Hoje, é um mão-aberta, adora fazer jantares em casa, receber na casa de Búzios, mudou completamente! Eu me lembro de uma vez, na França, em 1997, quando estávamos trabalhando na cobertura do Torneio da França, realizado um ano antes da Copa. Estávamos hospedados num Relais & Château a uns cinquenta quilômetros do hotel da seleção brasileira Arnaldo, Falcão, eu e nosso colega e grande amigo Telmo Zanini, que entende muito de culinária e vinhos e por isso tinha recomendado o hotel, três estrelas do *Guia Michelin*. A grande atração do lugar era o *chef de cuisine* Georges Blanc. Assim que chegamos, pedi uma mesa para o jantar e a recepcionista disse que só tinha mesa livre para dali a dez dias... Conversa daqui, conversa dali, a esposa de George Blanc se apresentou, disse que estava nos esperando, que faria alguma coisa para nos atender e conseguiu uma mesa de canto na varanda.

Estávamos sentados ali e Georges Blanc apareceu, vestido com aquela indumentária de *chef*, e de cara reconheceu Falcão (*Oh, là là*, Falcão...).

Disse que era goleiro no time de sua cidadezinha e apaixonado por futebol. Por baixo da mesa, Arnaldo começou a me cutucar. "Me apresenta, me apresenta." Aí, eu disse: "Esse aqui é o monsieur Coelhô, juiz da final da Copa de 1982...", e pronto, eles já se abraçaram e Arnaldo pediu para tirar uma foto com monsieur Blanc. "O que vocês vão comer?", perguntou o *chef*. Eu respondi: "Monsieur, quem somos nós para escolher alguma coisa. O senhor, por gentileza, escolha por nós". E Arnaldo querendo saber: "Vai custar quanto?". Ao final do jantar, o *maître* perguntou: "Posso dividir e colocar na conta dos quartos?". Concordamos, com Arnaldo chiando: "Quanto foi? Quanto foi?".

No dia seguinte, depois de se informar, ele falou:

"Gente, vou ensinar pra vocês uma coisa que aprendi no mercado financeiro. Temos que fazer saldo médio. Então, hoje nós vamos jantar na pizzaria. Amanhã a gente janta num restaurantezinho que eu vi ali perto da praça e só daqui a quatro dias a gente come aqui no Château outra vez. Saldo médio, gente, saldo médio!"

5.

Arnaldo me usa como escada para o que quer falar, e foi assim que se criou a frase mais famosa dele. Uma vez, discutindo um impedimento, eu perguntei: "Mas a regra não é clara, Arnaldo?". "A regra é clara, Galvão..." Aí começou a pedir para eu repetir a pergunta e a resposta acabou virando um bordão. Se você ligar hoje para o celular do Arnaldo, vai entrar uma gravação que diz: "A regra é clara, deixe seu recado...". Ele até escreveu um livro de memórias que se chama *A regra é clara*. E mais recentemente veio a história do "Pode isso, Arnaldo?", que surgiu por acaso numa transmissão. Ele veio me dizer que a frase estava bombando nas redes sociais e me pediu para perguntar mais vezes nas transmissões.

Uma das coisas engraçadas de Arnaldo é que ele às vezes sai para caminhar no calçadão da praia — principalmente em Ipanema, onde ele mora — para ver quantas pessoas falam com ele.... "Eu vou para me exercitar", ele diz, e chama isso de teste de popularidade. Todos nós que vivemos de audiência gostamos, é claro, do reconhecimento do público, todos nós somos vaidosos. Arnaldo não, ele a-do-ra, ama... Uma vez, em Búzios, a rua das Pedras lotada, eu querendo ir embora e ele me diz: "Não, rapaz, vamos ficar, você não tá vendo que tá bom? Nós estamos com a popularidade alta! Nosso saldo médio tá positivo".

Assim é Arnaldo. Quarenta anos de carreira, 25 com ele ao meu lado. Eu nem sei como seria se ele não estivesse, não me vejo trabalhando sem ele.

Ronaldo Fenômeno

1.

A primeira vez que fiquei sabendo de Ronaldo ele ainda jogava no Cruzeiro e fez aquela molecagem — no bom sentido, claro — com o grande Rodolfo Rodriguez, goleiro fantástico que jogou no Santos e no Bahia e que deu uma bobeada no Mineirão: depois de uma defesa, colocou a bola no chão, virou de costas, e o Ronaldo foi lá e meteu o gol, aliás, o quinto dele naquele 6 a 0.

Eu, infelizmente, não fiz a estreia dele como titular na seleção, que foi num jogo em Florianópolis, um amistoso contra a Islândia na preparação para a Copa de 1994. Esse jogo aconteceu na semana do funeral de Ayrton Senna e eu não pude transmitir porque estava envolvido com o *Globo repórter* sobre nosso grande piloto.

Foi nesse jogo que Ronaldo garantiu a convocação dele para a Copa. Ele tinha dezessete anos, aquele dentinho pra frente, carinha de garoto, e Parreira teve a sabedoria de levá-lo para a Copa de 1994. O próprio Parreira sabia que Ronaldo tinha poucas possibilidades de jogar, pois antes dele vinham Romário e Viola, que estava voando. Mesmo assim, ele foi e conheceu todo o ambiente de uma Copa do Mundo. Como era muito menino, virou Ronaldinho, já que aquela seleção tinha o Ronaldão na defesa. Quatro anos depois, em

1998, era o grande nome do time do Brasil até a convulsão no dia da final, que o deixou completamente debilitado e sem condições de jogo.

Em seguida, veio sua primeira grande volta por cima, a do pentacampeonato, em 2002, ao se recuperar de uma complicada contusão no joelho. Espero que a FIFA tenha aprendido ali que só se escolhe o melhor jogador de uma Copa depois do último jogo. Deram o prêmio para Oliver Khan, goleiro alemão, antes de Ronaldo meter dois gols nele na final e um deles ter sido quase um frango. Ficou uma coisa meio anticlímax. Ronaldo fez oito gols, entre eles os dois do título na final, foi o nome da Copa de 2002.

2.

GOSTO DEMAIS DELE, TENHO um carinho muito grande por ele, faço questão de deixar isso muito claro. Sei que é recíproco. Até hoje, ele me chama publicamente de padrinho, uma deferência especial vinda de um gênio da bola, personalidade mundial como ele é, um cara adorado na Holanda, na Itália, na Espanha e onde quer que tenha jogado.

Gosto muito da família dele também, especialmente de dona Sonia, mulher espetacular. Toda vez que Ronaldo dá um tropeço e parece que vai cair e não levantar mais, dona Sonia aparece lá do lado dele. E do pai dele, seu Nélio, que dá trabalho, mas é um cara divertidíssimo e, pouca gente sabe disso, é quem faz Ronaldo ler livros.

Na história moderna do futebol, nenhum atacante foi igual. A arrancada e a velocidade com a bola nos pés eram impressionantes. No um contra um, no mano a mano, era covardia. Aquele pique inicial já deixava o marcador para trás e aí vinha a balançada na frente do goleiro. Todos os goleiros caíram nessa, até o do gol que lhe deu naquele momento o *status* de maior artilheiro das Copas do Mundo (o alemão Miroslav Klose iria superá-lo na Copa de 2014), contra Gana, na Copa de 2006, mesmo gordo e meio fora de forma: o goleiro caiu para um lado, Ronaldo já saiu para o outro e fez o gol. Um gol de bico igual ao que ele fez contra a Turquia, naquela complicada semifinal da

Copa de 2002. Ronaldo foi o artilheiro que foi sem jamais ter aprendido a cabecear. Imagine se fosse um cabeceador como Pelé...

3.

Eu vi três goleadores fantásticos — Ronaldo, Romário e Van Basten — e com características totalmente diferentes. Mas nem Van Basten, nem Romário tiveram que passar pelos dramas físicos que Ronaldo passou. Sua carreira acabou três vezes e três vezes ele voltou. Quando sofreu a primeira contusão, num jogo contra o Lecce, já tinha gente que não acreditava que ele pudesse voltar. Cinco meses depois, em 12 de abril de 2000, Ronaldo entrava em campo novamente. O joelho não aguentou e o mundo assistiu àquela cena horrorosa em que a patela se rompeu e ele gritou tanto de dor que o jogo do Internazionale de Milão contra o Lazio foi interrompido. A previsão inicial era de oito meses de recuperação e, de novo, poucos acreditaram que ele voltaria. O retorno foi lento, levou mais de um ano. E ele arrebentou na Copa de 2002.

Em 2008, num jantar comigo, Felipe Massa, que é torcedor do Milan, recebeu uma mensagem no telefone dizendo que Ronaldo tinha estourado o joelho de novo. Ficamos desesperados, tentando contato com Leonardo, dirigente do clube, para saber detalhes. Ronaldo já tinha 32 anos e andava com problemas de peso. As apostas de que era o fim aumentaram. E ele não voltou para fazer história no Corinthians?

Ronaldo foi um atleta exemplar, muito dedicado e comprometido. Isso o torcedor entendeu. O carisma dele é tão imenso, o carinho do povo com ele é tão grande, que até algumas bobagens perdem importância.

4·

Foi uma grande sacada levar o Fenômeno para o bando de loucos alvinegro. A ida dele para o Timão iniciou o processo que levou o Corinthians a ser campeão da Libertadores e do Mundo. Ele se deu muito bem com Andrés Sanchez, que era o presidente e se envolvia muito com o marketing do clube. E, mais importante, Ronaldo fez gols e ganhou títulos. Aquele primeiro gol, no jogo contra o Palmeiras, empatando de cabeça aos 47 do segundo tempo e se pendurando no alambrado, foi apoteótico. A torcida do Timão ficou encantada.

Ele está aí, sempre em evidência. Eu tenho muito orgulho de ter virado personagem do Casseta & Planeta com ele. O saudoso e querido Bussunda fazia Ronalducho, e Hubert fazia Gavião Bueno, com aquele fone enorme no ouvido, um narigão. Até o parto dos filhos do Ronaldo eles me botaram para narrar!

Eu brinco dizendo que o Rrrrrrrrrrrrronaldinho, carregando no "R", virou Fenômeno e agora é Ronaldo Nazário, o Empresário! Ele é tão inteligente e competente que vai ganhar mais dinheiro como empresário do que como jogador. Eu já contei que transmiti poucos jogos do Pelé, e que o Rei foi mais meu parceiro do que personagem. Eu diria, sem dúvida, que Ayrton Senna e Ronaldo foram os personagens mais marcantes da minha carreira como narrador. Para mim, Ronaldo Nazário de Lima é um gigante da história do futebol.

Os últimos fatos mostram que eu não estou errado. Ronaldo se tornou sócio de um time de futebol nos Estados Unidos, em Fort Lauderdale, na Flórida, e vai estruturar um projeto para montar *soccer camps* R9 em várias partes do planeta, sucesso garantido.

Ele se juntou à nossa equipe na Globo para a Copa das Confederações de 2013, chegou um pouco tímido, estudando bastante o que iria falar, fazendo o que os jogadores fazem quando entram num estádio, o reconhecimento do gramado. Na Copa de 2014 ele já veio com outra pegada, estava bem mais à vontade. Na cabine, ele também é um cara tranquilo e tem o dom de encantar. Mas vou contar um segredo: no 7 a 1 eu fiquei preocupado. Ele foi perdendo a cor, mudando as feições... Em mais de uma ocasião eu fechei o microfone e perguntei "tudo bem?". "Tudo bem, o caralho! Tô passando mal." Mas segurou a onda, aliás, como todos nós.

Ele é adorado no mundo todo. Uma noite, em Mônaco, saímos para jantar. Éramos três casais, Ronaldo e namorada, Felipe Massa e Raffaela, Desirée e eu. Reservei uma mesa no Sass Café e o dono, Samy Sass, me disse na chegada: "O Michael Jordan vem jantar aqui hoje, vou levá-lo à mesa de vocês". Pois olha, só nós pedimos fotos com Jordan. O assédio era todo em cima de Ronaldo, foi uma coisa impressionante.

Paulo Roberto Falcão

1.

"A Suderj informa: substituição na equipe da TV Globo: sai Raul Plassmann, entra Paulo Roberto Falcão." No velho Maracanã, as mudanças eram anunciadas desse jeito, e esse "Suderj Informa" virou um bordão da torcida carioca. O fato é que a diretoria da TV Globo resolveu fazer uma troca, um velho amigo saiu, outro entrou e se tornou, também ele, um grande amigo. O então diretor da Central Globo de Jornalismo, responsável pelo esporte na época, Evandro Carlos de Andrade, por quem, aliás, tive uma grande admiração, preferiu fazer essa troca e foi assim que entrou para meu time um dos grandes jogadores da história do futebol brasileiro.

Eu acho difícil alguém fazer uma seleção brasileira de todos os tempos e não escalar Falcão. É a elegância em pessoa. Foi para a Itália quase menino. Voltou trajando seus ternos de corte apurado, feitos sob medida, e usando belas gravatas. Mas o principal em Falcão não é o figurino, é a elegância interna.

Falcão demorou um pouquinho para entender que não podia comentar sem deixar de ser o Falcão ex-craque e ex-jogador. Uma pessoa com uma visão de jogo como poucas vezes conheci. Aquilo sim é que é entender o futebol. Ele tem uma frase: "O técnico precisa ter a leitura do jogo, o grande jogador de meio-campo tem que ter a leitura do jogo". Vi poucas pessoas com a capacidade de ler o jogo como Paulo Roberto.

2.

Foram bem uns quinze anos de parceria viajando pelo mundo, tomando ótimos vinhos e tendo grandes conversas. Juntos, ele e Arnaldo são uma das coisas mais engraçadas que existem, ninguém imagina o prazer que ele tem de sacanear Arnaldo. Dizem que eu sacaneio Arnaldo, mas pouca gente sabe o que rolava entre os dois nos bastidores. Coisas assim, por exemplo: estávamos nos preparando para uma entrada ao vivo no *Jornal Nacional*, do Morumbi, antes de um jogo da seleção. Normalmente eu entrava com Falcão e depois chamava Arnaldo para anunciar o árbitro. Nesse dia, o juiz era do mundo árabe, tinha um nome enorme e complicado, e Arnaldo achava que não ia conseguir decorar. Falcão veio com a solução: "Eu vou ficar com uma plaquinha do lado da câmera mostrando o nome pra você". Na hora, Falcão fez seu rápido comentário e eu chamei:

"Arnaldo Cezar Coelho, quem apita o jogo?"

"Apita o jogo..."

Nesse instante, Falcão escondeu a plaquinha, fez com as mãos aquele conhecido "top, top, top" e Arnaldo teve que se virar sem o nome do sujeito.

"Apita o jogo o árbitro de origem árabe, que tem uma certa experiência..."

E Falcão se dobrando de rir do lado da câmera. Essas sacanagens sempre acabavam em risos e abraços, uma grande brincadeira.

3.

Falcão e eu tínhamos conversas intermináveis sobre futebol e falávamos também muito da vida. Ele viveu um momento muito difícil, uma grande briga judicial com a ex-mulher pela guarda de Paulinho, filho do casal. Passou uma fase muito triste por causa dessa situação e por não estar conseguindo ver o filho. Eu me lembro que, depois de muito tempo sem ver o menino, nós estávamos em Los Angeles, na Copa Ouro em 1998, e eu fui com ele a um encontro com a ex-mulher. Ele tinha conseguido o direito de o menino dormir com ele no hotel naquela noite. É numa situação dessas que você conhece o ser humano. Mas tudo terminou de forma feliz, Falcão refez sua vida, construiu uma família, se casou com uma mulher espetacular, Cristina Ranzolin, apresentadora do *Jornal do almoço* lá em Porto Alegre, filha de um grande narrador de rádio, Armindo Antônio Ranzolin. Eles têm uma filha, Antônia.

4·

Quando Falcão parou de jogar, foi ser técnico de futebol, talvez de forma prematura. O Brasil vinha de uma péssima campanha, de um grande fracasso na Copa de 1990, na Itália, com Lazaroni como técnico. Ricardo Teixeira, que com pouco mais de um ano no cargo ainda era novato como presidente da CBF, escolheu Falcão, talvez espelhado no campeão mundial daquela Copa, o alemão Franz Beckenbauer, sempre de terno, sempre em pé, nunca sentado no banco de reservas. Um *gentleman* como Falcão, além de um gênio da bola, como Falcão.

A escolha foi boa, mas a inexperiência e as limitações do trabalho atrapalharam muito. O discurso era de mudança, falava-se até em mudança radical. E aconteceram alguns resultados negativos. Logo na estreia, em Gijón, contra a Espanha, tomamos de cara um 3 a 0, o chamado "sapeca iaiá", como diria Paulo César Vasconcellos, meu colega hoje no *Bem, Amigos!*.

Depois, vieram resultados positivos, como na Copa América de 1991, no Chile, disputada ponto a ponto com a Argentina. Na fase final, o Brasil enfrentou a Argentina logo de cara. A Argentina fez 3 a 2. Falcão, precisando de um atacante, chamou Careca Bianchesi, que foi expulso um minuto depois. Que culpa pode ter o técnico numa situação dessas?

Aí, na hora da renovação do contrato, Falcão não quis mais. Não concordava com a exigência de entregar a lista de convocados antes de anunciá-la, de não poder chamar fulano ou beltrano. Nem chegou a completar um ano no cargo. Foram dezessete jogos, seis vitórias, sete empates, quatro derrotas e tchau!

5.

COMO TÉCNICO, FALCÃO DIRIGIU quatro times: a seleção brasileira, a seleção do Japão, o América do México, grande força do futebol local, e o Internacional de Porto Alegre, a casa dele. Foi depois disso que ele parou, interrompeu a carreira de treinador e veio para esses mais de quinze anos na Globo. Fizemos juntos as Copas do Mundo de 1998, 2002, 2006 e 2010. Na Copa da África, ele já andava meio chateado com algumas decisões internas da TV, que não me cabe discutir. O fato é que ele preferiu não viajar e ficou comentando a Copa no Brasil. Nosso time ficou bem reforçado, porque nessa Copa do Mundo, além de Arnaldo e Casagrande, passei a ter Júnior e Falcão direto do Brasil.

Falcão me sacaneou durante muito tempo dizendo que eu é que o tinha derrubado da seleção brasileira com os meus comentários na televisão. Acabou fazendo escola, pois outros técnicos dizem a mesma coisa. Mas não é verdade, é uma brincadeira, até porque torço demais por Falcão na carreira de técnico. Depois da Copa de 2010, senti Falcão infeliz. Faltava a ele voltar um pouco no tempo e completar o trabalho que tinha começado nos anos 1990, o trabalho de técnico. Isso significava largar uma carreira sólida, de total e absoluto sucesso. Nós da TV Globo mexemos com as pessoas aqui no Brasil quando vamos ao estádio, mas fora do Brasil, a nossa estrela era ele, Falcão! Na Copa América, ou mesmo em Copas do Mundo, quando chegávamos ao estádio, era um tal de "Falcão! Falcão! Falcão!" e todo mundo em cima, torcedores e jornalistas de várias partes do mundo. Ele é um *superstar*!

Um belo dia, em 2012, Falcão me ligou e disse:

"Tô querendo ir ao *Bem, Amigos!*."

"A casa é sua. Venha sempre que quiser."

Ele foi para dizer que tinha concluído outra realização que estava devendo a si mesmo, o livro *Brasil 82: o time que perdeu a Copa e conquistou o mundo*. Eu entendi como uma homenagem de um amigo ele ter me chamado para escrever a orelha do livro. Não me sentia à altura, mas tinha que fazer. Foi um dos grandes prêmios que recebi na vida. Veja bem, era o livro de Paulo Roberto Falcão, com prefácio de Paolo Rossi, o nosso carrasco naquele desastre do Sarrià, o estádio em Barcelona — já demolido, por sinal — onde o Brasil foi eliminado pela Itália na Copa de 1982. E Paulo me pediu que escrevesse a orelha. Fiz com muito medo, mas cheio de orgulho!

Quem sabe, um dia, a gente ainda consegue voltar a trabalhar juntos! Sinto muita falta dele!

Casagrande

1.

Conheci Casão como jogador, vi e narrei muitos jogos, aliás, muitos gols dele. Me lembro de um jogo das eliminatórias da Copa de 1986, em 16 de junho de 1985, vitória do Brasil em cima do Paraguai, em Assunção, por 2 a 0. Casagrande fez o primeiro, de cabeça, e Zico fez o segundo, um golaço.

Acompanhei bem a carreira de Casagrande e todo o envolvimento dele com a democracia corintiana, mas nunca tivemos nenhum relacionamento pessoal. Depois que parou de jogar, ele virou comentarista da ESPN e, quando veio para Globo, fui escalado para transmitir a estreia dele. Não era um jogo tão importante assim, um Criciúma e Corinthians, mas era a estreia de Casagrande. Foi meu primeiro contato com Casão, um cara extremamente divertido.

2.

Nós tínhamos, como temos até hoje, formas diferentes de viver. Temos uma amizade que foi sendo construída ao longo do tempo, de forma muito lenta e com alguns desentendimentos pelo caminho. Eu me lembro de uma vez em que eu estava em casa e ele me ligou meio desesperado: "Porra, Galvão, eu fiz uma besteira, mas foi tão sem querer... Sabe como é entrevista, falei o que não devia: que nunca trataria alguém como você trata, com rispidez". Isso está longe de me ofender. Vou dar um exemplo. Durante a Copa de 2014, Renato, nosso diretor de Esporte, me perguntou se eu já tinha me visto atuando. Não entendi. Ele prosseguiu: "Você já se viu regendo a bagunça, fazendo o papel de animador da festa, sinalizando para o câmera, pedindo para subir o áudio da torcida, mostrando que precisa melhorar o seu retorno, escolhendo quem dá o recado — fala você agora, fala aqui, fala ali, quem é que eu chamo agora?". É isso mesmo, na cabine a atividade é intensa e em alguns momentos eu sou um pouco enfático. Foi certamente isso que o Casagrande quis dizer.

Ele é um cara muito doce, fala baixo, é totalmente da paz. Uma vez, no México, aconteceu um grande empurra-empurra no hotel por causa de uns jornalistas mexicanos que estavam assediando Ronaldinho Gaúcho. A coisa virou tumulto e, quando eu vi, havia três ou quatro mexicanos batendo num jornalista brasileiro. Fomos defendê-lo, claro, teve soco, pontapé, um grande furdunço. Quando terminou, vi Casagrande olhando a cena de longe e fui cobrar dele: "Pô, Casão, eram três brasileiros contra uns quarenta mexicanos e você com esse tamanho todo não foi ajudar?". Sabe o que ele respondeu? "Ôrra, meu, não consigo brigar, eu detesto violência!"

3.

Dentro de campo, Casagrande teve uma carreira brilhante: chegou à seleção brasileira levado por Telê Santana e realizou o sonho de disputar uma Copa do Mundo, a de 1986 no México. Casão foi revelado pelo Corinthians em 1980 e participou do famoso time da democracia corinthiana, ao lado de Sócrates e Wladimir. Jogou também na Europa, primeiro no Porto, de Portugal, quando se tornou um dos primeiros jogadores brasileiros a ganhar a Liga dos Campeões, em 1987. Depois foi para a Itália e levou a torcida do Torino à loucura ao ajudar o time a subir para a primeira divisão do campeonato italiano. Me lembro de narrar um gol importantíssimo dele, nas eliminatórias da Copa de 1986, em Assunção, Paraguai 0 x 2 Brasil. Um gol de Casagrande, um gol de Zico.

4.

MAIS TARDE VEIO O problema que todo mundo conhece. Casagrande foi parar no fundo do poço. É um sobrevivente e teve uma grande vitória pessoal no fim do envolvimento dele com as drogas, que ele próprio descreveu num belíssimo livro, *Casagrande e seus demônios*. Num momento como esse, todo mundo quer ajudar o amigo em dificuldade, mas é preciso que a pessoa queira a sua ajuda. Acho que Casa escolheu algumas pessoas. Eu, felizmente, graças a Deus, fui uma delas e participei ativamente de coisas muito loucas, que hoje posso contar.

Uma vez, ele me ligou de uma maca de hospital dizendo: "Meu, estão dizendo que vou morrer, mas eu não vou morrer, não! Eu tô conversando aqui com o meu coração e dizendo 'velho, segura a onda aí, parceiro, amigo'. Eu não vou morrer". Fiquei conversando com ele o tempo que deu e o coração dele segurou.

Na Copa de 2010, na África do Sul, estávamos no mesmo hotel e um dia ele ligou para o meu quarto e disse: "Galvão, desce aqui no bar, eu tenho uma coisa pra te dar". Cheguei, ele mandou abrir uma garrafa de vinho, me deu uma taça, me deu um charuto e me deu um beijo. Eu nunca vi Casagrande dar beijo em ninguém. Eu me abracei com ele, nós choramos, era uma vitória tão grande... A vitória de estar fazendo a Copa do Mundo vivo e inteiro, novo, bom e sadio!

Então, quando Casagrande me agradece por alguma coisa, sinto que é o inverso, que eu é que tenho que agradecê-lo por ter me permitido participar de alguma forma dessa grande volta por cima. Além de tudo, sou fã do profissional, um cara que fala o que pensa, tem muita coragem, é muito querido pelo telespectador, enxerga o futebol de uma maneira única.

No final de 2014, vivi com ele um momento de muita emoção. Meu telefone tocou o sinal de mensagem. Abri. Era o Casa.

Não pedi autorização para publicar, mas tenho certeza de que ele não vai se incomodar ou então essa será mais uma das minhas que ele terá que aturar. Mas é uma coisa tão importante, que aí vai o texto:

"A vida da gente pode ser curta ou longa, mas durante o tempo em que se vive a gente conhece muita gente, de todo tipo. Eu te considero uma das melhores pessoas que conheci. Eu posso até morrer amanhã, mas vou levar comigo o privilégio de ter conhecido um cara especial. Na minha língua, um cara do caralho. Beijo, meu velho."

Em seguida, uma nova mensagem:

"Esqueci de assinar. Casagrande."

Respondi de imediato:

"Casa, meu amigo, na minha língua, você é foda! É muito bom quando a gente vai se conhecendo melhor e vendo como, de verdade, é cada pessoa. Você é do bem. Você é um cara verdadeiro. Não precisa esconder nada de ninguém porque você é uma história viva! Beijo grande! Aliás, dois, um meu e um da Desirée. Feliz Natal e um 2015 de muito sucesso juntos."

Sou eu quem tem que dizer: muito obrigado, Casão.

Júnior

Leovegildo Lins da Gama Júnior, o Léo, o Júnior. Ele entra com folga em qualquer lista que eu fizer. Na dos grandes jogadores do futebol brasileiro, ele entra. Na dos grandes jogadores do futebol mundial, ele entra. Na lista dos grandes comentaristas da TV brasileira, ele também entra. E se eu fizer uma lista dos meus grandes amigos, ele entra. Essa é a verdade, ele entra em qualquer lista.

O Júnior foi um artista da bola. Não trai suas raízes paraibanas e ate hoje só se refere à mãe como mãinha. Tem uma família maravilhosa, Helô e os filhos. Como pai sempre foi muito rígido, disciplinador, mas ao mesmo tempo é bonachão, um malandro carioca, um cara de Copacabana, do futebol de praia, fã da criatividade e da alegria. É um mangueirense apaixonado pelo samba, que soube viver e aprender as coisas da Europa quando o futebol o levou a jogar na Itália, onde também fincou raízes e fez incontáveis amigos. Lá aprendeu a apreciar os bons vinhos, descobriu que pode se vestir com elegância sem ser almofadinha e gostar de camisas bem cortadas, feitas sob medida. Júnior é um cara acima da média.

Como profissional, tive algumas fases com ele. A primeira, bem marcante, foi na Copa de 1998, em que trabalhamos juntos e fizemos ótimas transmissões. Como comentarista ele tem a mesma facilidade de fazer a leitura de um jogo que tinha em campo, como jogador.

Eu me lembro de um torneio que o Flamengo foi disputar em Milão, na Itália, o Mundialito de Clubes de 1983 que tinha também Peñarol, Milan, Internazionale e Juventus. Foi ali, em meados daquele ano, que Júnior começou os contatos que no fim o levaram ao Torino. Se não me engano, foi nesse torneio que ele jogou pela primeira vez no meio de campo. Numa conversa com ele, eu falei de Paul Breitner, que foi lateral esquerdo da seleção alemã, campeão na Copa de 1974 e que virou um grande meio-campista. Foi o que aconteceu com o Júnior, no Torino, e, depois, no Flamengo, onde foi o comandante do meio de campo que conquistou o título brasileiro de 1992. Foram muitos os laterais que se mudaram para o meio. Júnior ganhou o título de maestro. E se ele era o maestro em campo, também é nas transmissões. Ele vê o jogo com olhos diferentes, entende o que está acontecendo em campo com extrema facilidade e consegue passar isso para nós e para os espectadores.

Fizemos juntos a Copa da África do Sul, em 2010. Lembro de um dia de folga em Johanesburgo. Saímos juntos, ele, eu, Desirée, Léo, meu enteado, e Luca, meu filho. Passamos o dia juntos, os meninos riram muito com as brincadeiras de Júnior. Terminamos o passeio com uma emocionada visita ao Museu do Apartheid, história que precisa ser conhecida para que não aconteça de novo, jamais. Foi uma delícia, ele é um cara espetacular. Depois desse aconteceram outros dias especiais, com ele e Helô. A conversa com Júnior é muito fácil e divertida, e quando o assunto chega aos vinhos então, é uma maravilha. Somos dois apaixonados pela Itália e trocamos figurinhas sobre vinhos, safras e não raro abrimos uma garrafa para animar a "resenha".

Já falei aqui neste livro que trabalhei com um sem-número de comentaristas, gente que eu respeito e admiro muito. Inclusive o último dessa turma, que se juntou a nós na Copa das Confederações e fez comigo a Copa de 2014, Ronaldo Fenômeno. Com todo o carinho e a admiração que tenho por todos eles, houve uma equipe que a Globo montou e que eu gostaria que durasse para sempre, em todos os jogos da seleção brasileira. Essa equipe foi a da Copa de 2010, quando eu tive comigo Arnaldo, Falcão, Júnior e Casagrande. Eu passaria o resto da vida trabalhando com esses quatro.

Arthur Antunes Coimbra, o Zico

Desde que passei a me considerar um vendedor de emoções, digo que dependo sempre dos meus "produtos", preciso de bons personagens. E um dos mais importantes, sem dúvida, foi Zico.

Importante por ser o maior ídolo da história do Flamengo e por ter sido um jogador internacionalmente reconhecido como gênio. Em 1983, Zico foi jogar na Itália, infelizmente num time de médio para pequeno porte, a Udinese. Existia um projeto para transformá-lo numa potência, mas na Itália não é assim que as coisas funcionam, potência mesmo só Juventus, Milan e Inter. De vez em quando aparece uma Roma, um Napoli, uma Lazio, mas, de fato, a Udinese nunca foi nada. Mesmo com essa realidade, Zico conseguiu disputar a artilharia do campeonato italiano com Platini, que jogava na Juventus, e isso era bastante importante. Tem gente que trata a ida dele para a Itália como fracasso, mas foi um sucesso. No jogo de estreia contra o Genova, a Udinese meteu cinco e ele fez gol de tudo que foi jeito. Lembro que na resenha esportiva da RAI daquele domingo a discussão entre técnicos, goleiros e "opinionistas" — como os italianos chamam seus comentaristas — era o que fazer para impedir Zico de marcar gols de falta. Tinha goleiro querendo tirar a barreira, outro queria abrir a barreira no meio, até que um técnico disse que tinha a fórmula: não fazer falta na Udinese perto da área. Esse é Zico.

Tem uma coisa que me liga ainda mais com ele. Eu já contei que a primeira vez que narrei um jogo de futebol foi Flamengo e Vasco, no Maracanã, em 1977. Foi 0 a 0 — ele bem que poderia ter feito um golzinho, seria melhor —, mas ele estava em campo. Peguei o início da fase áurea de Zico e fui até o final. Em todos esses anos, ninguém se comparou a ele em importância e não houve figura por quem eu tivesse mais admiração, de quem tivesse feito maior número de jogos ou narrado maior número de gols. Até quando não fazia gol, ele era fundamental.

Um dos meus jogos inesquecíveis com Zico foi a conquista do Flamengo no campeonato mundial em 1981, 3 a 0. Zico não fez gol — Nunes fez dois, Adílio fez um —, mas recebeu o prêmio de melhor jogador em campo, um carro Toyota. Ele fez questão de saber o valor do carro, dividiu-o pelo número de pessoas da delegação, deu a cada um sua parte em dinheiro e ficou com o carro, para guardar para o resto da vida. O jogo de Tóquio foi um grande momento, ele jogou uma barbaridade. Até pouco tempo atrás eu tinha certeza que ele estava com o carro, hoje não sei.

Arthur Antunes Coimbra, o Galinho de Quintino, o Galo, o Zico, um craque absoluto e, além disso, gente do bem, um cara especial.

Kaká

1.

Tenho um carinho muito grande por Kaká, é como se fosse um filho para mim. Há essa coincidência de ele e meu filho terem o mesmo apelido, Kaká é Ricardo, e Cacá, Carlos Eduardo. Kaká surgiu no São Paulo, num jogo contra o Botafogo, em 2001. Era a partida final do Torneio Rio-São Paulo, ele virou o jogo para 2 a 1 com dois gols e garantiu o título são-paulino. Quando vi aquele menino jogar com velocidade, arrancar, parecendo um raio, cheio de habilidade, e fazer aqueles dois gols, fiquei atento. Uma imagem que não esqueço é a dele comemorando um gol com a mão para cima, pois meu filho, no pódio, faz exatamente o mesmo gesto. Mas eu me encantei mesmo foi com o futebol dele, vertiginoso, objetivo, indo para cima do adversário.

2.

Eu só sei de três jogadores brasileiros na história que foram para a Itália e brilharam no primeiro ano: Zico, Falcão e Kaká. Zico, na Udinese, carregando o time nas costas e tentando viver um sonho que tinha virado uma mentira: prometeram a ele que iam fazer um time para disputar o *scudeto* e não aconteceu nada. Falcão, chegando na Roma, que não era campeã havia décadas. E Kaká, contratado por um grande time que vivia um grande momento, em que era até mais difícil se impor. E ele brilhou logo de cara. O Kaká do Milan foi um gênio! Eleito o melhor do mundo pela FIFA.

Carreira vertiginosa, assim como seu futebol. Lembro da estreia nas eliminatórias para a Copa de 2002, contra a Colômbia, em Barranquilla. Kaká entrou no segundo tempo do jogo, que estava 1 a 1, meteu a primeira bola que pegou no ângulo e decidiu a encrenca nesse lance, Brasil 2 a 1. Foi para a Copa de 2002 levado por Felipão mais ou menos como Parreira tinha levado Ronaldo para a Copa de 1994.

3.

EU REALMENTE ENCHI O saco de Felipão com os meus comentários, elogiando Kaká, e, como o técnico confessou, ajudei na convocação dele, o que me deixa muito feliz. Felipão tentou fazer uma homenagem ao menino na final. Já com 2 a 0 em cima da Alemanha, mandou Kaká entrar. O menino ficou na beirada do campo esperando e não teve um infeliz para botar a bola para fora. O jogo acabou com Kaká do lado de fora. Mais tarde, os melhores momentos do Brasil na Copa de 2006 vieram de Kaká e Ronaldo juntos. Mas Kaká já tinha uma contusão, jogou machucado contra a França, na partida que nos eliminou. E na Copa de 2010, estava com problema sério no púbis.

Depois, na preparação para 2014, Mano Menezes começou a achar o time num amistoso contra o Japão, em 16 de outubro de 2012, com Kaká jogando e fazendo um dos quatro gols do Brasil (o jogo foi 4 a 0, com um gol de Paulinho, dois de Neymar e um de Kaká). Tenho quase certeza de que se Mano tivesse continuado como técnico da seleção, Kaká teria sido um dos principais jogadores da seleção brasileira na Copa de 2014. Com a chegada de Felipão e Parreira, ele foi convocado uma única vez, teve somente uma pequena oportunidade.

Nos últimos dois anos, Kaká fez o possível e o impossível para estar na Copa do Mundo. Saiu do Real Madrid e voltou para o Milan, que era a casa dele, para ganhar metade do que ganhava na Espanha. Em fevereiro de 2014, estive em Milão para gravar um programa especial com Kaká e saber o que ele pensava das possibilidades e até que ponto ele queria jogar essa Copa. Foi uma das melhores entrevistas, talvez a melhor, que eu fiz na vida. Ele falou muito bem, disse que o sonho dele era disputar a Copa no Brasil e outras coisas que nunca tinha dito, como, por exemplo, que pensou em parar na época do Real Madrid porque não sentia mais felicidade em jogar futebol.

Perguntei se ele aceitaria ficar na reserva. Olhando para a câmera, ele disse: "Serei reserva se for o caso, com muito orgulho, com muita honra". Depois da entrevista, Kaká, Robinho e eu fomos a um restaurante para um jantar divertidíssimo. No fim da noite, senti nos dois uma confiança muito grande de que conseguiriam convencer Felipão e Parreira a chamá-los. Deve ter sido muito frustrante para eles ter ficado de fora.

4.

KAKÁ FOI MUITO BEM criado, tem um ótimo pai, com quem me encontrei em Mônaco algumas vezes. Mais de uma vez fomos jantar Desiré e eu, Felipe Massa e Raffaela, e Kaká e Carol. Eu e minha família saímos com eles, e também com Felipe Massa e sua família. Se tem um jogador de futebol para quem torço, é por Kaká.

No lado mais pessoal, ele me deu uma grande emoção em janeiro de 2004. Eu tinha sofrido um acidente muito sério cavalgando e praticamente destruí meu braço esquerdo. Fiz seis cirurgias para reconstrução de nervos, carrego três placas de titânio e dezoito parafusos. O acidente foi num sábado. Consegui ser transportado do interior do Paraná para o Hospital Albert

Einstein em São Paulo. No domingo, tocou o telefone. Desirée atendeu, e do outro lado uma voz disse: "Eu quero saber como está o Galvão". "Quem tá falando?", ela perguntou. "É o Kaká." "Cacá Bueno?" 'Não, diz para ele que é o outro filho dele, o Kaká do futebol."

João Havelange e Braguinha

1.

Doutor Jean-Marie Faustin Goedefroid Havelange, belga e brasileiro. Ninguém fez um trabalho tão gigantesco na história do esporte como o que Havelange fez na FIFA. Só que, para falar dele, preciso antes dizer algumas palavras sobre um grande amigo, irmão mais velho, conselheiro, um dos maiores benfeitores da história do esporte brasileiro, Antônio Carlos de Almeida Braga, o Braguinha.

Braguinha é um dos responsáveis diretos pelo crescimento do voleibol brasileiro. Montou no Rio de Janeiro o time da Atlântica-Boavista, que depois virou Bradesco, para competir com o time da Pirelli, de São Paulo. Foi com Bebeto de Freitas, no Rio, José Carlos Brunoro em São Paulo, e jogadores atuando nos dois times que se criou a turma que viria a ganhar nossa primeira medalha olímpica, a prata nos jogos de Los Angeles em 1984. E o Braga botando dinheiro do bolso dele, bancando tudo isso.

Quem não se lembra de Guga conquistando Roland Garros pela primeira vez, perguntando ainda na quadra "onde está o Braguinha?" e subindo nas arquibancadas para abraçar o amigo?

Foi também grande amigo de Ayrton Senna, esteve literalmente ao meu lado cada minuto e cada instante na cabine de transmissão em Ímola no dia da dolorosa morte e retorno de Ayrton Senna para o Brasil depois do acidente fatal. Braga era um fã incondicional, um amigo fervoroso do tricampeão. Ayrton nunca precisou de ajuda financeira de Braga mas Braga construiu, dentro do terreno dele em Portugal, um apartamento para Ayrton Senna se sentir em casa na Europa.

Eu tenho muito orgulho de poder dizer que sou amigo dele. Pouca gente conhece, pouca gente sabe, mas Braguinha faz parte de maneira indelével da história do esporte brasileiro.

2.

Vamos agora voltar a João Havelange. Tive duas conversas com ele que me marcaram muito. Uma foi na véspera da final da Copa de 2002, Brasil e Alemanha, no restaurante do Hotel Imperial, em Tóquio. Eu e Desirée, minha mulher, almoçamos com Braguinha, convidados por ele, a esposa Luíza, João Havelange, o secretário dele e Joana, filha de Braga, que estava com um amigo. João Havelange escolheu Desirée como interlocutora, uma forma muito inteligente de poder contar para mim, que sou jornalista, como tinha acontecido a chegada dele à FIFA. Ele ganhou a eleição em 1974 do inglês sir Stanley Rous, que tentava a reeleição. A sede da FIFA ficava em uma casa em Zurique, na Suíça. No andar de cima, morava o secretário-geral Helmut Kasser com a família, e, no andar de baixo, havia uma salinha onde mal cabiam seis pessoas. Havelange, eleito, chegou para assumir e Kasser perguntou: "O que o senhor veio fazer aqui?". "Assumir a minha posição de presidente da FIFA", respondeu Havelange. Foi recebido com risadinhas e uma frase debochada: "Isso não vai durar nem um mês. O senhor acha mesmo que um brasileiro vai assumir a presidência da FIFA?". A primeira coisa que Havelange fez foi arranjar outra casa para Kasser morar. "Esse é o primeiro cara que deve ir embora para que a história do futebol possa ser mudada", disse Havelange.

3.

A HISTÓRIA APENAS CONFIRMA o que ele continuou nos contando naquele almoço, que a FIFA chegou a ter mais países afiliados do que a ONU. A FIFA organizava a Copa do Mundo de quatro em quatro anos, e com Havelange surgiram os campeonatos mundiais — e mais tarde os regionais — sub-21, sub-19, sub-17 e o mundial feminino. Ao longo de 24 anos na presidência, ele transformou a FIFA numa das maiores empresas do mundo.

Claro que existem sombras nesse caminho. As acusações são várias, existem desconfianças sobre como se deram as negociações com patrocinadores que propiciaram esse crescimento espetacular do futebol. A própria Copa do Mundo, que contava com dezesseis seleções, passou para o dobro. Óbvio que, aumentando as vagas para a Copa, aumentava também o número de votos dos continentes beneficiados com esse maior número de vagas. Isso faz parte do jogo político.

Repito: existem sombras e negociações não muito bem explicadas que acabaram forçando uma saída de cena de Havelange, obrigado e deixar a presidência de honra da FIFA e também a cadeira de decano e membro mais antigo do Comitê Olímpico Internacional (COI). Mas tenho profundo respeito pelo trabalho de João Havelange no esporte. Ele acabou sendo um estadista.

4.

A SEGUNDA CONVERSA INESQUECÍVEL com ele foi no programa *Histórias com Galvão Bueno*, série feita para o SporTV com personagens importantes da história do esporte brasileiro como Zagallo, Djalma Santos, Éder Jofre, Emerson Fittipaldi e Queen Maria, a Maria Esther Bueno. Nenhuma me impressionou mais do que a longa entrevista de João Havelange. Ele me disse, entre outras coisas, que conseguia controlar o frio e o calor. "Eu tinha que ter esse poder sobre mim mesmo. Nunca senti nem frio nem calor." Não sei se era um jogo de palavras, uma verdade ou uma tentativa de passar a mensagem de que a pessoa deve ter controle e responsabilidade sobre seus atos.

Pois esse homem, que não sentia nem frio nem calor e que nunca gritou num gol do Brasil em Copa do Mundo, se emocionou de ficar com os olhos cheios de lágrimas durante a entrevista e disse ao final: "Quero lhe dar um abraço, quero que essa entrevista seja o meu depoimento definitivo". Para mim foi uma honra, apesar de existirem, repito, sombras sobre todos esses anos dele à frente da FIFA.

5.

E EU VOLTO A Braguinha. Num almoço durante os Jogos Olímpicos de Londres, em 2012, depois que João Havelange havia sido forçado a deixar a FIFA e o COI, Braguinha me disse: "O João tem algumas dificuldades financeiras, que eu sei, porque Bode (o banqueiro Antônio José de Almeida Carneiro) e eu o ajudamos de vez em quando".

E eu termino por aqui, com essa afirmação do Braguinha.

Ricardo teixeira

Ricardo Teixeira, na verdade, nunca foi um homem do futebol. Era do mercado de capitais e se aproximou do esporte porque se casou com Lucia, filha de João Havelange. Talvez por não ser do futebol nunca tenha se metido no trabalho dos técnicos. Não me lembro de ele ter escalado ou dado palpite na escalação de alguém, como Heleno Nunes fez antes e Marin fez depois.

Nos quase 24 anos dele na presidência da CBF o Brasil ganhou algumas Copas América, dois títulos mundiais — 1994 e 2002 — esteve em três finais de Copa do Mundo, além de várias conquistas nas seleções de base, sub-17 e sub-21, tanto regionais quanto mundiais. Foram muitos resultados esportivos, ponto.

Fora isso, é preciso que se diga de forma definitiva: a gestão de Ricardo Teixeira foi um acúmulo de excessos. Excesso de poder, excesso de tempo no poder, excesso de nuvens escuras, excesso de perguntas sem respostas. Tantos excessos o levaram a ser obrigado a renunciar — e até a deixar o país — em 2012. Pena que essa renúncia não tenha significado uma mudança radical na mentalidade dos dirigentes do futebol brasileiro.

O MEU TIME DOS TIMES

O BRASIL TEVE VÁRIOS times que fizeram história no futebol. Se voltarmos lá atrás, podemos começar com o Paulistano de Arthur Friedenreich, nosso primeiro ídolo; depois o Santos de Feitiço; o Fluminense de Marcos Carneiro de Mendonça — que foi também o primeiro goleiro da seleção brasileira —; outro Fluminense, o do técnico Zezé Moreira, que tinha Telê, antes de Zagallo, fazendo a dupla função de ponta e meio de campo. Depois tivemos o Botafogo de Garrincha, Didi, Quarentinha, Amarildo e Zagallo, que tinha ainda Leônidas e Nilton Santos; o Vasco da Gama do Expresso da Vitória; o Santos de Pelé; a Academia do Palmeiras com Dudu, Ademir da Guia, Edu, Leivinha, César e Rinaldo; ou seja, times inesquecíveis.

Mas o time que mais me marcou como profissional, como produto de venda de emoções para o meu trabalho foi o Flamengo do fim dos anos 1970, começo de 1980.

Flamengo que eu peguei já no meu primeiro jogo como narrador, na TV Bandeirantes, ainda em 1977. A sequência foi aquele time do técnico Cláudio Coutinho, campeão da Libertadores e depois Campeão do Mundo. Minha estreia na TV Globo foi num jogo do Flamengo na Libertadores de 1981, contra o Jorge Wilstermann, em Cochabamba, na Bolívia, eu de narrador, Mário Jorge Guimarães, o Maroca, de repórter, o falecido Ganso como operador de áudio e Teti Alfonso como coordenador. Uma equipe de quatro pessoas. Foi nesse jogo o primeiro gol que eu narrei na Globo, do ponta-esquerda Baroninho para o Flamengo. No revezamento com Luciano do Valle, fiz o primeiro jogo da final daquela Libertadores, contra o Cobreloa, do Chile, no Maracanã. Vitória do Fla, 2 a 1. Luciano fez o jogo da volta, que seria em Calama, mas que o Flamengo conseguiu transferir para Santiago. Vitória do Cobreloa, 1 a 0. O desempate foi num terceiro jogo, em Montevidéu, que Luciano narrou e o Flamengo ganhou, 2 a 0, ficando com o título. A final do Mundial caiu então no meu colo. Esse foi o grande momento de jogo de clube da minha vida.

De 1977 a 1982, o Flamengo teve várias escalações, mas vou ficar com o time que entrou em campo para decidir o Mundial em Tóquio, contra o Liverpool de Kenny Dalglish, aquele 3 a 0, fora o baile: Raul, Leandro, Marinho, Mozer e Júnior, Andrade, Adílio e Zico, Tita, Nunes e Lico. O técnico era Paulo César Carpeggiani. Ele chegou em um Flamengo falido, que tinha até a mesa telefônica penhorada e que virou o grande clube na virada para os anos 1980. Claro que o Flamengo teve Figueiredo, Aldair, Leonardo, Sávio, Djalminha, Marcelinho, grandes jogadores, mas meu time é esse, o da final.

Falar do Flamengo me dá a oportunidade de falar de Cláudio Coutinho, um técnico muito à frente do seu tempo, que nos deixou cedo, não teve a oportunidade de se transformar numa grande estrela internacional. Não tenho dúvida que Coutinho teria sido um técnico como hoje é Mourinho ou Guardiola. Basicamente o que hoje se chama de moderno, como diminuição de espaços, intensidade, alternância de ritmo, ponto futuro, ultrapassagem, tudo isso fazia parte do cardápio de Coutinho no fim dos anos 1970. Ele chegou ao terceiro milênio antes de todo mundo, absoluta e totalmente à frente dos outros. Cláudio Coutinho era capitão do Exército, teve uma rígida formação militar, fez cursos fora do Brasil, falava inglês, usava palavras como *overlapping*, era meio metido. O que Guardiola, Mourinho, Ancelotti e Joachim Löw pregam hoje, se você for comparar os termos, é aquilo que Coutinho pregava nos anos 1970 — ele estava no mínimo trinta anos à frente de seu tempo.

É um reconhecimento que pouca gente faz e que eu faço questão de fazer.

A seleção das seleções

1.

Tenho grande curiosidade em saber quantos jogos da seleção brasileira transmiti. Não contei, e hoje nem sei se dá mais para calcular. Somando rádio e televisão, são quarenta anos cobrindo futebol, mas especialmente a seleção. Eu fiz seleção na TV já na época da Bandeirantes. Na Globo, fiz a Copa de 1982, mas não narrei jogos do Brasil. Em 1986, no México, transmiti um jogo só, Brasil e Argélia, um jogo difícil em que o gol de Careca que garantiu o 1 a 0 demorou a sair. De lá para cá, é muito raro um jogo da seleção brasileira, amistoso ou de Pré-Olímpico, Olimpíadas, Copa América, Eliminatórias ou Copa do Mundo, sem Galvão Bueno. Foram sete Copas do Mundo — 1990, 1994, 1998, 2002, 2006, 2010 e 2014 — transmitindo todos os jogos do Brasil, incluindo as eliminatórias. Sem falar em Olimpíadas — Los Angeles em 1984, Seul em 1988, Atlanta em 1996 e Sydney em 2000. A seleção não se classificou para a de Atenas em 2004, mas voltou na de Pequim em 2008. A Globo não transmitiu a de Londres em 2012. Então, faço jogos olímpicos desde 1984 e todos os jogos do Brasil, sem pular nenhuma Copa do Mundo, de 1990, na Itália, para cá. E todas as Copas América.

2.

Por tudo isso, me sinto na obrigação de fazer o que todo mundo faz por brincadeira: dizer qual é a minha seleção brasileira de todos os tempos. Só que isso é praticamente impossível. Praticamente, não, é impossível! Para facilitar um pouco o desafio, tive de escolher entre aqueles que eu vi jogar — não poderia colocar Domingos da Guia, Leônidas da Silva, Zizinho, Friedenreich ou Fausto, a "Maravilha Negra", que não vi em campo. Tentei montar um time e acabei montando três.

Vamos imaginar então um jogo de uma seleção A contra uma seleção B e outra seleção inteira, do goleiro ao ponta-esquerda, no banco. E três técnicos, claro: um dirigindo uma seleção, um dirigindo a outra, e outro com a seleção do banco. Sonho total, delírio total, mas a única forma! E tem até trio de arbitragem.

Um time teria Taffarel, Carlos Alberto Torres (o Capita), Mauro Ramos de Oliveira, capitão do bicampeonato em 1962, Aldair — vou tomar muita porrada, mas acho ele um gênio, fantástico — e Nilton Santos. Como o técnico será Zagallo, dê uma olhada nesse meio-campo: Falcão, Didi e Pelé. E aí, na frente, Garrincha, Ronaldo e Rivelino. É um sonho!

O segundo time teria Gilmar, Djalma Santos, Bellini, Luizinho e Júnior. No meio, Zito, Gérson, Zico e Tostão. No ataque, Jairzinho e Romário. Telê Santana dirige o time B.

E, no banco de reservas: Marcos, Leandro, Oscar, Orlando Peçanha e Roberto Carlos. No meio, Toninho Cerezo, Ademir da Guia e Rivaldo. E na frente o grande Júlio Botelho, Reinaldo e Ronaldinho Gaúcho. Carlos Alberto Parreira fica responsável pelo time do banco e pelas substituições, ele pode mexer nos dois times. Para fechar o jogo dos sonhos, o trio de arbitragem: Arnaldo Cezar Coelho, Romualdo Arppi Filho e José Roberto Wright. Arnaldo, primeiro brasileiro a dirigir uma final de Copa do Mundo, em 1982. Romualdo Arppi Filho, segundo brasileiro a dirigir uma final de Copa do Mundo, em 1986. E José Roberto Wright, que só não dirigiu a final da Copa de 1990 porque não dariam três Copas seguidas a três juízes brasileiros. Wright fez a semifinal Alemanha e Inglaterra e recebeu a maior nota de um árbitro em Copas do Mundo.

3.

O JOGO DOS SONHOS lota o Maracanã e qualquer outro estádio, até o que deve existir lá em cima — porque Deus deve ter um estádio para muitos desses que já se foram. Estou pronto para tomar porrada de 180 milhões de técnicos brasileiros, mas isso é o que meu coração manda. E o meu coração lamenta não ter visto, por exemplo, Domingos da Guia, Leônidas da Silva e Zizinho, porque senão três de minha lista teriam que dançar. Tenho certeza de que ia ter que cometer um crime e tirar três grandes.

Então, minha lista é essa e meu jogo dos sonhos é esse. Desses 33, eu vi bem a grande maioria. Dois deles eu vi pouco. Um é Orlando Peçanha, campeão na Copa de 1958, jogador do Boca Júniors e do Expresso da Vitória do Vasco da Gama. Ele merece estar aqui fazendo a zaga com Oscar, da seleção de 1982. E Júlio Botelho, o Julinho, que vi jogar no Pacaembu, pela Portuguesa. O Julinho que não me sai da cabeça é o do jogo contra a Inglaterra, no Maracanã. Eu era um moleque de oito anos, estava lá, naquele 13 de maio de 1959, para ver a seleção campeã do mundo e ouvi a maior vaia que alguém já recebeu no Maracanã. E olha que o velho Maraca, como bem lembrava Nelson Rodrigues, vaia até minuto de silêncio. Pois a vaia para Julinho durou dez minutos. A torcida queria ver Mané Garrincha, barrado pelo técnico. Eu vi Julinho entortar os ingleses, abrir o placar logo no começo da partida. Aos poucos, as vaias foram virando palmas e, no fim do jogo — vitória por 2 a 0, aliás, primeira vez na história que o Brasil ganhou da Inglaterra —, Julinho foi ovacionado. Sua carreira na seleção brasileira foi curta. Não foi campeão do mundo em 1958 porque tinha ido jogar na Fiorentina, na Itália. Como as coisas mudam: Julinho foi convocado para a Copa de 1958, mas, por estar jogando fora do Brasil, se declarou sem condições morais de jogar. Julinho não brilhou em Copa, mas aquele jogo no Maracanã o fez entrar para a história.

4.

Seria o jogo dos sonhos o dessas três seleções e três treinadores. Que país do mundo pode montar três times desses? Não há a menor possibilidade. Acho justa a homenagem a esses três treinadores — Zagallo, Telê e Parreira — mesmo considerando o título de Feola de campeão do mundo em 1958, o de Aymoré Moreira, de campeão do mundo em 1962, e o de Felipão, de campeão do mundo em 2002.

Detalhando um pouco mais minhas escolhas. Meus goleiros são Taffarel, Marcos e Gilmar. Gilmar dos Santos Neves é uma lenda, acho que é o único da história a ganhar duas Copas do Mundo, a de 1958 e a de 1962. Da Copa na Suécia, não me lembro de quase nada, pois tinha sete anos, mas vi Gilmar jogando no Corinthians e no Santos e ele faz parte do meu imaginário de garoto. Já de 1962 tenho uma lembrança melhor. Eu via os jogos no dia seguinte, em videoteipe, uns rolos enormes que vinham de Santiago do Chile nas asas da Varig. Quer dizer, eu primeiro sofria no rádio — me lembro de ter feito até promessa naquele Brasil e Espanha dramático — e depois via na televisão.

Com Taffarel tenho uma ligação afetiva que tem a ver com minha vida profissional. Na primeira Copa em que transmiti jogos da seleção brasileira, em 1990, na Itália, ele era o goleiro. Cláudio Taffarel disputou três Copas, foi campeão do mundo em 1994 e entrou em campo em duas finais seguidas. Ganhou a medalha de prata olímpica em Seul, em 1988, pegou pênalti em semifinal olímpica, em final olímpica, em semifinal de Copa do Mundo e em final de Copa do Mundo. O "Sai que é sua, Taffarel!" virou uma marca registrada de meu trabalho e do dele também, a ponto de ele ensinar o papagaio a repetir o bordão. Um dos momentos de orgulho dele também é um momento de orgulho meu: quando foi contratado pelo Atlético Mineiro, ele chegou a Belo Horizonte e desfilou num carro aberto do Corpo de Bombeiros com a torcida do Galo atrás gritando "Sai que é sua, Taffarel! Sai que é sua, Taffarel!". Por isso ele está nessa seleção.

Convenhamos, um time que tem Pelé e Garrincha tem que ser o primeiro. Por isso, botei Zagallo de técnico dessa primeira seleção e tentei escalá-la mais ou menos do jeito que Zagallo escalou o time dele na Copa de 1970. Imaginando, porém, Falcão no lugar que foi de Clodoaldo no time de 1970, Didi no lugar que foi de Gérson e mantendo Rivelino na esquerda do ataque.

O terceiro goleiro é São Marcos. Eu me lembro de ter gritado "São Marcos!" na Libertadores de 1999, quando o Palmeiras foi campeão. Ele operou tantos milagres naquele jogo final contra o Deportivo Cali que eu tive de criar o apelido! Não sei se foi a partir daí que começaram a repetir, mas ele virou São Marcos para a torcida do Palmeiras. Na Copa de 2002, ele foi São Marcos em dois jogos. Primeiro, nas oitavas de final, no jogo com a Bélgica. Depois, na final com a Alemanha, em Yokohama, com a Alemanha, ele foi "São Marcos" numa defesa espetacular quando o jogo ainda estava 0 a 0. Com a pontinha dos dedos, desviou um chute de Oliver Bierhoff, único bom momento da Alemanha no jogo. Por isso, tinha que ter Marcão, com todo respeito, por exemplo, a Leão, com todo respeito a Félix, que também foi campeão do mundo.

Feliz o país que teve laterais direitos como Carlos Alberto Torres, Djalma Santos e Leandro, meus três eleitos. Torres, o Capita, é um caso à parte. Podia ter De Sordi nessa história, porque ele era titular e Djalma Santos só entrou no último jogo da Copa de 1958, mas Djalma foi gigantesco em 1962! Leandro jogava bola demais.

Bellini não era um primor de técnica, mas compensava com uma firmeza incrível. Em 1958, foi o primeiro capitão a erguer o troféu acima da cabeça, gesto que virou marca registrada dos capitães vencedores de Copas do Mundo. Em 1962, acompanhei mais a Copa. Com a elegância e a arte que tinha, Mauro Ramos de Oliveira podia jogar em qualquer posição do campo. E tem Oscar, grande zagueiro que foi da Ponte Preta para o São Paulo e depois defendeu a grande seleção da Copa de 1982. Para jogar com Mauro, escolhi Aldair. Vou dizer mais uma coisa: Mauro Ramos e Aldair eram dois violinistas, dois *spalla*, seriam os dois primeiros em uma verdadeira sinfônica. A bola era tratada por eles com tanto carinho que ao final dos jogos deveria declarar por qual dos dois se apaixonou mais. Escolhi também Luizinho, da seleção da Copa de 1982. No prefácio do livro de Falcão, escrevi que a seleção de 1982 não perdeu a Copa, entrou para a história. Naquele time,

Luizinho era um artista jogando como zagueiro e foi capaz de passar uma Copa inteira sem fazer uma falta.

Na lateral esquerda é piada, porque Nilton Santos é Nilton Santos, simplesmente "a enciclopédia". Júnior, meu amigo Leovegildo, se não existisse Nilton Santos, teria sido o maior lateral esquerdo da história do futebol mundial. Roberto Carlos entrou pela eficiência e pela longevidade na seleção, por ter sido campeão do mundo e atuado em duas finais de Copa e pela potência de seu chute. Roberto tem que ser respeitado também pela carreira no Real Madrid — onde foi titular por nove temporadas —, pelos títulos de campeonatos espanhóis e por ter vencido três vezes a Liga dos Campeões.

O meio-campo dessas três seleções é uma covardia. Como é que se divide Falcão, Didi, Zito, Gérson, Toninho Cerezo e Ademir da Guia? E ainda me dá dor no coração deixar de fora Clodoaldo e Dino Sani. Ficou de fora também o doutor Sócrates, mas para tê-lo eu teria que tirar Rivaldo, um dos grandes responsáveis pelo penta. Dói o coração não ter o Doutor. Deixei Falcão e Didi num time, Zito e Gérson no outro, Cerezo e Ademir da Guia no terceiro, e, completando os trios de meio-campo, simplesmente Pelé, Zico e Rivaldo.

Aí temos um time com Rivelino, outro com Tostão e o terceiro com Ronaldinho Gaúcho. Na ponta-direita, impossível alguém melhor que Garrincha. Depois dele, ainda na direita, Jairzinho, e no terceiro time, Julinho, esse *gentleman* genial de quem já falei. Lá na frente, deixar Vavá de fora foi duro. Mas a minha ligação com os três que escalei é muito grande. Romário, na Copa de 1994, Ronaldo, na de 2002, e Reinaldo, que não conseguiu ganhar a dele, a da Argentina, em 1978. Reinaldo é um fenômeno. Se a gente pudesse comparar, ele seria um carro andando sem os quatro amortecedores. Ainda menino, perdeu os meniscos e teve lesões nos ligamentos, isso tudo numa época em que a medicina era rudimentar. Com as artroscopias e os reforços musculares de hoje, o rei Reinaldo teria sido um dos maiores jogadores da história do futebol mundial. Na Copa de 1978, os militares argentinos ficaram de olho porque ele comemorava os gols com o punho erguido, o que era visto como um gesto de rebeldia. Recentemente, num *Bem, Amigos!*, abordei isso de forma aberta com ele — não me lembro de alguém ter feito isso antes. Ele me contou que o general Jorge Rafael Videla, ditador argentino, na Copa de 1978, ligou para o então presidente da CBD, o almirante Heleno Nunes, pedindo que Reinaldo não comemorasse daquela forma. O almirante conversou com o capitão do Exército Cláudio Coutinho, técnico da seleção. E Coutinho, mesmo tendo formação militar, disse que Reinaldo tinha o direito de comemorar os gols dele como bem entendesse.

NA FREN
BRAS
DeLonghi
NACIONAL
elf
BOSS

2. AUTOMOBILISMO

Ayrton Senna do Brasil

"O senhor é o 'seu' Galvão?"

"Sou."

"Eu sou o Ayrton Senna da Silva. Ganhei a corrida de Fórmula Ford aqui, hoje."

"Que beleza! Parabéns!"

"Vou chegar à Fórmula 1, e o senhor ainda vai transmitir muita corrida minha."

1.

O diálogo acima é de 1982. Aconteceu no fim de semana do Grande Prêmio da Bélgica. "Seu" Galvão dispensava apresentações, era o famoso narrador — de futebol e Fórmula 1 — da maior rede de TV do país. Tinha 32 anos.

O "da Silva", que ainda precisava dizer o nome, era um garoto magrelo, orelhudo, o desconhecido piloto de uma das fórmulas europeias que levam à reta de chegada da Fórmula 1. Idade: 22 anos.

O cenário era a sala de imprensa do Circuito de Zolder, ainda calma, horas antes do terrível acidente que tirou a vida de Gilles Villeneuve. Era 8 de maio de 1982. Menos de dois anos depois, o garoto já mostrava que era rápido, ousado, implacável. Virou adulto travando duelos emocionantes, inesquecíveis. Estabeleceu novos limites no esporte. Bateu recordes. Tomou muito banho de champanhe. Chegou ao tricampeonato mundial. Virou herói.

O domingo brasileiro só começava depois que "Ayyyyyyrton Senna do Brasiiiiil" trazia o carro, na ponta dos dedos, até a bandeira quadriculada "Tan-tan-tan, tan-tan-tan!" O tema da vitória dava a largada para grandes comemorações, muitas delas de madrugada. "Seu" Galvão vibrava muito. Soltava a voz e o verbo. E também bateu seus recordes. Manteve a audiência sempre na *pole position*, criou bordões, mudou o nome do ídolo, fez o "da Silva" virar "do Brasil". Narrou toda a carreira do garoto, do início ao fim. O que era para ser apenas um relacionamento de trabalho, de repórter com sua fonte, acabou virando uma grande amizade. Mais do que isso: foi o encontro de duas grandes emoções, a da pista e a da cabine.

No asfalto, Senna e o prazer de vencer. Ao microfone, Galvão e a alegria de narrar suas vitórias.

2.

MUITA GENTE ME PERGUNTA se gosto mais de futebol ou de Fórmula 1. Sempre respondo brincando que gosto é de basquete. É evidente que não há nada igual a uma Copa do Mundo. Não há evento no mundo que seja mais importante para um brasileiro do que uma Copa do Mundo. E, consequentemente, para quem trabalha com esporte, não há nada igual a um jogo do Brasil em Copa do Mundo.

A televisão é um veículo cruel: você não pode jamais imaginar que é mais importante do que a imagem, senão cai no ridículo. Mas você também não pode se diminuir a ponto de parecer dispensável. Eu tenho que trabalhar equilibrando emoção e informação. O futebol tem um estilo próprio de narração. As coisas vão acontecendo em campo e você vai relatando um ataque, uma defesa, um drible, uma falta, uma jogada duvidosa, um lance de craque.

Numa transmissão de Fórmula 1, a coisa é bem mais complicada. Você precisa contar uma história. Cada corrida tem um enredo, como nos desfiles das escolas de samba. O espectador tem que entender o que está acontecendo. Se você passar a corrida inteira só dizendo a posição em que os pilotos estão, ninguém aguenta quinze minutos. Tem que explicar por que o tempo entre dois carros está diminuindo, quem está andando no limite, quem vai trocar pneus antes, quais as estratégias em jogo.

É difícil narrar Fórmula 1. E por isso é cativante, desafiador e emocionante. Para dar certo, precisamos de muita informação, e que seja confiável. Felizmente, conto com amigos feitos em mais de trinta anos de automobilismo. Vou dar um exemplo. Em uma corrida em Phoenix, Arizona, nos Estados Unidos, estava todo mundo preocupado, inclusive Ayrton Senna, porque os carros da Williams eram mais rápidos do que os carros da equipe dele, a McLaren. Mas, antes da corrida, Ayrton me disse: "Tive a informação de que o carro deles é muito rápido, mas o câmbio não vai aguentar, não deve passar de quinze voltas". Então, na transmissão, eu passei a informação: "Dificilmente o carro do Mansell passa da 15ª volta, tem problemas de câmbio". Dito e feito: quebrou o câmbio da Williams de Mansell.

O que fascina o telespectador é entender que estratégia uma equipe vai usar, por exemplo, para a troca de pneus. Esse lado técnico é que dá o molho nas transmissões. E, claro, as muitas outras emoções que uma corrida pode provocar.

3.

Ayrton nunca correu de carro no Brasil, só de kart. Foi vice-campeão mundial de kart duas vezes. E depois foi para a Europa. Desde a época de Emerson, o caminho para chegar à Fórmula 1 começa pela Inglaterra. Ayrton começou na Fórmula Ford, depois veio a Fórmula Ford 2000, em seguida a Fórmula 3 e, finalmente, a Fórmula 1. Eu o conheci na Bélgica, no fim de semana do acidente que matou Gilles Villeneuve. No sábado, Ayrton ganhou a corrida da Fórmula Ford 2000 e veio se apresentar me chamando de "seu

Galvão". Foi curioso, porque ele disse: "Eu vou chegar à Fórmula 1 e o senhor ainda vai narrar muita corrida minha". Tinha 22 anos, só dez a menos do que eu, e me chamava de "senhor".

No final daquele ano, a família quis que ele parasse de correr, que abandonasse o automobilismo. Miltão, Milton Teodor Guirado da Silva, pai dele, era empresário, dono de fazendas, tinha uma metalúrgica, e colocou o filho para trabalhar numa de suas empresas. Ayrton sofreu demais com isso e foi pedir ajuda a um grande amigo e sócio do pai, Armando Botelho. Juntos, conseguiram convencer Miltão, que impôs uma única condição para deixar Ayrton voltar às pistas da Europa: a de que Armando, fazendeiro e empresário, cuidasse pessoalmente de Ayrton dali para frente. E Armando, que acabou se tornando amigo de todos nós, virou empresário de Fórmula 1. Falando pouco inglês, mas irradiando muita simpatia, fez-se entender no mundo dos negócios do automobilismo e ajudou Senna a mudar a história do dinheiro na Fórmula 1.

4.

Em 1983, já na Fórmula 3 inglesa, Ayrton teve um ano excepcional. Fez vinte corridas, ganhou doze, sendo nove delas consecutivas. Subiu ao pódio catorze vezes. A ponto de um jornal inglês fazer uma matéria chamando o histórico autódromo de Silverstone de "Silvastone", porque ele era Ayrton Senna da Silva. Nesse ano, transmiti sua primeira corrida. Foi a única vez em sua história que a TV Globo transmitiu uma corrida de Fórmula 3. Todo mundo já percebia que ali existia um fenômeno, por isso Reginaldo Leme e eu fomos a Silvastone transmitir uma corrida de Senna.

Além da corrida, gravamos uma entrevista com ele. Foi a primeira vez que fui a sua casa. Ele morava numa casinha alugada e tinha um Alfa Romeo usado. Depois da gravação, fomos comer em um daqueles restaurantes sem--vergonha de pequena cidade inglesa, e descobri que o prato preferido dele era espaguete. Na saída do restaurante, vimos que seu carro tinha sido multado. Ele aceitou minha oferta de pagar a multa porque, embora estivesse com a vida arrumadinha, automobilismo é um brinquedo caro e ainda não sobravam muitas libras esterlinas no fim do mês. E, afinal, o carro estava lá por causa do almoço da equipe da Globo...

5.

Fui reencontrá-lo na Fórmula 1, em 1984, já correndo pela Toleman. Estava invariavelmente com Armando Botelho, que trazia sempre uma capanguinha debaixo do braço. Começou aí uma amizade muito bacana. No início, é claro, havia interesse mútuo. Ele tinha interesse no profissional da Globo e o profissional da Globo tinha interesse naquela joia bruta que começava a ser lapidada. Ele me vendeu a certeza de que chegaria lá. E eu comprei.

Ayrton nunca foi de falar muito, uma característica de toda a sua família. Demorou anos para ele usar a palavra "amigo". Era um cara reservado e não dizia as coisas diretamente. Você lia nas entrelinhas. Ele dizia "não vou ficar na Toleman, vou para uma equipe grande...", e não "vou ser o maior piloto de todos os tempos". Mas você sentia, conversando com ele, uma segurança enorme e, ao mesmo tempo, uma cobrança de si mesmo absurda, quase desumana.

6.

Em 1993, o GP da Europa foi em Donington Park. Nós decidimos ir mais cedo para a Inglaterra e viajamos de carro até o autódromo, distante uns 130 quilômetros de Londres. No caminho, Ayrton começou a sentir uma enorme nostalgia da vida nas cidadezinhas inglesas, saudade de seus primeiros anos como piloto. Só estávamos nós dois no carro.

"Olha, por aqui vai para Snetterton, aqui vai para Rockingham, Silverstone fica para o outro lado, mais na frente tem Thruxton...", ele começou a citar os circuitos da sua época na Fórmula 3. "Que espetáculo que era, como eu me divertia."

"Hoje você sofre mais do que se diverte, sofre muito, né?"

"É uma pressão enorme ganhar todas as corridas..."

"Mas isso só quem imagina é você, Ayrton. Essa cobrança é cruel. Você está curtindo o que está passando aqui na estrada. Faz muito tempo que você não vai de carro de Londres para Donington."

"Me dá vontade de sair daqui e ir para Snetterton, me dá vontade de sair daqui pra ir lá ver os garotos."

"Cara, você é campeão do mundo, tricampeão, você é o melhor piloto do mundo, está rico, tem reconhecimento mundial. Você tem que ser feliz. Você tem que se cobrar menos."

"Não consigo, Galvão. Não consigo."

7·

Aquela foi uma corrida fantástica, debaixo de chuva, no auge da rivalidade com Prost. Talvez tenha sido a melhor corrida que ele fez na vida. Ganhou de Prost — e também de Damon Hill — no braço e na estratégia. Fez as apostas certas de pneus naquela maluquice de chuva, Sol, chuva, Sol, ao contrário de Prost. Ayrton trocou de pneus quatro vezes; Prost, sete. Que corrida!

Ayrton largou em quarto, atrás de Prost — *pole position* —, de Hill e de Schumacher, este ainda correndo pela Benetton. Ultrapassou os três e já terminou a primeira volta na ponta. Eu disse na transmissão que aquilo era volta de alguém "que não era desse planeta, era um extraterrestre". Foi um início de prova mágico também para Barrichello, que ultrapassou sete carros e chegou ao quarto lugar na segunda volta.

Chovia, botavam pneu de chuva. Parava de chover, botavam pneu seco. Ele e Prost disputando a ponta. Uma hora, ele entrou pelos boxes de Donington e a equipe McLaren não estava pronta para o *pit stop*. Ele passou como um louco e foi embora. Na transmissão, eu disse: "Será que ele não avisou ou a McLaren não entendeu? Que erro absurdo!". Reginaldo, ao meu lado, falou: "Também não estou entendendo nada".

No pódio de Donington Park deu Senna, Hill e Prost. Foi nessa corrida que ele parou depois da chegada para pegar uma bandeira do Brasil com um torcedor. De noite, jantando com ele, perguntei o que tinha acontecido naquela passagem pelos boxes. "Eu quis fazer um teste e avisei para os caras: vou passar por dentro dos boxes e vocês me dão a cronometragem, porque se o Prost estiver na minha frente, eu passo ele por dentro dos boxes." Pura estratégia! Naquela época não existia limite de velocidade nos boxes. Ayrton tinha domínio total da corrida, sabia de cada detalhe do que acontecia na pista, era inacreditável.

8.

Isso era perceptível desde seu começo na Fórmula 1, andando de Toleman. Na segunda corrida de sua primeira temporada completa, a de 1984, na África do Sul, marcou seu primeiro ponto com um carro que era quase um caminhão. Naquela época, as grandes equipes eram McLaren, Williams, Lotus, Ferrari, Alfa Romeo e Brabham. Ele conseguiu chegar em sexto, e os seis primeiros marcavam pontos.

Ayrton terminou essa corrida tão exausto que não conseguia nem andar. Reginaldo e eu o ajudamos a chegar ao *motor home*. E lá, trocamos a roupa dele. Tiramos o macacão, vestimos a calça, a camisa. Ele estava entrevado de tanto esforço físico e tinha espasmos musculares. Ali, ele entendeu que a Fórmula 1 não era só talento. Fórmula 1 era talento, força mental e condicionamento físico. Foi a partir daí que Ayrton começou a trabalhar com Nuno Cobra e virou um atleta excepcional. Força mental ninguém nunca teve igual a ele. Ele destruía os adversários na mente. E no talento, nem se fala.

9.

Ele quase ganhou a primeira corrida ainda na Toleman, num Grande Prêmio de Mônaco famoso, espetacular. Chovia muito e ele vinha voando naquele carroção. A ultrapassagem em cima de Niki Lauda foi histórica. Ele já estava em segundo, chegando em Prost, mais duas voltas e assumiria a ponta. As palavras que mais se ouviam nas cabines internacionais de TV vizinhas à nossa para descrever o que Senna estava fazendo eram "incredible", "incroyable" e "inacreditável". Entretanto, Jackie Ickx, diretor da prova, resolveu parar a corrida alegando "problemas de segurança" por causa do temporal, o que não me convence até hoje. Ayrton ficou em estado de graça por chegar em segundo lugar.

Aquela noite foi engraçada. Ele quis ir ao cassino. Primeiro fomos jantar com Alex Hawkridge, cofundador da Toleman. Jantamos em um bom restaurante, bebemos vinho e fomos para o cassino. Ayrton, na simplicidade de garoto, estava de *jogging*. E foi barrado na porta do cassino. Janos Lengyel, jornalista amigo nosso, já falecido, emprestou um paletó e nosso herói do dia entrou no Cassino de Monte Carlo de *jogging* e paletó. Só jogou no 19, número de seu carro. Não ganhou nada.

Nessa época, começamos a ter um relacionamento extracorrida. Fui conhecendo-o melhor, acompanhei de perto seu amadurecimento. Conheci a família: Miltão ia ver as corridas de vez em quando, a mãe, dona Neide, também, os irmãos Viviane e Leonardo, idem. O tempo ia passando e Ayrton demorava a ser campeão.

10.

Em 1985, ele foi para a Lotus, encantado por estar numa equipe de ligação forte com o Brasil. Tinha sido numa Lotus preta e dourada que Emerson Fittipaldi ganhara seu primeiro campeonato.

A primeira vitória de Ayrton aconteceu no Grande Prêmio de Portugal, sob uma tempestade daquelas. Ele deu um show, foi um grande passeio. Até exagerou na comemoração, convidando todos os jornalistas brasileiros para jantar, além da família. Ficamos todos esperando as manchetes dos jornais do dia seguinte — naquele tempo não existia internet. Como seria o *Jornal Nacional* no dia seguinte? Havia essa expectativa. Mas aquele foi um domingo diferente, 21 de abril de 1985. Tudo foi ofuscado por outra notícia, a da morte do presidente Tancredo Neves.

Lembro da segunda corrida que ele ganhou, no mesmo ano, em Spa-Francorchamps, na Bélgica. Mônaco e Spa eram suas duas pistas preferidas, apesar de completamente distintas. Terminada a corrida, fomos de carro até Bruxelas e de lá tomamos um voo para Paris, a tempo de pegar o avião da Varig para o Brasil. Ele preferia viajar de Varig porque era uma companhia brasileira.

Quando acabava a corrida, eu ficava esperando no carro, sempre sentado ao volante, torcendo para Ayrton chegar cansado e sentar no banco do passageiro. Quando não estava cansado, dizia: "Tá fazendo o que sentado aí?". Então eu trocava de lugar com ele e sofria... Ele andava que nem um louco! Nesse dia, vitorioso, ele entrou na autoestrada empolgado com o bom dinheiro que havia ganhado. Tinha acabado de comprar uma Mercedes 190, o carro mais barato da Mercedes. E aí vinha dirigindo com uma mão só, batendo na minha perna e gritando: "Paguei minha Mercedes hoje, paguei minha Mercedes!".

"Mas eu não ganhei coisa nenhuma, cara. Segura esse volante com as duas mãos, pelo amor de Deus!"

Era essa a empolgação comemorando a segunda vitória. Ele ficou eufórico. Porém, quando não ia bem em uma corrida, eu costumava dizer que "vestia uma tromba". Dependendo dos acontecimentos, demorava de dois a três dias para perder a tromba.

II.

No fim das corridas, Ayrton não se liberava logo, isso demorava umas três horas. Havia a reunião com a equipe e, dependendo da posição final, precisava participar da entrevista coletiva. Depois vinham as entrevistas individuais marcadas pela equipe e pelos patrocinadores. Quase sempre acontecia uma reunião com os engenheiros. Do meu lado, a corrida também demorava para acabar. Fazíamos o encerramento da transmissão, as matérias e os comentários para o *Fantástico*, tínhamos uma rápida conversa pela "caixa de sapato" — a linha de áudio da transmissão — com o pessoal da TV Globo no Rio para amarrar a cobertura da segunda-feira, dependendo do resultado da corrida.

Por isso, Ayrton e eu marcávamos uma determinada hora para sair. Havia esse companheirismo de ir embora juntos, pegar o mesmo avião, era o começo da nossa amizade. Na época, ele dizia: "Nós nos damos bem". A palavra "amigo" não saía mesmo de sua boca. Quando estávamos no Brasil, eu frequentava sua casa, nos encontrávamos em Angra, e o relacionamento foi se estreitando.

12.

O PILOTO DE AUTOMOBILISMO amadurece muito cedo. Ele começa a disputar campeonatos de kart com nove, dez anos de idade. Começa logo a conviver com a responsabilidade da vitória, a necessidade de ser competitivo, valente, arrojado, forte. Amadurece cedo — eu sei porque tenho dois filhos profissionais — e por isso começa a sofrer cedo também.

No começo de nosso relacionamento, eu, mais experiente, dava conselhos a Ayrton. Depois, por causa do amadurecimento precoce, dessa carga de responsabilidade, ele, dez anos mais novo, era quem vivia me dando conselhos.

13.

O PERÍODO DE LOTUS foi longo — 1985, 1986 e 1987 —, e Ayrton não conseguiu ser campeão do mundo. Lembro que estávamos saindo do Japão para ir à Austrália, onde faríamos a última corrida do ano, a derradeira na Lotus.

Ele começou a ler uma carta e, de repente, desandou a falar palavrões de exclamação ("Porra! Caralho!"), e vi que ele estava ficando emocionado.

"Lê aí!", eu disse.

Era uma carta de Gérard Ducarouge, projetista francês da Lotus, um dos engenheiros mais experientes da Fórmula 1 na época. Era uma longa carta agradecendo os três anos de trabalho, a cooperação e a amizade. Terminava com algo mais ou menos assim:

"Eu quero lhe pedir desculpas por nunca ter conseguido lhe dar um carro à altura do seu talento e que pudesse fazê-lo campeão do mundo."

Um elogio espetacular para encerrar o capítulo Lotus.

No ano seguinte, a McLaren.

14.

Na McLaren veio o primeiro título, em 1988. Ayrton foi o melhor piloto que já conheci. Para mim, o campeonato mais marcante de todos foi esse, o primeiro. Antes de mais nada, por eu já conhecê-lo bem. Depois, por estar muito ligado ao automobilismo. Meus meninos estavam começando a correr naquela época. Cacá tinha onze anos, Popó, nove, e já corriam de kart.

Por saber o esforço e a dificuldade para chegar à Fórmula 1, categoria de ponta no automobilismo, eu conseguia imaginar o que estava acontecendo com ele debaixo do capacete, "vestido com o carro", como dizemos. O título de 1988 foi tão marcante para mim que, quando listo as narrações que marcaram minha vida, essa de 1988 tem lugar no pódio, até pelas circunstâncias da corrida.

Ayrton fez a *pole position*, mas o carro teve problemas e não largou. Ao final da primeira volta, ele já na corrida, eu contei e disse: "Senna passou em 19º". Depois, quando fui ver melhor no computador, ele havia passado em 17º. Conseguiu se recuperar, deu uma aula na pista e chegou em primeiro.

Na entrevista coletiva, já campeão, ele falou: "A primeira volta eu fiz em..." e olhou para mim, querendo saber. Eu falei "19º" e, na boca dele, virou verdade, mas tinha sido mesmo em 17º.

Na minha narração, na volta final, lembrei os títulos de Ayrton antes de chegar à Fórmula 1 e seu profissionalismo, o de "um homem que vive, que acorda, que almoça, que janta e que dorme Fórmula 1 e a sua profissão". Naquela última volta, ele nove segundos à frente de Prost, fiz uma das narrações mais emocionadas da minha vida. Até porque eu sabia que ele também devia estar emocionado e chorando muito dentro do carro, como, aliás, eu disse na transmissão.

15.

Aprendi uma lição nesses anos todos que tenho de Fórmula 1: que o show não pode parar, que a vida vai se reciclando. No dia, no exato dia em que Gilles Villeneuve, que era um gênio — de uma Fórmula 1 diferente, mas um gênio de talento, de arte, um *showman* —, morreu, naquele dia eu conheci um garoto pequenininho, magrelinho, orelhudo, que se apresentou como "da Silva" e se transformou no maior piloto de todos os tempos, na minha modesta opinião.

Essa é a sequência natural da vida.

16.

Como amigos, falávamos muito de carro, claro, mas não só. Ayrton era fechado, mas nos momentos de folga, com as pessoas de quem gostava, era moleque pra cacete. Era divertido e adorava uma brincadeira, uma sacanagem. Uma vez, estávamos nas ilhas Turcas e Caicos, território britânico no Caribe, em um hotel do Club Med, o Turkoise. Ayrton e eu entramos no quarto de Reginaldo Leme com umas ferramentas e desmontamos o quarto inteiro, as duas camas, parafuso por parafuso, deixamos o estrado encostado na parede. Aí jogamos água nos dois colchões. E saímos.

De noite, fomos jantar, ficamos lá de papo, bebemos umas bobagens e, já de madrugada, fomos dormir. Ayrton foi para o quarto dele e eu fui para o meu, os dois esperando o estouro de Reginaldo. Nada.

No dia seguinte, descemos para a praia. Ayrton olhou para mim e disse:

"E aí? Será que nós entramos no quarto errado? Entramos no quarto de outro cara?"

"Não, se fosse quarto de outro já tinha estourado um escândalo aqui nesse hotel."

O sacana do Reginaldo ficou dois dias quieto. Até que eu perguntei:

"Ô Regi, e o negócio do seu quarto?"

"Meu quarto o quê? Aconteceu alguma coisa?"

Ele se fechou na dele e deu uma volta na gente.

17.

Em outra ocasião, íamos sair para jantar e Ayrton bateu na porta do meu quarto. Quando abri, ele jogou um balde de água em mim. Ainda todo molhado, eu só pensava no troco. "Vou pegar ele."

Ayrton estava com uma namoradinha que tinha chegado naquela tarde. Em suas palavras, tinha "importado" uma namorada. Na época, ela se chamava Edileine. Depois ficou famosa, mudou de nome. Nem pensei na namorada, eu só pensava em dar o troco.

Pedi ajuda a Reginaldo: "Se eu bater na porta, ele não vai abrir. Então bate você e avisa que está na hora de jantar, que vamos perder a mesa, e pede para ele abrir a porta". Fiquei escondido: eu e meu balde cheio de água.

"Vou abrir, espera um pouco", respondeu Ayrton. Nem deu para raciocinar. A porta abriu, eu mandei água. Só que era ela. Toda arrumada para jantar, maquiada, pintada, chique pra caramba. Um vexame! E ele morrendo de rir atrás da moça. Botou a namoradinha para abrir a porta porque sabia que era a vez dele de levar o troco.

18.

Um dia, meu diretor de muitas corridas de Fórmula 1 e apresentações do *Criança Esperança*, o grande Aloisio Legey, inventou de enterrar uma câmera no asfalto de Interlagos, na tangência do "S do Senna". Ele me mostrou as imagens gravadas no treino e eu achei um espetáculo. Só que ele queria mostrar pro Ayrton. Fomos lá, nosso campeão olhou, sorriu e disse: "Legey, é mesmo um espetáculo, pena que eu vou destruí-la com a roda do meu carro, não vou perder uma sacanagem dessas". Não deu outra: não me lembro em que volta foi, mas de repente, a câmera do Legey saiu do ar. Becão deve ter rido muito debaixo do capacete.

19.

Uma vez nós estávamos embarcando em Miami e ele botou três cadeados no passador de cinto de minha calça, um de cada vez. Como é que eu ia tirar o cadeado se não tinha a chave? Tive que embarcar com os três cadeados. O americano não queria me deixar embarcar. E Ayrton dizia: "Não deixa ele embarcar, não, ele é louco. Olha como ele anda com os cadeados na calça". Eu quase não consigo embarcar. Estamos falando dos anos 1980, ele não tinha trinta anos, eu tinha trinta e qualquer coisa. Era molecagem mesmo.

20.

Outra grande história com Ayrton é a do Grande Prêmio de Mônaco de 1988. Talvez a primeira coisa que se deva dizer sobre Mônaco é que deveria ser proibido correr de Fórmula 1 ali. É falta de bom senso deixar um carro chegar a trezentos quilômetros por hora na saída daquele túnel. Hoje em dia, até que o túnel é bem iluminado. Reza a lenda que o grande Jackie

Stewart entrava no túnel com o olho direito fechado, o esquerdo aberto para poder enxergar no escuro e, quando saía no Sol, trocava de olho para poder enxergar direito.

Não há reta no circuito. A reta é curva. Essa é uma discussão antiga com meu querido Jô Soares, que, inteligente e amável como sempre, ri de mim quando falo "na reta curva de Mônaco". Aliás, Jô e eu temos uma paixão recíproca, adoro ir ao programa dele e adoro mais ainda quando ele "invade" o *Bem, Amigos!*, como fez tantas vezes. Ele pode discordar, mas Mônaco é isso mesmo! Os dois pontos de maior velocidade são a reta curva dos boxes — na freada da Sainte Dévote, a santa padroeira de Mônaco — e depois na saída do túnel, o mergulho, na freada da chicane. Tanto a reta da frente dos boxes quanto a do túnel são curvas. Por isso em Mônaco não deveria ter corrida.

Agora, vai dizer por aí que não deveria ter corrida em Mônaco. Você seria taxado de maluco! Imagine a Fórmula 1 sem Mônaco? Todo piloto de Fórmula 1 quer correr e ganhar em Mônaco.

O principado é um dos lugares mais sossegados da face da Terra. Morei lá sete anos, por prazer, pela beleza e pela segurança. A vida lá é quase um Big Brother, tem câmera por todo lado. Mônaco tem uma localização privilegiada, dá para ir de carro ao Grande Prêmio de Monza, está a três horas de estrada de Milão, a 45 minutos de voo de Barcelona. Ir da minha casa até o aeroporto de Nice é muito mais rápido do que da minha casa no Rio até o aeroporto do Galeão. É uma cidade tão doida que existe uma linha fixa do heliporto de Mônaco ao aeroporto de Nice, e a passagem de helicóptero é exatamente o mesmo preço da corrida do táxi.

Mônaco tem 38 mil habitantes. É uma pequena cidade de interior. Em janeiro, fevereiro e março, você não vê gente na rua. Chega o mês de maio e de repente aquilo se transforma no centro do mundo. As celebridades, os artistas, os cantores, os esportistas vão para a corrida e o principado ferve.

O Grande Prêmio de Mônaco é a corrida mais badalada da temporada, a mais difícil para o piloto e a mais surreal para o esporte. Não existe nada no mundo que dure quatro dias com tanta sofisticação, tanto *glamour* e tanta gente famosa. Para mim, foi incrível morar a quinze minutos de caminhada do *paddock*. Eu saía de casa e praticamente já estava na cabine de transmissão.

A melhor história que eu tenho da corrida envolve Ayrton Senna, o maior vencedor em Mônaco — ganhou seis vezes, em 1987, 1989, 1990, 1991, 1992 e 1993. Ele teria vencido também em 1988, quando estava 52 segundos à frente de Alain Prost e bateu na curva da entrada do túnel.

Depois da corrida, o pessoal da McLaren estava em polvorosa por Ayrton ter perdido a corrida mais ganha da história e por ele estar desaparecido. Depois do acidente, ele não tinha voltado para o box nem ido para a McLaren. Jornalistas do mundo inteiro queriam saber o que tinha acontecido. Como é que um homem que não errava tinha batido daquele jeito, faltando dez voltas e estando mais de cinquenta segundos à frente de Prost?

Me deu um estalo. Eu estava hospedado na casa dele, no Edifício Houston Palace, no Boulevard Princesse Grace, mais ou menos a cem metros de onde ele tinha batido. "Aquele malandro foi pra casa", pensei. Peguei minha moto e corri pra lá. Toquei a campainha, abriu a empregada, Isabel, uma portuguesa de Cabo Verde que chamava Ayrton de "o menino". "Isabel, cadê o menino?" "Ah, seu Galvão, ele está a dormir. Eu não entendi nada... estava a preparar o jantar de vocês, mexia a panela do feijão, olhava a televisão, o menino tava a ganhar... eu ia à cozinha, mexia no arroz, olhava, o menino tava a ganhar... de repente a campainha tocou, abri a porta... era o menino!"

Entrei no quarto dele:

"Acorda! Os caras da imprensa estão lá querendo saber o que aconteceu, sua equipe tá desesperada e você dormindo!"

"Eu tava tão puto, Galvão, que vim para casa."

"Como é que você bateu daquele jeito?"

"Pra você eu vou contar. Eu queria botar uma volta no Prost, uma volta no baixinho..."

Os dois corriam pela McLaren e seria diabólico meter uma volta no companheiro de equipe. Olha só a cabeça do Senna.

"Agora você vai lá explicar isso, Ayrton."

"Ah, não vou mesmo, Galvão, vai lá você e responde por mim."

Disse a ele que eu não era maluco de fazer uma coisa daquelas, e, no fim, ele passou algo por telefone para o Reginaldo Leme, que repassou para os outros jornalistas.

É a minha melhor história do Grande Prêmio de Mônaco.

21.

Em 1991, o ano do tricampeonato, pegamos o trem-bala para ir de Tóquio ao autódromo em Suzuka. No Japão, a cultura é diferente e cada pessoa carrega a sua mala. Pode ser o campeão do mundo, não interessa. Ayrton corria com Gerhard Berger — que acabou virando seu grande amigo na Fórmula 1 e é meu amigo até hoje — e ambos estavam no trem.

Berger adormeceu logo. Olhei para Ayrton, fiz um gesto com a cabeça, ele fez um sinal de positivo — a gente se entendia por olhares na hora da bagunça. Ele jogou para mim um tubo de gel de barba. Eu fui até a mala de Berger, abri, e a primeira coisa que vi foi um sapato. Berger só andava de tênis, mas tinha esse sapato por causa de um evento naquela noite, que exigia terno. Enchi os dois pés do sapato de gel.

Eu também tinha sido convidado para o evento da noite. Estávamos todos no hotel do circuito de Suzuka e lá fomos, Ayrton e eu, bater no quarto de Berger. Ele abriu a porta e saiu correndo atrás de nós, três malucos numa carreira até a recepção do hotel. Depois, a esposa de Berger, Ana, uma portuguesa, me contou que ele tinha se arrumado todo, enfiado os dois pés no gel — shplaft, shplaft — e começado a gritar "Galibao! Galibao!", a coisa mais próxima de Galvão que ele conseguia falar.

Chegamos para o jantar com Ron Dennis e os patrocinadores e Berger, de terno e tênis, mostrando o dedo do meio para mim toda vez que me via. "Você se deu mal", me disse o Ayrton. "As nossas brincadeiras são de criança, você não sabe do que ele é capaz."

No domingo, Joseph Loeberer, um austríaco, funcionário da McLaren, me ofereceu um suco de laranja. Eu cheguei a estender a mão, mas alguma coisa me fez dizer "não, obrigado". Loeberer era nutricionista, massagista, *personal trainer*, era ele quem fazia o café da manhã da equipe nos dias de corrida. Ficou nosso amigo, falava algumas palavras em português, uns palavrões que eu e Ayrton tínhamos ensinado a ele. Joseph insistiu: "Papagaio, tá calor, aceita um suco de laranja geladinho, acabei de fazer". Quando ele veio pela segunda vez, aí é que eu resolvi não tomar mesmo, e pensei: "Aí tem dedo do Berger".

Fiz a corrida, Ayrton ganhou o tricampeonato. Foi a corrida em que ele deixou Berger passar no final, situação que rendeu meu único memorando de advertência de Boni na vida. Quando Senna abriu para Berger, comecei a gritar "Eu já sabia! Eu já sabia!". Tomei um esporro enorme de Boni: "Se você sabia, por que não contou antes? Era sua obrigação profissional".

Boni estava certo mais uma vez. Pelas conversas antes da corrida, eu tinha entendido que eles tinham montado uma estratégia, e que Ayrton, se tivesse o título garantido, deixaria Berger vencer. Mas eu tinha que ter explicado isso na hora certa e não fiz...

À noite, depois do jantar de comemoração, Ron Dennis olhou para mim e perguntou:

"Você não tá com sono?"

"Não."

"Então você dormiu!"

"Não."

Aí Ana, mulher de Berger, me contou:

"Você não sabe do que escapou. Gerhard botou uns quatro, cinco comprimidos para dormir no suco de laranja."

Se eu tivesse tomado, a TV Globo teria gasto dinheiro para eu ir até o Japão e transmitir o tricampeonato e eu teria dormido na cabine. Já pensou? Eu no chão, dormindo, apagado, e Ayrton vencendo...

Assim eram as brincadeirinhas de Berger. Na festa, ele ainda me disse: "Você tá me devendo uma, Galibao".

Tô devendo até hoje.

22.

Ayrton ultrapassou todos os parâmetros estabelecidos para um ídolo esportivo. Emerson foi um ídolo, Piquet foi um ídolo. Tivemos vários ídolos em todos os esportes, mas Ayrton ultrapassou todas as barreiras. Ele era mais que ídolo, era um herói brasileiro. Ele era Ayrton Senna do Brasil. E se fez herói numa fase muito complicada do Brasil. Não que hoje esteja tudo resolvido na educação, saúde, no combate à impunidade, mas era pior.

Ele era o brasileiro que deu certo, vindo de um país onde tudo dava errado. Era um brasileirinho que chegava e ganhava dos alemães, dos ingleses, dos franceses, dos americanos em uma época em que no país havia miséria, violência, analfabetismo, desemprego, impunidade e inflação estratosférica.

Ele era o Brasil que dava certo, era o sonho de consumo de todas as mães. Quem não gostaria que sua filha se casasse com Ayrton?

23.

"Vamos para a pista? Vamos juntos?"

"Vamos."

Estávamos em Cascais, em Portugal, numa quinta-feira, véspera de treino, dia de reuniões para ele e de pré-cobertura para mim.

Iríamos juntos ao autódromo, mas cada um no seu carro.

"Você vai por onde?", ele perguntou.

"Eu vou aqui pelo Estoril, é o caminho que eu conheço."

"Nããão... Vem comigo que eu vou te ensinar outro caminho, pela estrada do Guincho, descemos a serra e chegamos direto no autódromo. Vem atrás de mim."

O tonto aqui acreditou no "vem atrás de mim".

Para quem conhece, a estrada de Cascais para o Guincho é uma pista simples, mas bem sinuosa. Rocha de um lado, precipício de outro, e lá embaixo, o mar. Eu nunca andei tão rápido na minha vida. Cheguei num trevo, havia uma entrada para a direita e outra para a esquerda. Não tinha uma placa, não tinha um português para quem perguntar, não tinha nada... E eu no meio da serra.

Quando olhei pelo retrovisor, vi um carro com os faróis acesos buzinando que passou por mim, deu um cavalo de pau e parou de frente para o meu carro. Desceu a figura e começou a rir. Ele andou tão rápido que escapou de mim, se escondeu no mato. Eu passei e ele veio atrás. Depois dessa brincadeira, ele me guiou para o autódromo em velocidade decente.

Por isso que digo que as pessoas não conheciam Ayrton direito, não sabiam desse espírito de moleque dele.

24.

PARA O BRASIL, ELE era uma paixão. O país parava para ver Senna correr. As pessoas se juntavam nas casas, nos restaurantes e nos bares para ver as corridas do Japão e da Austrália, de madrugada. Da parte dele, não havia demagogia. Tudo que ele fazia era espontâneo, sincero. A história da bandeira brasileira, por exemplo, aconteceu numa corrida do GP do Leste dos Estados Unidos, em Detroit, em 22 de junho de 1986. No dia anterior, o Brasil tinha sido eliminado pela França na Copa do Mundo do México. Ele corria com um motor Renault, os engenheiros eram franceses, o diretor de equipe dele era Gérard Ducarouge, outro francês. Todos caíram matando em cima dele. Mas Ayrton ganhou a corrida seguinte, e havia um brasileiro com a bandeira ao lado da pista. Ele parou o carro, pegou a bandeira e saiu com ela. Era a resposta que ele tinha para dar. Ele morreu com uma bandeira brasileira dentro do carro. Mas essa é outra história.

As voltas de classificação dele são inesquecíveis. Ele ficava dentro do carro, ele e Prost, um olhando para o outro, para ver quem saía por último. E Prost saía antes. Ele vinha depois, fazia a *pole position* no último segundo. Era cruel com os adversários, mas o mundo da Fórmula 1 é assim.

25.

Guardo na memória e no coração o dia da morte dele. Foi muito difícil a transmissão, deu para sentir e saber que o acidente tinha sido sério só de ver. Na narração, eu disse: "Senna bateu forte. Senna escapou e bateu muito forte". Não era curva para batidas. Berger havia batido e sido salvo pelo pronto atendimento na Itália. Se não tivesse sido na Itália, com a experiência que os italianos têm em corrida, Berger não teria saído do carro antes de ele explodir e pegar fogo. Nelson Piquet também bateu lá e foi atendido na hora. O próprio Piquet disse que, depois da batida naquela mesma curva, tinha ficado um segundo mais lento o ano inteiro.

O procedimento de socorro a Senna foi aumentando a consciência da gravidade. Quando ele fez o movimento de cabeça — hoje sei que foi um espasmo — fiz questão de dizer: "Mexe a cabeça. Mexe a cabeça Ayrton Senna. Parece ter a consciência". Talvez tenha sido ali a morte cerebral. A forma como o tiraram do carro também nos deu a dimensão do problema... Ayrton ficou deitado no chão e não foi colocado na ambulância, foi direto para o helicóptero. Todo o procedimento mostrava a gravidade do acidente. Eu me lembro de minhas últimas palavras quando o helicóptero decolou: "E aí vai. Leva o nosso coração, a nossa fé, a nossa reza". Foi o que eu consegui falar. A corrida foi reiniciada pouco depois e tive que transmiti-la. Acho que nunca deveria ter sido reiniciada.

Foi um final de semana inexplicável. Rubinho tinha escapado por muito pouco em um acidente na mesma pista na sexta-feira. O carro decolou e acabou atingindo o finalzinho do muro, os últimos palmos de muro. Se não fosse isso, ia atingir a arquibancada. Rubinho podia ter morrido e matado muita gente.

No sábado, Ratzemberger morreu. Pedro Lamy bateu na largada, no domingo, e o *safety car* entrou na pista. E depois houve a morte de Senna. Lembro que, reiniciada a corrida, nosso coordenador de transmissão ficou me dizendo: "Vai, vai, Galvão, não para. É difícil, eu sei, mas vamos embora. Faz até o fim". Do meu lado, Reginaldo, tão abalado quanto eu. Braguinha estava conosco, mas saiu da cabine, preferiu ficar lá fora. Eu mesmo saí da cabine umas três ou quatro vezes para tomar ar, com a ajuda de Reginaldo, que segurava os comentários.

Perto do fim da corrida eu pedi: "Braguinha, arruma um helicóptero pra gente, porque de carro pra Bolonha serão horas de trânsito". Ele acertou então que iríamos no helicóptero de Gerhard Berger, que estava lá com o pai A decolagem não aconteceu de imediato, havia uma fila de helicópteros. Eu, maluco querendo notícias, ficava na sala de controle do heliporto tentando falar com Roberto Cabrini, nosso repórter, que já estava no hospital.

De repente, Braguinha falou para mim:

"Para, Papagaio... Para. Não adianta mais. Ele morreu."

"Quem te falou?"

"O Berger."

Gerhard Berger estava encostado numa cerca, uma espécie de grade, de cabeça baixa, desolado. Quando cheguei perto dele, ele fez um gesto com a mão e disse "finished".

Entramos no helicóptero já com essa confirmação. Silêncio. Só se escutava o rotor. Uma única frase foi dita nesse percurso. Braguinha botou a mão na minha perna e disse: "É, Papagaio... perdeu a graça". Nunca mais Braga foi a uma corrida de Fórmula 1. Antes, ia a todas com sua credencial permanente.

Quando nós chegamos ao hospital, Betise Assumpção, assessora de imprensa de Ayrton, estava nos esperando e disse: "A família e os amigos estão numa sala, mas eu vou levar vocês para outra porque o doutor Sid Watkins quer falar com vocês". Berger, Braga, Joseph Loeberer e eu. Doutor Watkins veio e disse: "Eu pedi para falar com vocês aqui em separado porque vocês quatro são amigos dele. A notícia que tenho para dar é a pior possível. Ele está morto. Como ele é extremamente forte e saudável, o coração continua batendo, mas a morte cerebral está comprovada". E acrescentou: "Se isso pode servir de consolo para vocês, posso garantir que ele não está sofrendo, não está sentindo nada. Pelas leis italianas, nós temos que repetir o exame e só depois de nove horas é que poderemos desligar os equipamentos, mas o coração vai parar antes disso".

Doutor Watkins, inglês, grande amigo de Ayrton, ainda disse: "Não posso impedi-los de vê-lo, mas aconselho que ninguém vá, porque é muito feio". E nos explicou que o braço de suspensão do carro tinha entrado entre a viseira e o capacete. Braga foi o primeiro a dizer "eu não quero ver". Eu também não quis. Mas Berger disse: "Eu vou ver o meu amigo. Se o coração dele ainda está batendo, eu vou vê-lo pela última vez".

"Tem certeza, Berger?", perguntou o médico.

"Eu quero ver meu amigo."

E entrou.

Eu só me encontrei com Berger de novo em São Paulo.

Fomos para a outra sala, onde estavam alguns familiares e amigos. O irmão, Leonardo, me abraçou e choramos muito juntos. Vários outros brasileiros que tinham vindo para a corrida, parceiros comerciais de Ayrton, estavam lá. Havia muitos jornalistas, meu colega Luís Roberto, da TV Globo, Nilson César, da rádio Jovem Pan, Roberto Cabrini.

Então chegou a informação de que ele tinha morrido, o coração tinha parado. Betise pediu a ajuda de todos nós e descemos para dar a notícia. À noite, voltei ao autódromo com Betise e Joseph para buscar as coisas de Ayrton, mala e roupas. Muitos jornalistas ainda estavam trabalhando, várias equipes ainda não tinham saído de lá... Ninguém sabia o que falar.

Fui dispensado do *Fantástico* daquela noite, e Reginaldo assumiu. Pedro Bial era correspondente e foi mandado de Londres para Bolonha. Eu fiz o *Jornal Nacional* da segunda-feira. Um texto que era uma despedida oficial.

26.

VIEMOS EMBORA NA TERÇA-FEIRA. Foi aquela comoção, nem sei como descrever. A chegada, o cortejo até a Assembleia em São Paulo, onde o velório aconteceu, o cortejo para o enterro, a chegada dos pilotos... Foi uma coisa jamais vista.

Minha última providência relacionada ao Ayrton foi atender a um pedido da mãe, dona Neide: ela queria que o filho viesse no avião como passageiro, não no compartimento de carga. O caixão foi lacrado e colocado no avião da

Força Aérea Italiana que iria de Bolonha para Paris, de onde seguiria para o Brasil, pela Varig. Fiz de tudo para que o colocassem na área de passageiros, mas o comandante italiano foi irredutível: "Quando nossos heróis de guerra morrem, a gente vai buscá-los e eles vêm aqui. Não é desonra nenhuma". Fiquei sem argumento.

Nesse avião estavam Betise, Braguinha, eu, Joseph Loeberer e Reginaldo Leme. Chegando a Paris, fomos negociar a mesma questão com a Varig e quem nos ajudou foi o embaixador brasileiro na França, Botafogo Gonçalves. Depois, soube que também houve interferência do chanceler brasileiro na época, Celso Amorim. Eu, pessoalmente, falei com o diretor da Varig em Paris, que era amigo nosso e conhecia bem Senna.

Eu disse a ele: "É um desejo da mãe do Ayrton".

"Como fazer?", questionou ele.

Minha sugestão foi a de transferir alguns passageiros da executiva para a primeira classe e nós, que estávamos na primeira, nos acomodaríamos na executiva. Isso foi feito, a Varig retirou algumas poltronas da executiva e o caixão foi ali, como dona Neide tinha pedido.

Foi um voo muito intenso. Lembro que Livio Oricchio, repórter do jornal *O Estado de S. Paulo*, me pediu: "Posso ficar um pouco aí?". E ajoelhou ao lado do caixão. Outro passageiro veio quase se arrastando por debaixo da cortina que separa as cabines, dizendo: "Eu só quero fazer uma oração". Graças a Deus, depois da morte do Ayrton, nunca mais ninguém morreu em corridas de Fórmula 1. Em outubro de 2014, porém, quase tivemos um acidente fatal, quando o francês Jules Bianchi bateu muito forte em Suzuka, no Japão.

27.

TEM GENTE QUE DIZ que Ayrton se matou, que ele já sabia, que previu a morte. Tudo conversa fiada. No sábado, ele realmente estava perturbado, incomodado com a segurança dos carros. Depois do acidente de Rubinho na sexta, da morte de Ratzemberger no sábado, Ayrton foi para a torre de controle, discutiu com a FIA e com Bernie Ecclestone. Ayrton era sempre o último piloto a sair do autódromo. Era um perfeccionista, lia a telemetria de cabo a rabo. Quantas vezes nós jantávamos, ele com aqueles papéis de telemetria na mão, e eu dizendo:

"O que você está fazendo?"

"Tô vendo as minhas curvas de potência... aqui, ó... tá vendo aqui? Aqui eu vou passar o Prost se ele estiver na minha frente..."

Ayrton era um garotão, um bom menino, mas também muito cruel consigo mesmo, e se cobrava num nível próximo ao da loucura. Exigia perfeição a cada instante, e por isso foi o piloto que foi.

Naquele sábado, foi embora mais cedo. Quando eu ia saindo, depois de terminar o trabalho, Betise me chamou e disse que Frank Williams queria falar comigo. Fui até lá e ele me disse:

"Você, que o conhece bem, acha que ele vai correr amanhã?"

Havia o boato de que Ayrton não correria em protesto pela falta de segurança. Eu respondi:

"Frank, eu achei que você o conhecesse melhor. Não é só correr. Ele vai correr e ganhar a corrida."

"É, também penso assim, mas queria mais uma opinião. Vocês vão jantar juntos?"

"Sim, temos um jantar marcado porque hoje é aniversário do Loeberer. Estarão lá o Ayrton, o irmão, o Joseph, o Braguinha, eu..."

"Bom, muito bom. Só amigos. Ele está precisando disso."

Por fim, Frank me pediu:

"Me faz um favor? Peça a ele para quando voltar do jantar passar no meu quarto para conversarmos."

No jantar, Ayrton se mostrou preocupado com a segurança, disse que tinha um trabalho grande para fazer, e que ele, Berger e Niki Lauda já estavam cuidando de exigir mudanças, mais proteção nos carros etc. Chegando de volta ao hotel, eu dei o recado: "Não esqueça que o Frank está te esperando". Ele respondeu que passaria lá, mas não sei se passou ou o que falaram.

Dia da corrida. Rubinho apareceu, menino ainda, tímido, tinha tido alta do hospital, mas não estava liberado para correr. Fui eu que levei Rubinho ao *motor home* da Williams. Ayrton conversou com ele sobre a batida e brincou: "Você escapou!". Depois chamou o *manager*, Julian Jakobi, e pediu que arrumassem uma bandeira da Áustria. Eu sou a única testemunha dessa história.

"Arruma uma bandeira da Áustria porque eu vou ganhar a corrida e quero prestar uma homenagem ao Ratzemberger."

Nunca soube se Julian arrumou essa bandeira. Aí tivemos a seguinte conversa:

"Vou embora, vou trabalhar", eu disse.

Como sempre, ele respondeu:

"Vai pela sombra, Papagaio."

"E você não faça bobagem na pista."

"E você vê se não fala muita merda na televisão."

"Então te vejo no pódio."

Era como a gente se despedia, sempre, antes de todas as corridas. Só que, dessa vez, não pude vê-lo no pódio.

28.

JÁ FALEI VÁRIAS VEZES e vou repetir: Ayrton tinha uma mente muito forte. Lembro que quando fiz o primeiro ano dele na Lotus, teve um jantar da equipe na Inglaterra e eu e Reginaldo fomos convidados. Era uma noite para anunciar que Elio de Angelis deixaria a equipe no fim do ano. No discurso de despedida, De Angelis agradeceu pelos anos de Lotus e concluiu deste modo: "Quero dizer que tomei essa decisão porque não quero mais correr na mesma equipe desse moço, Ayrton Senna. Primeiro porque ele é bom demais, mas não é só por isso... É que ele me destruiu mentalmente. A força mental que ele tem torna impossível competir com ele".

A batalha mais histórica da Fórmula 1 foi entre Senna e Prost. Em 1988, eles ganharam alternadamente todas as corridas, menos uma, em Monza, em que Prost quebrou e Ayrton fez uma bobagem, forçou uma ultrapassagem e bateu. Se não fosse isso, a McLaren teria ganho 100% das corridas. Mesmo assim, Ayrton ainda ganhou uma corrida a mais do que Prost. Foi um duelo de dois dos maiores pilotos da história.

Eu não posso falar de Fangio, nem de Jim Clark. Eu posso falar do que vi. Então, apesar de Emerson ser o pai de todos, de Jackie Stewart, Niki Lauda, Ronnie Peterson, Nelson Piquet — outro tricampeão — serem os pilotos que são, eu colocaria Senna, Prost e Schumacher no pódio. Só cabem três no pódio, e seriam esses.

Senna e Prost se respeitavam muito profissionalmente, mas havia algo entre eles que em certos momentos virava quase ódio. Era uma briga de dois pilotos de características diferentes. Ayrton era mais rápido, arrojado. Prost era mais frio, calculista. Eram dois pilotos espetaculares. Só eles poderiam se enfrentar e fazer um campeonato daqueles. Eles mantinham uma guerra psicológica. Pilotaram juntos na McLaren e depois batalharam em equipes diferentes. Em 1988, Senna foi campeão. Em 1989, Prost deu o troco naquela famosa corrida no Japão, em que bateu de propósito.

Mas depois veio 1990 e, na largada do GP do Japão, Ayrton, de McLaren, literalmente bateu de propósito na primeira curva na Ferrari do Prost. Os dois saíram da corrida. O campeonato foi decidido na primeira curva de Suzuka: bicampeonato de Ayrton. Eu me lembro de ter perguntado depois: "Pô, o que você fez? Fechou os olhos?". Aí ele, cinicamente, falou: "Não, Papagaio, eu errei os pedais. Fui pisar no freio, pisei no acelerador". E saiu dando risada. Foram atitudes antidesportivas dos dois, a de Prost decidindo o campeonato de 1989 e a de Ayrton decidindo o de 1990.

Em 1992, saí da TV Globo quando Ayrton estava deixando a McLaren. Conversávamos muito por telefone. Fui fazer uma experiência nova fora da Globo e voltei um ano depois. Ele acertou com a McLaren corrida por corrida e fez a temporada de 1993. No final daquele ano, já pensando em 1994, ele dizia que o carro da Williams era de outro mundo, de outro planeta. Acho até que ele poderia ter sido o Schumacher na Ferrari, uma equipe que estava atrás dele. Todo mundo estava atrás de Senna.

Uma vez, fiz uma entrevista com ele em Jerez de La Frontera e perguntei: "Para você, o que é uma Ferrari?". Ele respondeu: "A Ferrari é uma cor, um ronco de motor, um estilo de vida, um carro campeão". Ele tinha esse fascínio pela Ferrari. Sugeri que ele fosse para a Ferrari. A Ferrari naqueles anos estava numa pior. "Você vai lá, faz um contrato de no mínimo três anos e deixa claro: o primeiro ano é para arrumar a casa — que foi o que Schumacher fez — e montar um time vencedor; o segundo ano é para ganhar algumas corridas e o terceiro ano é para ser campeão". Se der certo, brinquei com ele, "diventa Dio" vira Deus. Ele respondeu: "Eu não posso, porque eu já não sou campeão há dois anos. Eu não posso ficar mais um ano sem ser campeão".

Ele tinha sido campeão pela última vez em 1991 e nós já estávamos no final de 1993. Ele disse: "Eu vou para a Williams, vou ganhar o campeonato, vou correr lá dois anos, quero ganhar dois campeonatos para igualar o Fangio, e depois eu vou para a Ferrari. Aí encerro a minha carreira na Ferrari". Não deu tempo, mas se ele tivesse ido para a Ferrari provavelmente teria a trajetória vitoriosa que Schumacher teve depois.

29.

Ayrton era uma pessoa adorável, de coração grande, ajudava as pessoas, tinha uma obra social importante e não deixava ninguém saber. Tivemos uma amizade muito especial. Quando ele comprou uma casa em Angra, eu já tinha a minha. Ele vinha nos finais de tarde, de helicóptero. Tive que fazer um heliporto para ele. Vinha, descia, jogávamos uma partida de tênis, ele tomava uma água de coco, subia no helicóptero e voltava para casa. Em alguns fins de ano, tinha festa na casa dele no dia 30 de dezembro, e na minha casa no dia 31. Realmente fiquei muito amigo dele e da família. Gosto de me lembrar dele pelos bons momentos que passamos juntos.

Não penso na tragédia.

Nelson Piquet

1.

Ao falar de Nelson Piquet, tenho que começar afirmando o seguinte: eu nunca fui seu inimigo nem ele nunca foi meu inimigo. Trocamos farpas durante algum tempo porque todos diziam que eu era muito amigo de Ayrton, e que Reginaldo era muito amigo de Piquet.

Quando Piquet ganhou o campeonato de 1983, na África do Sul, houve um jantar comemorativo. Eu e Reginaldo nos abraçamos e chegamos à conclusão de que passávamos mais tempo juntos — eu e ele — do que com nossas mulheres. Por isso falo que a gente é casado, mas sem sexo. Durante muito tempo até dividimos quarto por questões de restrição de verbas. Aconteceu, porém, que em 1990 tivemos uma crisezinha conjugal. Coisa rápida, passou logo. Reginaldo foi inclusive padrinho de meu casamento com Desirée. É meu parceiro mais longevo e uma pessoa muito querida de toda a minha família, um grande amigo. Essa nossa "crise conjugal", por eu ser mais ligado a Ayrton, gerou a história de minha briga com Piquet, a quem Reginaldo era mais ligado. Então, repito: nunca fui inimigo de Piquet.

2.

Se eu tivesse que contar nos dedos de uma mão os grandes pilotos que vi correr, Piquet estaria nessa lista, sem nenhuma dúvida. Cerebral na corrida, tinha um conhecimento do carro, da parte técnica, do desenvolvimento da máquina, como poucas vezes eu vi. Talvez nunca tenha visto.

No começo da carreira, Piquet passou por dificuldades. Usava o sobrenome de solteira da mãe, Clotilde Piquet, porque o pai, Estácio Gonçalves Souto Maior, era ministro de Estado e preferia ver o filho longe das pistas. Queria que ele fosse tenista. Nelson até gostava de tênis, era um jogador promissor, mas se apaixonou mesmo foi pelo cheiro de gasolina e acabou usando a bolinha de tênis apenas como inspiração para estilizar seu capacete.

Sem patrocínio e nem *paitrocínio*, mas decidido a viver no meio do automobilismo, Nelson Piquet foi trabalhar como mecânico da Camber, oficina de fundo de quintal especializada em construir carros de corrida. Foi a Camber que fez o "patinho feio" que ficaria famoso no Brasil daqueles anos 1970, assim como o primeiro carro de corrida de Alex Dias Ribeiro, mais um brasileiro que correu na Fórmula 1. Quando começou a viajar pelo Brasil correndo de Fórmula Super Vê, Piquet vivia, trabalhava, comia e dormia numa Kombi. Casa, escritório e refeitório, a Kombi carregava ferramentas, panelas, roupas, uma oficina completa e tinha ao volante um futuro tricampeão de Fórmula 1. Era a falta de grana em estado puro.

3.

O começo na Europa também não foi nada fácil. Piquet se formou como profissional no sofrimento, sem nenhuma fartura, sem nada. Nem assessoria de imprensa tinha, e vivia reclamando porque saíam mais notícias de Chico Serra do que dele. Nelson brincava, imitando a imprensa esportiva: "Chico Serra largou bem... Fez uma corrida espetacular". Era Chico Serra pra lá e pra cá... Nelson tinha bronca porque a notícia, no fim, dizia assim: "...e Nelson

Piquet ganhou a corrida". Na verdade, eram dois grandes pilotos em começo de carreira buscando espaço na mídia e nas pistas. Mas, de piada em piada, a coisa acabou ficando séria e Piquet nunca escondeu sua antipatia pela imprensa. A recíproca também é verdadeira. Nelson foi "agraciado" várias vezes com o troféu limão de piloto mais azedo pela IRPA, a International Racing Press Association, organização que congregava os jornalistas credenciados na Fórmula 1.

4.

Piquet tem uma personalidade forte. Não é fácil se relacionar com Piquet, mas ele é, ao mesmo tempo, extremamente divertido. E fala pra burro! Disse cada coisa durante a carreira... Nesse mundo tão certinho da Fórmula 1, em que tudo é proibido, ele falou o diabo. Uma vez falou o seguinte sobre Mansell: "Mansell mora na Ilha de Man e gosta de chuva, eu moro em Mônaco e gosto de Sol; a mulher dele é feia, a minha é bonita". Outra vez perguntaram: "Do que você vai sentir mais falta quando parar de correr?". Piquet respondeu: "Ah, eu vou ter que ver televisão e ficar ouvindo o Galvão falar bobagem".

Dei uma entrevista para a *Playboy* em 1994. Catorze páginas em que o repórter Guilherme Cunha Pinto, o saudoso Jovem Gui, conseguiu ser absolutamente fiel a tudo o que eu disse, coisa raríssima, infelizmente. Havia uma frase forte na entrevista, que levou a revista a me ligar pedindo confirmação. Eu confirmei. A questão era: "Defina Nelson Piquet", e eu disse, na lata: "Nas pistas, um gênio. Fora delas, um idiota". Virou chamada na capa da revista. Ali passei do ponto, porque eu sempre o achei um piloto absolutamente espetacular, mas eram farpas como essas que trocávamos.

5.

FUI PARA A TV Globo no segundo semestre de 1981 e já tinha acertado com Ciro José e com Boni que faria a Fórmula 1. Mas faltavam duas ou três corridas para a temporada terminar e não seria justo deixar Luciano do Valle, que transmitia Fórmula 1 havia tanto tempo, de fora da reta final, então foi ele quem acabou narrando o primeiro título de Piquet. Eu comecei a transmitir Fórmula 1 na Globo em 1982 e pude fazer o segundo e o terceiro títulos.

Tivemos ótimos momentos juntos, eu e Piquet. Não consegui escapar das suas muitas molecagens. Uma delas aconteceu em Hockenheim, na Alemanha. Estávamos no box da Brabham e ele, de repente, partiu para cima dos mecânicos e de mim com um extintor de incêndio, espirrando espuma na minha calça. Eu não sei que substância era aquela, mas era um troço gelado, tão gelado que começou a me queimar e eu, apavorado, tive que abaixar as calças ali mesmo, no box. Ele morrendo de rir e eu com a bunda de fora na Brabham...

6.

UMA COISA NADA FÁCIL de administrar, especialmente para mim, foi a relação de Nelson Piquet e Ayrton Senna. Vamos deixar uma coisa bastante clara: não existe automobilismo sem rivalidade. Isso é conversa fiada. O piloto que não acha que é o melhor de todos tem que procurar outra coisa para fazer. A rivalidade de Senna e Prost, por exemplo, era enorme, mesmo quando os dois pilotavam para a McLaren. O terrorismo psicológico que um fazia com o outro, não havia igual. Eles usavam todas as armas que tinham para destruir um ao outro antes de entrarem no carro. Isso faz parte da rivalidade.

Na pista, Piquet e Senna disputavam milésimos. Faz parte da rivalidade. Piquet reinava quando Ayrton começou. Como eu disse antes, Ayrton era cruel, mas Piquet também nunca foi flor que se cheire e nem tinha que ser. Quando levaram a rivalidade para a vida pessoal, porém, passaram um pouco do ponto.

Um determinado episódio eu conheço muito bem porque aconteceu na minha frente. Fui quase um personagem do imbróglio, estive no centro da história. Era começo de 1988, Ayrton tinha ido passar uns dias de férias comigo numa casa que eu tinha alugado em Búzios, na praia da Ferradura. De lá, voltamos ao Rio para uns testes de pneus antes do GP do Brasil, e Ayrton ficou em minha casa na Barra da Tijuca. No primeiro dia, em Jacarepaguá, ele tinha entrevista marcada com o *Jornal do Brasil* ao meio-dia, mas o repórter, Sérgio Rodrigues, não apareceu. Lá pelas quatro da tarde, voltamos ao autódromo para Ayrton pegar o macacão que usaria numa sessão de fotos promocionais do Banco Nacional, e o repórter apareceu meio por acaso. Contou que a caminho da entrevista tinha batido o carro, quebrado o braço e ido parar no hospital. O cara estava mesmo com o braço engessado e pediu pelo amor de Deus que Ayrton desse a entrevista no carro, a caminho das fotos. Ayrton topou.

Fui dirigindo o carro, meu Monza, com o pai dele, Miltão, sentado ao meu lado, e atrás o repórter e Ayrton conversavam. Aí Sérgio disse o seguinte:

"Você deu uma sumida..."

"Fui passar uns dias na casa do Papagaio lá em Búzios, com a família dele e uns amigos nossos. Bota aí que eu sumi pra dar espaço para o Piquet. Afinal, não faz sentido o cara ser tricampeão e eu continuar sendo assunto. Já que ninguém gosta muito dele, o único jeito era eu sumir pra que ele pudesse aparecer um pouco. Eu não tenho nenhum título e todo mundo só fala de mim."

Ayrton deu essa resposta e bateu nas minhas costas, como que querendo dizer "caprichei nessa, hein, Papagaio?". Eu comentei: "Você acabou de se dar mal, acabou de se meter em encrenca".

Dito e feito. Manchete do *Jornal do Brasil*: "Senna diz que sumiu para Piquet aparecer". No dia seguinte, o repórter Eloir Maciel estava no autódromo e foi ouvir Piquet. "Ah é, ele falou isso? Então, vai perguntar pra ele por que ele não gosta de mulher." Piquet podia ter falado: "Vai perguntar pra ele por que ele não gosta de feijoada" ou qualquer outra coisa. Mas aquilo acabou mudando a relação entre os dois, que deu uma congelada. Foi um episódio muito ruim e que acabou chegando aos tribunais. Pouco depois, veio a minha crisezinha matrimonial com Reginaldo. Por isso acabei ficando um pouco afastado de Piquet.

7.

Farpa daqui, farpa dali, mas sempre com respeito de um lado e de outro. Nunca houve um bate-boca entre nós. Sempre falei maravilhosamente bem de Piquet, um piloto, repito, sensacional, dos melhores que eu vi. Afinal, ele encarou barras duríssimas. Foi campeão em cima de Prost, foi campeão em cima de Ayrton Senna, foi campeão em cima de Nigel Mansell. E protagonizou com Ayrton Senna — levou vantagem — uma das ultrapassagens mais espetaculares da história da Fórmula 1. Aconteceu no fim da reta de Hungaroring, na Hungria em 1986 — uma ultrapassagem que só um gênio conseguiria fazer e que muitos consideram como a mais bela de todos os tempos na Fórmula 1 —, no fim da reta dos boxes, pelo lado de fora de uma curva de 180 graus, escorregando nas quatro rodas.

Os pegas de Piquet com Mansell, Ayrton e Prost foram emocionantes. Ele foi um piloto absolutamente fantástico, um preparador de carros como poucos, um estrategista de corrida numa época em que a Fórmula 1 era mais emocionante do que é hoje porque tinha muito mais ultrapassagens.

Piquet foi piloto de Bernie Ecclestone, e isso não deve ter sido nada fácil. Enfrentava Ecclestone, como na greve de pilotos de 1982, na África do Sul, justamente na minha primeira corrida na Globo. Liderados por Niki Lauda, os pilotos se rebelaram contra uma proposta que interferia nas negociações salariais daquele começo de temporada. Piquet era o campeão e, para aderir à greve, teve que peitar Bernie, coisa raríssima na Fórmula 1. É um cara de grandes atitudes, extremamente profissional.

Terminada a carreira dele, passamos a nos encontrar e a conversar muitíssimo bem, mas nunca tivemos muita intimidade. Ele nunca foi jantar na minha casa, eu nunca fui jantar na dele, mas há um grande e profundo respeito.

8.

No Grande Prêmio Brasil de 2011, comemoraram-se trinta anos do primeiro título. Piquet pilotou em Interlagos um carro que Bernie Ecclestone mantém em sua coleção, o carro do título de 1981. A família toda estava no autódromo, e olha que ele tem um bocado de filhos. Nelson Piquet se emocionou dentro de seu limite. Foi bonito vê-lo pilotando aquele carro e emocionante ver a reação do público e da família dele, a filha chorando.

Ele tinha avisado na véspera: "Tem uma surpresa amanhã". Que surpresa seria? Vai dar um cavalo de pau no final? Vai entrar no box na contramão e bater o carro? Será que esse maluco vai tocar o carro em algum lugar para enlouquecer Bernie?

A surpresa foi que, no dia em que Corinthians e Vasco disputavam o título de campeão brasileiro, Piquet sacou uma bandeira do Vasco em Interlagos para provocar a torcida corintiana. Eu disse na transmissão que aquilo era Nelson Piquet em seu estado mais puro.

Bem, amigos da Rede Globo, falamos ao vivo de Interlagos, em São Paulo, hoje é dia de Grande Prêmio do Brasil de Fórmula 1. Mas estamos fazendo uma viagem no tempo. Voltando trinta anos. Voltando a 1981... Na pista está o tricampeão do mundo Nelson Piquet. Com o capacete que usava há trinta anos, com o macacão, claro, um pouco maior, para que ele possa ficar confortável... Um gênio do esporte, um gênio do automobilismo, um gênio brasileiro.

Esse é o carro Brabham de 1981 com o qual ele ganhou o primeiro campeonato mundial em Las Vegas, Estados Unidos.

E olha a surpresa dele... Vascaíno de coração, e o Vasco disputa o título com o Corinthians. É Nelson Piquet em estado puro. De provocação com a grande torcida corintiana presente aqui em Interlagos, aqui em São Paulo.

Nelson Piquet, o que o Brasil pode dizer a você? Obrigado, Piquet, por tudo que você foi como piloto, por tudo que você conquistou e por todas as alegrias que você deu a todos nós. Que você sirva de inspiração para aqueles que vêm pela frente hoje... Para Felipe Massa, para Rubens Barrichello e para Bruno Senna. Ó, de arrepiar. Nelson Piquet, do Brasil!

Quando ele saiu do carro, Mariana Becker foi entrevistá-lo. Estávamos todos muito emocionados, eu e Reginaldo chegamos às lágrimas na cabine, como tínhamos feito quando Piquet ganhou o bicampeonato na África do Sul em 1983. Aí, ela perguntou se ele também havia chorado e ele respondeu:

"Não. Eu tenho que chorar de coisa ruim. De coisa boa eu tenho que rir."

Uma semana depois, ele me ligou:

"Galvão! Aqui é o Nelson."

"Piquet? Ô cara, tudo bem?"

"Você nunca na vida achou que eu fosse ligar pra você, não é? Eu estou ligando porque queria agradecer de coração o que você falou no domingo, a coisa da família, de todo mundo, foi um momento especialíssimo pra mim e você captou direitinho. E eu queria te agradecer."

"Ah, Nelson, eu falei o que o meu coração mandava dizer. Você é o que eu disse: um dos grandes ídolos da história do esporte no Brasil, um gênio da raça, um gênio do esporte."

Ele me disse que se divertiu com a provocação aos corintianos:

"Você sabe, Galvão, que eu não conheço nenhum jogador do Vasco..."

Era realmente Nelson Piquet em estado puro. Conversamos mais um pouco e eu desliguei. Cinco minutos depois, o Reginaldo me mandou um torpedo: "Gostou de conversar com o seu ídolo?". Respondi: "Gostei, gostei muito de ele ter ligado e gostei muito do que ele falou".

E o Reginaldo:

"Esse é o Nelson Piquet, ele me disse que queria falar muito mais coisas pra você, só que você falou demais, como sempre, e não deixou ele falar."

Tantas farpas depois, eu quero terminar este capítulo dizendo: Nelson, você é um dos meus heróis.

Emerson Fittipaldi

1.

Emerson é o pai de todos. Tudo o que temos em automobilismo internacional no Brasil só existe por causa dele. Ele abriu essas portas quando a Fórmula 1 ainda era desconhecida no Brasil. Só os aficionados, aqueles caras que assinavam revistas europeias, sabiam alguma coisa do que acontecia no automobilismo da Europa no final dos anos 1950 e 1960. Emerson sempre foi um cara de muita ambição, visão e inteligência para os negócios. Foi especial dentro e fora do carro. Infelizmente, não peguei a fase áurea dele. Comecei a trabalhar em 1974 e fiz minhas primeiras corridas fora do Brasil em 1975. Ele foi bicampeão em 1972 e 1974. Teve a humildade de começar do zero porque ninguém imaginava que um piloto brasileiro pudesse chegar tão longe na maior categoria do automobilismo mundial.

2.

Antes dele, tivemos um piloto brasileiro que correu na Europa, seu Chico, Francisco Landi. Foi uma figura folclórica e de grande talento, uma pessoa maravilhosa, que correu com Fangio, Ascari e outros grandes da década de 1950. Uma vez, fiz uma entrevista com ele, junto com Reginaldo Leme. Landi falava com sotaque italiano bem carregado e dizia: "É, vinha eu, Fangio, Villoresi, Ascari...". Perguntei: "Seu Chico, não é o contrário, não? Vinha Ascari, Fangio, Villoresi, depois o senhor?". Ele me olhou com uma cara de quem diz "me respeite, garoto!".

Em outra ocasião, durante o Grande Prêmio de Monza, fizeram uma exposição dos carros importantes da Ferrari, e lá estava o do seu Chico. Ele falou para Reginaldo: "A gente aqui corria com 'uns paninho' na cabeça". E explicou que, quando chegou à Itália, ficou sabendo que precisava de algo para proteger a cabeça. "Sabe aquelas latas de queijo grande, redondo? 'Cortamo' no meio, 'forramo' por dentro, 'botamo' paninho por cima, ficou igual a um capacete. 'Fingimo' que era capacete e os fiscais aprovaram 'nóis' para correr." Ele era muito engraçado.

3.

Lembro que, no fim dos anos 1960, quando morava em Brasília, fui algumas vezes bandeirinha em uma corrida das mais importantes do calendário brasileiro, os 1000 Quilômetros de Brasília. Lembro de alguns pilotos da época como Ciro Cayres e Camilo Christófaro. Uma vez, fiquei impressionado com o Fitti-Porsche, o carro que Emerson usava para correr com o irmão, Wilsinho. Andava muito.

Então, em 1969, Emerson foi para a Europa. Entrou na escola de pilotagem de Jim Russell. Começou do zero e teve uma carreira meteórica. Em abril de 1969, fez sua primeira corrida internacional na Fórmula Ford. Três meses mais tarde, depois de várias vitórias, já estava na Fórmula 3. E no ano seguinte, estreava na Fórmula 1 no Grande Prêmio da Inglaterra, em Brands Hatch, com um carro histórico, a Lotus 49C, na equipe comandada pelo lendário Colin Chapman e que tinha como primeiro piloto o austríaco Jochen Rindt. Na sua primeira corrida de Fórmula 1, Emerson chegou em oitavo. Na corrida seguinte, uma façanha, o quarto lugar na Alemanha. Em duas corridas, já chegava perto do pódio. No GP da Áustria, terra de Rindt, tudo deu errado na Lotus, Rindt não terminou e Emerson chegou em 15º.

E aí veio um episódio dramático, que fez o Emerson chorar muito numa entrevista que gravei com ele. Não sei se chorou por algum sentimento de culpa ou por ter certeza de que escapou da morte. Era dia de treino do Grande Prêmio da Itália de 1970, em Monza. Colin Chapman, no primeiro treino, deu o carro de Jochen Rindt para Emerson fazer alguns ajustes, e ele bateu. Errou a freada e destruiu o carro. Ele contou nessa entrevista que não sabia com que cara voltaria para os boxes. Quando chegou, a pé, Chapman perguntou onde estava o carro. "Ficou lá na árvore", respondeu Emerson. No treino oficial, Chapman deu o carro de Emerson para Rindt. O carro do Emerson teve uma pane no freio e Jochen Rindt sofreu um acidente sério na curva La Parabolica. Se Emerson estivesse treinando naquele carro... Rindt morreu a caminho do hospital.

Fato curioso é que o *manager* de Rindt, Bernie Ecclestone, era um cara que ainda não havia entrado com os dois pés na Fórmula 1, mas já era ligado em automobilismo. Não era dono de nada, era grande amigo de Rindt e tinha virado seu empresário.

"Você começava o ano e não sabia, entre os que corriam, quantos chegariam vivos ao final da temporada", costuma dizer Emerson. Muita gente morria porque os carros eram extremamente velozes, mas frágeis. As pistas não tinham a segurança de hoje em dia.

Emerson chorou muito ao lembrar essa história porque acabou protagonizando um episódio sem precedentes na Fórmula 1. Jochen Rindt vinha tendo um ano brilhante, estava em primeiro no campeonato, tinha vencido cinco dos nove GPs disputados até aquele momento. O único piloto que poderia alcançá-lo seria Jackie Ickx, da Ferrari. Mas no GP dos Estados Unidos, em Watkins Glen, a penúltima prova do ano, Emerson conquistou sua primeira vitória na Fórmula 1, evitando então que a Ferrari somasse pontos e garantindo a Rindt o título de campeão *post mortem*, única vez na história em que isso aconteceu.

4.

A minha relação com Emerson é muito mais próxima hoje do que naquela época. Eu era um moleque, estava começando na Rádio Gazeta. Ele sempre foi muito gentil comigo, mas de um modo distante. Fiz algumas corridas em 1975. Em 1976, quando ele já corria na Copersucar, fiz mais, mas sempre pela rádio. Eu não tinha nome, não trabalhava em um veículo que tivesse muita importância, mas sempre era bem tratado por Wilson Fittipaldi, o Barão, pai dele. Naqueles anos, as rádios faziam muito automobilismo. A Rádio Globo, a Nacional, a Gaúcha, a Bandeirantes, a Gazeta e a Joven Pan, que era o máximo, porque tinha como narrador o próprio Barão.

Hoje, não diria que somos amigos, mas temos um ótimo relacionamento. Sempre que ele aparece na Fórmula 1, eu falo dele com enorme respeito porque devo a ele também. É importante que todo mundo saiba o quanto todos nós devemos a ele. Se estou na Fórmula 1 desde 1975, se tenho mais de trinta anos como narrador de Fórmula 1 da Globo, devo isso às portas que foram abertas por Emerson.

5.

Uma frase que ficou conhecida nos circuitos — não lembro quem falou pela primeira vez — diz que "andar atrás do Emerson é muito difícil, andar na frente dele é praticamente impossível". Ele tinha a tática de atormentar a vida dos caras, de botar o bico do carro de um lado, do outro, de preparar uma ultrapassagem, uma técnica muito apurada.

Emerson teve grandes adversários. Jackie Stewart foi campeão em 1969, Rindt em 1970, Jackie Stewart de novo em 1971, ele em 1972, Jackie Stewart em 1973, ele em 1974. No meio do caminho ainda havia Niki Lauda, Ronnie Peterson... Era uma turma de outro mundo. Talvez ninguém tenha tido uma inteligência de corrida como ele, apesar de ele nunca ter sido o mais rápido. Não foram tantas *pole positions* assim. Foram catorze vitórias e, na Fórmula 1 daquela época, isso era algo extremamente significativo. O recorde era de Fangio, 24 vitórias, depois alcançado por Stewart. Havia menos corridas por temporada e não existia uma equipe que dominasse. Pelo menos cinco equipes andavam muito rápido, com chances de ganhar.

6.

Depois da Fórmula 1, Emerson foi para a Indy, onde foi campeão e venceu as 500 Milhas de Indianápolis. Um dia, num Grande Prêmio de Mônaco de Fórmula 1, brinquei com Reginaldo. "Regi, estamos ficando velhos." Senna vinha na ponta, mas entre os seis primeiros estavam Damon Hill, filho de Graham Hill, Michael Andretti, filho de Mario Andretti, e Christian Fittipaldi, filho de Wilsinho e sobrinho de Emerson. Reginaldo e eu havíamos transmitido várias corridas dos pais e tios daquela garotada. As gerações se misturam. Cacá Bueno, meu filho, foi parceiro de equipe de Wilson Fittipaldi na Stock Car. Popó Bueno, meu outro filho, dividiu uma equipe com Chico Serra, outro veterano da Fórmula 1. E hoje, os dois, Cacá e Popó, correm com Christian, filho de Wilsinho, e com o Daniel, filho de Chico.

Outro dia eu transmiti uma corrida de kart em que estava o neto de Emerson, Piero, bisneto do Barão, o cara que me ensinou a fazer mapa de corrida. Isso porque quando comecei na Fórmula 1, nem computador existia. Quando eu era iniciante, me aproximei de Barão, um dos responsáveis pela construção de Interlagos, um dos pioneiros do automobilismo brasileiro. Infelizmente, ele nos deixou no começo de 2013, com 92 anos muito bem vividos, praticamente uma vida inteira dedicada ao automobilismo.

Rubinho Barrichello

1.

Rubinho é um dos grandes personagens da Fórmula 1, um cara realmente especial. É pai de dois filhos maravilhosos, ótimo marido, muito bem casado, aliás, com Silvana. Um cara engraçado, brincalhão. Um jantar com ele é receita de boas risadas. Porém, durante muito tempo, Rubinho carregou uma imagem pública que não correspondia a nada disso. Pelo contrário, e por isso sempre foi maltratado no Brasil. Talvez ele até tivesse colaborado fazendo algumas declarações infelizes e tendo uma postura profissional às vezes um pouco amarga. Em entrevistas, passou para o público um lado reclamão, derrotado. E ele é exatamente o contrário disso. Além de ser um piloto com um enorme prestígio no exterior.

Sempre foi um cara apaixonado pela profissão e faz de tudo para continuar guiando e correndo. Tanto é que, no começo de 2012, ele aceitaria qualquer coisa para permanecer na Fórmula 1. Queria completar ao mesmo tempo quarenta anos de idade e vinte de piloto, mas viveu o dissabor de se ver sem lugar na Fórmula 1. Entretanto, o prestígio internacional era tão grande que naquele mesmo ano Rubinho foi recebido na Fórmula Indy como a estrela que realmente é. Logo que a temporada na Indy começou, eu o encontrei por acaso num hotel no Rio. Ele estava entusiasmado e me disse: "Ó, quando você quiser,

Galvão, se precisar, se eu não tiver corrida, me chama que eu vou lá comentar uma corrida. Eu não quero perder o vínculo com vocês, porque eu vou voltar pra Fórmula 1". Parecia coisa de doido! E ele acabou vindo mesmo comentar uma corrida, foi ficando, foi contratado e virou comentarista da Globo.

2.

O INÍCIO DA CARREIRA de Rubinho foi espetacular. Começou no kart, onde foi cinco vezes campeão brasileiro. Sempre foi rival de Christian Fittipaldi, e ganhou muito mais do que perdeu. O caminho europeu começou quando foi para a Fórmula Opel em 1990, onde foi campeão com seis vitórias, oito pódiuns, sete *poles* e sete voltas mais rápidas em onze corridas. Depois, no ano seguinte, Fórmula 3: em dezesseis corridas, foi *pole* em nove e ganhou quatro, sendo campeão de novo e deixando David Coulthard para trás. Foi com essas credenciais que chegou à Fórmula 1.

Lembro de uma frase dele no Grande Prêmio de Mônaco, em 1993, no dia em que completou 21 anos. Naquela época, não se chegava à Fórmula 1 com vinte anos como ele chegou, estreando na equipe de Eddie Jordan. Ayrton começou na Fórmula 1 com 24, Piquet ainda mais tarde do que isso. O aniversário de Rubinho é no dia 23 de maio. Exatamente nesse dia, ao completar 21 anos e chegar à maioridade, ele correu pela primeira vez em Mônaco. Perguntaram: "O que significa ter 21 anos?". E ele respondeu: "Pô, agora vou poder alugar carro!". É que o sujeito precisava ter 21 anos para alugar um carro. Ele tinha a superlicença para correr na Fórmula 1, mas não podia até então ir dirigindo às corridas.

Rubinho foi multicampeão. Ele só não conseguiu ser campeão na Fórmula 1. Foi duas vezes vice-campeão, tem onze vitórias, o mesmo número de Felipe Massa na Ferrari. Demorou demais para Rubinho ganhar a primeira corrida. Depois de quatro temporadas na Jordan e três na Stewart, foi só na Ferrari, em 2000, no oitavo ano de Fórmula 1, que ele chegou em primeiro no GP da Alemanha, em Hockenheim. Foi por isso que começou a se criar a fama de que era um cara sem sorte, uma das coisas que mais o entristece e revolta. "Como é que um cara que conseguiu tudo o que eu consegui e tem a família que eu tenho não tem sorte?" Mesmo assim, é algo que o incomoda muito. Afinal, na Fórmula 1 ele conseguiu tudo o que queria, menos o título. É o piloto com o maior número de corridas na categoria, foram 257 largadas até deixar o circuito no final de 2011.

3·

Eu vi de perto seus dezenove anos de carreira. A gente sabia que ali estava um craque, por tudo o que ele tinha feito no kart, na Fórmula Opel e logo depois na Fórmula 3. Rubinho chegou na Jordan, como eu já disse, antes de completar 21 anos. Sua primeira corrida foi em 1993, no Grande Prêmio da África do Sul, que teve Alain Prost em primeiro e Ayrton em segundo. Christian Fittipaldi chegou em quarto. Rubinho teve problemas de câmbio e abandonou a corrida na 31ª volta. Naquele ano de estreia, fez dois pontos e terminou a temporada em 18º lugar.

Na segunda temporada, em 1994, Ayrton morreu. E ficou nas costas de Rubinho a responsabilidade de substituí-lo. Ayrton tinha morrido, Piquet tinha parado, ele era a estrela da vez. Colocaram esse peso em suas costas e ele aceitou. Naquele ano, isso fez muito mal a ele, porque não tinha carro. Na Jordan, fez dezenove pontos e terminou o campeonato em sexto. Depois, correu três anos na Stewart, apenas um deles razoável, justamente o último, de 1999, quando subiu ao pódio três vezes, todas em terceiro lugar. Foram vários anos até ele chegar à Ferrari. E a primeira vitória não vinha.

4·

Vejam que coisa incrível. O primeiro pódio de Rubinho foi em 1994, no Grande Prêmio do Pacífico, no circuito de Aida, no Japão. Ayrton fez a *pole*, mas bateu e abandonou a corrida logo no começo da prova, vencida por Schumacher, ainda de Benetton, com Gerhard Berger, de Ferrari, em segundo. Rubinho chegou em terceiro com a Jordan. Christian Fittipaldi, em quarto. Essa foi a corrida anterior à morte de Ayrton Senna. Ou seja, havia um brasileiro no pódio no Japão e não era Ayrton, algo muito significativo.

Dali, o circo foi para a Europa, para o Grande Prêmio de San Marino, em Ímola, onde aconteceu o que, para mim, é o fim de semana mais trágico da história da categoria, com o acidente de Rubinho e as mortes de Ratzemberger e Ayrton. Rubinho escapou de morrer por muito pouco. Lembro de ter comentado com Reginaldo: "Ainda bem que a gente não transmite o treino de sexta. O que eu falaria para Rubão e Ideli, pais dele, que estariam no Brasil ouvindo?". Eu mal podia imaginar que dois dias depois eu teria de viver exatamente essa cena, mas com Miltão e dona Neide, pais de Ayrton...

Na sexta, depois do acidente de Rubinho, Ayrton ficou muito preocupado e teve que pular o muro do hospital porque tinha sido impedido de entrar. E foi o próprio Ayrton, muito nervoso, quem trouxe as primeiras informações: "Ele tá bem, ele tá bem". E realmente Rubinho estava bem. Teve alta no dia seguinte, mas ficou fora da corrida.

5.

Rubinho sempre se referiu a Ayrton Senna como "o chefe". Quando fazia uma grande corrida, muitas vezes me dizia: "O chefe ia gostar de ter visto isso, hein?". Havia um respeito muito bacana, uma reverência total e absoluta. Até hoje ele chama Ayrton de chefe.

Então veja só: Rubinho fez o primeiro pódio da carreira na corrida anterior à morte de Ayrton. Em Ímola, sofreu o acidente na sexta, no sábado aconteceu a morte do Ratzemberger e, no domingo, o acidente e a morte de Ayrton. Duas semanas depois ele estava em Mônaco, para correr o Grande Prêmio, já com essa geladeira enorme nas costas. Foi muito duro para ele, até por não ter um bom carro. Os resultados eram pontuais: um pódio no

Canadá, em 1995; um segundo lugar em Mônaco, em 1997, no primeiro ano na Stewart. Em dezessete corridas, só terminou três, uma delas essa de Mônaco, onde, aliás, para chegar ao pódio o piloto tem que ser muito bom. Seu melhor resultado na Stewart foi em 1999, com três pódios, em Ímola, Magny Cours, na França, e Nürburgring, na Alemanha. Rubinho conseguia um pódio aqui, outro ali, mas nada de a vitória chegar.

Em 2000, ele entrou na Ferrari, mas era o carro certo na hora errada. Porque tudo lá tinha sido construído por Schumacher, junto com Jean Todt. Schumacher montou tudo, levou o projetista do carro da Benetton, levou Rory Byrne, levou Ross Brawn. Rubinho estava na equipe errada, a equipe era de Schumacher. Rubinho era um excepcional segundo piloto e funcionou espetacularmente bem. Venceu nove corridas na Ferrari e poderia ter vencido muito mais. Não aconteceu porque a equipe vivia em função do piloto alemão.

6.

Em seu primeiro ano na Ferrari, finalmente vem a primeira vitória, no Grande Prêmio da Alemanha. É uma das vitórias mais espetaculares da história da Fórmula 1, porque chovia e, para ganhar, Rubinho não podia parar. Ele não estava com pneu de chuva e Ross Brawn disse a ele: "Se você não parar você ganha, mas você tem que garantir que vai conseguir ir até o fim". E ele foi e ganhou! O Brasil inteiro assistiu a seu choro convulsivo no pódio, na hora do hino nacional. Rubinho estava muito emocionado. Por isso acredito que a impossibilidade de se tornar protagonista na Ferrari colaborou para ele se tornar um personagem negativo de humor. Foi muita sacanagem o que fizeram com ele no Brasil.

Rubinho ficou seis temporadas na Ferrari, de 2000 a 2005. Foram dois vice-campeonatos, em 2002 e 2004, um terceiro lugar, em 2001, duas vezes a quarta colocação, em 2000 e 2003, e uma oitava, no último ano. Não tinha como ele ser campeão. Nos cinco primeiros anos de Rubinho na Ferrari, Schumacher foi o campeão. Pude perceber ao longo dos anos que ele sofria com tudo aquilo. Nunca tive acesso ao contrato dele, mas tenho certeza de que existiam cláusulas proibitivas. Dou um exemplo: uma vez, estávamos jogando golfe e ele me contava uma história do GP do Canadá. Nos treinos, havia encontrado um acerto diferente de pneus e comunicado à equipe. Só que, na corrida, Jean Todt o obrigou a largar com o acerto igual ao de Schumacher, para que ele não fosse muito mais rápido do que o alemão. Disseram pura e simplesmente: "Lamento, mas você vai correr com o acerto do Schumacher". Fazer o quê? Como é que o cara vai ser campeão do mundo desse jeito? Essas coisas matavam Rubinho. Arrancavam um pedacinho dele. Eu me lembro de ele me contar isso — no campo de golfe — assim: "Pelo amor de Deus, Galvão, não fale isso com ninguém porque senão acaba a minha vida na Ferrari". O tempo foi passando e ele sempre dizendo: "Esse ano vai, esse ano vai, esse ano vai", mas não podia ir, não iria nunca. Digo mais uma vez, nunca tive acesso ao contrato, mas ninguém vai me convencer de que não havia alguma cláusula que separasse os dois pilotos. Talvez ele fosse proibido de ser campeão, sei lá se é essa a verdade da Ferrari.

7·

O EPISÓDIO MAIS CONHECIDO foi o de 2002, no Grande Prêmio da Áustria — graças a Deus eu não estava narrando, porque teria falado um monte de bobagens. Foi a corrida em que Cléber Machado disse "hoje não, hoje não... hoje sim" quando, depois da última curva, praticamente em cima da linha de chegada, a Ferrari mandou Rubinho deixar Schumi passar. O autódromo inteiro vaiou, Schumacher puxou Rubinho para cima do pódio, entregou o troféu para ele e o mal-estar dos dois ficou evidente. Porque o que a Ferrari fez foi um absurdo. E voltaria a fazer em 2010, com Felipe Massa. Quando se completava um ano do acidente que quase matou Felipe, ele iria ganhar a corrida na Alemanha, mas a equipe fez Alonso vencer.

A Ferrari é cruel. Ponto. É o sonho de qualquer piloto. Contei no capítulo de Ayrton que ele dizia: "Vou ganhar mais um campeonato, mais outro, vou igualar Fangio, e aí vou correr na Ferrari". Rubinho realizou esse sonho. Talvez a maior vitória dele na Ferrari tenha vindo em 2012, quando a revista *Autosprint* fez uma enquete sobre quem deveria substituir Felipe — que estava em crise —, e o preferido dos fãs foi Rubinho. Essa deve ser considerada a grande vitória dele na Ferrari.

Não é fácil as pessoas entenderem que Rubinho tinha muitas qualidades como piloto. Ele era extremamente rápido, já saía dos boxes no limite do carro, e só os grandes fazem isso. Tinha uma enorme capacidade de entender e desenvolver o carro. Foi consistente em todos os anos de Ferrari e ajudou muito a escuderia a ter a frase "Equipe Campeã do Mundo" gravada no painel dos carros. Tenho certeza de que, por esses seis anos de Ferrari, Schumacher deveu algo a Rubinho na evolução e na preparação de seus carros.

Nunca diria que faltou sorte a Rubinho porque ele detesta isso. Diria que, em determinados momentos, ele poderia ter sido mais beneficiado pela fortuna. Não ter vencido um Grande Prêmio do Brasil é uma maldade. A capacidade que ele tem de andar em Interlagos é fantástica. Em 2003, quando estava na ponta e ia ganhar, teve uma pane seca. Naquele dia, ninguém poderia ter dito para ele deixar Schumacher passar porque o alemão já tinha abandonado a corrida. A Ferrari cometer um erro desses, deixá-lo sem combustível, é uma dessas fatalidades sem explicação. Mas ele é um vitorioso, sem dúvida nenhuma, e merecia o título mundial.

8.

Agora, fora das pistas, Rubinho é muito engraçado. Rubinho é pão-duro, um verdadeiro mão de vaca. Muitas vezes, o aniversário dele foi comemorado no mesmo restaurante em Mônaco. Era divertido, mas sempre a mesma coisa. Até que Desirée deu a ideia: "Vamos fazer alguma coisa para ele aqui em casa". Ele gostou, mais ainda porque não precisava gastar nada. Em seus últimos quatro anos na Fórmula 1, o aniversário dele foi na nossa casa em Mônaco, sempre perto da corrida.

Nunca faltou a ele nem talento nem coragem, como dá para ver na ultrapassagem de Schumacher, na Hungria, em 2010, talvez o maior momento de sua carreira. O alemão jogou o carro em cima dele. Rubinho tomou uma bronca tão grande da esposa que o pouco de cabelo que resta nele ficou em pé. Eu tomei um susto na transmissão como poucas vezes. Num determinado momento, parei de falar. Depois, ele me disse: "Eu não ia tirar o pé de jeito nenhum. Nós íamos parar os dois lá em Budapeste, mas eu não ia tirar o pé". Foi um ato de vingança por tudo o que sofreu nas mãos da Ferrari e de Schumacher, especialmente nas mãos de Schumacher. É como eu sempre falo: o cara para ser campeão de automobilismo não pode ser bonzinho. Não há a menor possibilidade de ser bonzinho. Tem que ser um esportista correto, mas bonzinho não pode ser. E Schumacher usou tudo o que teve direito.

Rubinho teve uma segunda chance de ser campeão na Brawn, em 2009, mas o começo de Jenson Button naquele ano foi absolutamente perfeito. Aquelas seis primeiras corridas lhe deram uma vantagem enorme. Quando Rubinho emparelhou, foi até melhor que ele, mas não deu.

9.

A TEMPORADA DE 2012 começou muito estranha, porque não tinha Rubinho. Foram dezenove anos seguidos de Rubens Barrichello, dezenove anos torcendo por ele, dezenove anos convivendo com ele. Emerson era um estrategista, Ayrton era implacável, Piquet um grande preparador de carros, e Rubinho um obstinado. Rubinho sempre acreditou nele mesmo. Tinha uma autoconfiança muito grande e fez corridas maravilhosas. Todo grande piloto que não consegue ser campeão sente uma amargura. Eu me lembro de uma ocasião, voando para a África do Sul, no bicampeonato do Piquet, em 1983, em que conversei com o argentino Carlos Reutemann. Senti Reutemann amargo com seus resultados. "Mas você ganhou doze corridas, foi um dos grandes", eu disse. Aí ele falou: "É, mas você vai lá, pega a lista dos campeões e o meu nome não está lá. O Keke Rosberg ganhou só uma corrida no campeonato de 1982, mas o nome dele está lá, ele foi campeão". Quando alguém chega num nível como o de Reutemann e o de Rubinho e não consegue ser campeão, é difícil superar.

Talvez eu nunca tenha visto um piloto tão apaixonado. Por mais desconfortável que seja o *cockpit* ou o interior do carro de turismo, em que a temperatura vai para cima dos sessenta graus, não há lugar onde o piloto se sinta mais confortável. E se você em qualquer momento perguntar para Rubinho "onde você queria estar agora?", ele vai responder: "Dentro do meu carro". Essa é a vida dele. Vejam o que aconteceu com ele na Stock Car, carro extremamente difícil de dirigir, principalmente para quem fez a carreira inteira em monoposto. A adaptação é demorada. Ele mesmo diz que no início se sentiu meio claustrofóbico, não enxergava nada e tomava pancada de todo lado, não conseguia nem ver de onde vinha a batida. E, no entanto, na primeira temporada completa dele, em 2013, fez *pole position*, fez pódio, ficou entre os dez primeiros na pontuação, e, claro, isso mostra a capacidade dele. E na segunda temporada, em 2014, ele foi campeão e no caminho ganhou a Corrida do Milhão.

10.

Confesso que esperava mais da participação de Rubinho na Fórmula Indy, mas a realidade é que ele não tinha um grande carro. Mesmo assim, por sua capacidade, esperava mais. Rubinho nunca vai tirar a roupa de piloto, de tanto que isso está entranhado nele. Depois de todos esses anos, ele acabou vindo trabalhar comigo. Pouca gente sabe, mas em todas as viagens que ele fez para comentar Fórmula 1, em 2013, o capacete foi junto. Estava sempre na mala, pois vai que aparece uma oportunidade, uma brecha para ele. No final da temporada 2013, houve um boato de que a Lotus estava devendo uns 10 milhões de euros a Kimi Räikkönen e que, por isso, o finlandês teria antecipado uma cirurgia nas costas e ficaria de fora das últimas corridas. Sei lá que pauzinhos Rubinho deveria ter mexido para herdar essa vaga, nem que fosse só por três corridas. Ele quer muito uma despedida da Fórmula 1. Sua última corrida foi em Interlagos, em 2011. Ele não a considerava uma despedida porque tinha certeza de que encontraria carro para correr em 2012, o que acabou não acontecendo. Agora os filhos dele, Dudu e Fefê, correm de kart. Através deles, Rubinho voltou às origens.

11.

Na Globo, Rubinho estreou muitíssimo bem no final de 2012 fazendo o *grid* e surpreendendo a todos. Ele continuava uma figura muito popular da Fórmula 1 e isso criava facilidades, que ele aproveitava. Ele se sentia em seu habitat natural. Seus comentários eram bons e conseguíamos criar um equilíbrio com Reginaldo Leme e Luciano Burti. Rubinho tem um ótimo domínio técnico e conseguia explicar o que eram as luzes no volante do carro, as marchas em cada trecho, as velocidades, o que fazia cada uma das mãos do piloto. Tem muita facilidade de se expressar. Era um mundo novo e, aos 42 anos, ele poderia ficar nessa função quantos anos quisesse.

Eu reclamava por causa do Twitter e do Instagram, que ele não largava e que, na minha opinião, poderiam atrapalhar uma pessoa com as nossas funções. Mas ele estava indo muito bem, era engraçado, conseguia ser aquele cara bem-humorado que a gente conhece na intimidade, as pessoas estavam gostando. Havia um detalhe importante. Rubinho falava com o cara que gosta de corrida de automóveis e não com o sujeito que fazia chacota com ele nos anos de Schumacher. Isso estava fazendo surgir outro tipo de relacionamento dele com o torcedor de automobilismo, uma relação de carinho.

12.

Tudo que eu falei de Rubinho está valendo. Um grande piloto, uma técnica apuradíssima, uma enorme capacidade de desenvolver o carro. Continuo achando que ele podia ter sido campeão do mundo. A passagem dele da Fórmula 1 para Stock Car, uma categoria dificílima, das mais equilibradas do automobilismo mundial, foi muito bem-sucedida. A forma como ele chegou e se tornou um vencedor em pouco tempo, ganhando corridas e sendo campeão em 2014, mostra toda sua capacidade.

Uma pena que ele e a direção da Globo não tenham chegado a um acordo para renovar o contrato, e assim ele acabou se desligando das nossas coberturas.

Felipe Massa

1.

Minha história com Felipe Massa é diferente porque o conheci ainda menino, na minha casa. Ele tinha uns dezessete anos e corria com Popó, meu filho. As vidas deles se cruzaram muito daí em diante e eles acabaram se tornando grandes amigos. Popó é padrinho de casamento de Felipe e Raffaela, e Felipe é padrinho de casamento de Popó e Andrea. Felipe cresceu em Botucatu, onde Titônio, pai dele, trabalhava e tinha uma ligação com o automobilismo, já que a família era dona de uma fábrica de carrocerias. Titônio gostava de pilotar, ia a São Paulo para correr e foi um exemplo para o filho, que é de uma geração que cresceu me ouvindo transmitir Fórmula 1. Então, além da amizade com Popó, existia uma identificação.

O começo dessa amizade é o automobilismo. Felipe ganhou o campeonato da Fórmula Chevrolet em 1999 e se mudou para a Itália para correr na Fórmula Renault em dois campeonatos: o italiano e o europeu. No ano seguinte, depois de ganhar na Fórmula Chevrolet, Popó foi pelo mesmo caminho. Em 2000, Felipe foi campeão italiano e europeu de Fórmula Renault e no ano seguinte estava na Fórmula 3000 italiana. Popó foi para o lugar de Felipe na Fórmula Renault. Eu ia visitar Popó e encontrava Felipe, que era um moleque. Por isso ele me chamou de tio durante muito tempo, até eu proibir... Popó, por exemplo, chama Titônio de tio até hoje. Isso é importante, porque mostra a intimidade entre os dois e explica a proximidade das duas famílias.

2.

Em 2001, Popó sofreu um acidente seriíssimo em Monza, que interrompeu sua carreira na Europa. Era uma corrida do Campeonato Europeu de Fórmula Renault, preliminar da corrida do Felipe no Campeonato de Fórmula 3000. Por isso, Titônio Massa estava lá e foi quem primeiro cuidou de Popó, junto com Felipe. Só consegui chegar no dia seguinte. O acidente terrível aproximou ainda mais os dois, tanto que, quando Felipe sofreu o acidente na Hungria, em 2009, Popó embarcou imediatamente para Budapeste junto com a esposa, o pai e a mãe de Felipe.

A vida também acabou nos aproximando por outros caminhos. Vejam que coincidência: num determinado momento de minha carreira eu resolvi morar na Europa e escolhi viver em Mônaco. E não é que Felipe e eu acabamos morando no mesmo prédio? Hoje é Felipinho, filho dele, quem me chama de tio Galvão. A amizade de Felipe com Popó passou de pai para filho. A amizade entre as duas famílias inclui os meus filhos, a minha mulher, os pais de Felipe e os de Raffaela, Arnaldo e Ana.

Sempre digo que a vida dos pilotos de corrida é muito sofrida, e isso faz com que amadureçam rápido. Já disse aqui que Ayrton era dez anos mais novo do que eu e, num determinado momento de nossa história, dei muitos conselhos a ele. Em 1994, quando morreu, era ele quem me dava conselhos. A vida esportiva deles começa cedo, quando ainda são muito pequenos. Meus filhos começaram assim, Cacá com nove anos, Popó com oito. Felipe começou com sete, no kart, como os outros. Desde cedo, eles lutam para vencer, mas têm que aprender a perder. Essa é a trajetória de qualquer piloto de automóvel.

Sou trinta anos mais velho do que Felipe e conversamos em igualdade de condições. A gente fala sobre tudo. Temos a mesma paixão clubística na Europa, somos dois torcedores do Milan. Gostamos de um bom vinho, fazemos compras juntos, saímos muito para almoçar, jantar, fomos parceiros nesses anos todos em que vivi em Mônaco.

3.

Felipe fez com que eu tivesse uma liberdade na Ferrari que nunca tive em equipe nenhuma. Demorei muito para aceitar essa situação e sempre dizia: "Felipe, nós somos amigos, eu posso ficar amigo do (Stefano) Domenicali, posso ficar amigo do Luca Colaianni, o diretor de comunicação, posso ficar amigo do Rob Smedley, o seu engenheiro", mas sempre fiz questão de separar o jornalismo dessas relações. Nesse caso, porém, acabaram se misturando o brasileiro e o italiano, "tutti buona gente", e acabei tendo, nos anos em que ele estava na Ferrari, muita liberdade.

Eu conheço muito bem a história de Felipe na Ferrari. Desde a época da Fórmula 3000 — pouca gente sabe disso — ou seja, desde o final do ano 2000, ele já era piloto da escuderia. Ele correu pela Sauber emprestado, depois veio seu primeiro ano como titular na Ferrari, em 2006. E foi espetacular. Surgiu um novo grande talento no automobilismo. Ele ganhou corridas de Schumacher. E a apoteose foi no GP do Brasil, de 2006. A equipe permitiu que ele corresse com um macacão verde-amarelo, e foi a primeira vitória de um brasileiro depois da era Ayrton Senna. Esperamos treze anos para ver de novo um brasileiro no alto do pódio em São Paulo. Foi apoteótica aquela vitória. Era a despedida de Schumacher. Eu fui à festa naquela noite e Schumacher abraçou Felipe e disse: "É o meu irmão mais novo e meu sucessor".

4.

Aí veio 2007 e ele fez um ano muito bom. O trato na Ferrari era o seguinte: depois do GP da Bélgica, quem estivesse na frente tinha a preferência. Como ele vinha na frente de Kimi Räikkönen, correu em igualdade de condições com o Schumacher em 2006, depois correu em igualdade de condições com Kimi, que chegou à Ferrari com o salário mais alto da história da Fórmula 1. Em Monza, ele teve problemas na suspensão e abandonou a corrida, Kimi chegou em terceiro e passou à frente dele no campeonato. Na corrida seguinte, GP da Bélgica, Kimi venceu, com Felipe em segundo, e com isso o finlandês abriu sete pontos na frente de Massa. Daí até o fim da temporada, cumprindo o trato, Felipe trabalhou para o finlandês, inclusive tirando o pé para ele ganhar no Brasil em 2007 e se sagrar campeão.

Veio 2008 e Felipe engoliu Kimi. Dessa vez, foi Kimi quem tirou o pé na China para ele chegar em condições de disputar o título com Hamilton na última corrida, o GP do Brasil. Ele venceu a corrida em Interlagos e foi campeão por alguns segundos, mas Hamilton ganhou o título por um ponto, chegando em sexto, com uma ultrapassagem em cima de Timo Glock na última curva.

Analisando friamente, Felipe só pegou pedreira na Ferrari: primeiro, Michael Schumacher, em seguida, dois anos de Kimi Räikkönen, e depois, Fernando Alonso.

5.

FELIPE ESTAVA NO TERCEIRO ano com Kimi quando aconteceu o acidente de 2009. Hoje, posso contar que Felipe esteve muito perto de morrer lá na Hungria. Sei disso e sou talvez a única pessoa que pode dizer isso. O primeiro a falar com o médico que operou Felipe fui eu. Aprendi na vida que em determinados momentos você tem que ser firme, e foi o que fiz. Me aproximei, pedi notícias e, quando ele me perguntou "Who are you?", me apresentei como tio do piloto. Ouvi do médico que a situação era grave, mas que a cirurgia tinha sido bem-sucedida. Eu perguntei: "Risco de morte, doutor?". "Nesses casos sempre existe, mas estou otimista", ele disse.

Essa foi a primeira notícia que passei para a família e para o Brasil, na entrada ao vivo no *Jornal Nacional* daquele sábado. A imprensa mundial ficou fora do hospital, inclusive minha própria equipe e nosso produtor, Jaime Brito, profissional extremamente competente que tem anos de experiência em Fórmula 1. Também ficaram de fora a repórter Mariana Becker, o repórter cinematográfico Luiz Demétrio Furquim, o Baiano, outro com muitos anos de coberturas internacionais. Só eu fui autorizado pela família e pela Ferrari a permanecer no hospital. Finalmente, no final do segundo dia, a família Massa chegou — Titônio, Ana e Raffaela, grávida —, e eu pude planejar minha saída. Ainda brinquei dizendo: "Deixo o Popó no meu lugar, que é mais ligado a ele...".

O acidente teve uma relação direta com a fase negativa que Felipe enfrentou na sequência. Nelson Piquet, por exemplo, diz que depois que bateu na curva Tamburello — a mesma em que morreu Ayrton — ficou um ano inteiro andando um segundo mais lento, como eu já contei. Há depoimentos de que um acidente como o de Felipe tem consequências. O impacto neurológico foi muito grande, mas Felipe jura que não fez diferença. Outros dizem que o piloto perde acuidade na visão, profundidade de visão. Eu não sou médico, e se Felipe afirma que o acidente não fez diferença no desempenho dele, quem sou eu para duvidar?

6.

Uma coisa muito bacana, consequência de nossa amizade, foi Felipe ter me mostrado a carta que Eric Clapton escreveu para ele depois do acidente, quando voltou a correr. Eric Clapton adora automobilismo e gosta muito de Felipe — vai assistir às corridas, convida Felipe para jantar na casa dele. Clapton é um vitorioso e conheceu o fundo do poço em consequência de drogas e álcool. Felipe conta que, nos jantares em sua casa, Eric faz a comida, escolhe o vinho, serve a todos e bebe apenas água! Nessa carta, ele diz que sabe como é escuro e triste o fundo do poço e deseja sucesso a Felipe na volta às pistas.

7.

O GP DA HUNGRIA quase sempre se realiza em julho e Felipe só voltou a correr em março do ano seguinte. Isso, na vida de um piloto, é muito ruim. Aprendi depois do acidente de Popó, meu filho, que bateu em junho e também só voltou a correr na Europa em março do ano seguinte, o que evidentemente interrompeu a carreira dele.

Quando começou 2010 a Ferrari fez coisas que só a Ferrari é capaz de fazer. O maior salário da Fórmula 1 era o de Kimi Räikkönen, que tinha sido campeão em 2007 e ainda estava com seu contrato em vigor. Mas o sonho de ter Fernando Alonso e a grana do banco Santander fizeram a Ferrari optar por deixar Kimi em casa. É uma defesa que as equipes têm, elas contratam o piloto, mas não são obrigadas a botá-lo para correr. Então, a Ferrari promoveu o retorno de Felipe e trouxe o bicampeão Fernando Alonso.

8.

NO MEU CAMPEONATO PARTICULAR, Alonso é daqueles que podem entrar tranquilamente na briga para estar entre os melhores. Eu não diria que entre os cinco primeiros, porque ali a briga é feroz. Ali tenho Senna, Schumacher, Prost e Piquet. Para ocupar esse quinto espaço, a briga é de foice... Tem Emerson, tem Stewart, tem Lauda, tem Mansell, mas o Alonso sem dúvida entra nessa briga. Um talento espetacular. É preciso lembrar que, naquele momento, não existia na Fórmula 1 piloto melhor do que Alonso. Ele é implacável, é daquele time de cascudos de Prost, Ayrton e Schumacher. Sabe ser cruel, vai tentando destruir o parceiro, vai tentando pegar a equipe toda para ele, é competitivo ao extremo.

Felipe iniciou o ano fazendo *pole positions*, começou largando na frente de Alonso, e foi assim até aquele fatídico Grande Prêmio da Alemanha de 2010. A *pole* em Hockenheim havia ficado com Vettel, tendo Alonso ao lado dele na primeira fila e Felipe em terceiro. Na largada, Massa comeu os dois e assumiu a ponta. É preciso lembrar que não era um dia qualquer. Era 25 de julho, exatamente um ano depois do acidente na Hungria. Lá vinha Felipe Massa ganhando confiança exatamente um ano após o acidente que o deixou entre a vida e a morte. Já imaginou o bem que faria aquela vitória para ele? Mas aí entrou na pista a insensibilidade da Ferrari, que o obrigou a tirar o pé para Alonso ganhar. Alonso veio botando pressão, dizendo no rádio: "Eu tô mais rápido que ele, eu tô mais rápido que ele...". E, em seguida, o engenheiro falou: "Felipe, você entendeu de forma bem clara que o Alonso está mais rápido que você?". O engenheiro insistiu duas, três vezes, e na quarta, Felipe deixou o espanhol passar. O cara estava ali, fazendo a curva a 320 quilômetros por hora com Alonso enfiando o carro atrás dele, mas sem conseguir ultrapassá-lo. E só conseguiu porque Felipe foi obrigado a tirar o pé.

Para a opinião pública brasileira, a mensagem que ficou foi a de que tinha começado a sacanagem com Felipe, que teríamos outro Rubinho, mais um para deixar passar... Sei que ali existem compromissos profissionais, mas foi algo absurdo. Existem quatro coisas fundamentais para um piloto que quer ser campeão: ele tem que ter talento; ele tem que ter condicionamento físico e psicológico; ele não pode ter medo — o que é diferente e até mais intenso do que ter coragem; e ele tem que ter autoconfiança. O que a Ferrari fez com Felipe mexeu com sua autoconfiança, disso eu não tenho nenhuma dúvida. Mas Felipe não reconhece isso e, cá para nós, acho que nem pode reconhecer.

9.

A Ferrari sempre quis que Felipe se recuperasse e superasse a fase difícil. Por seu histórico, por ter mais de uma década na equipe. Por ser o piloto que mais correu de Ferrari desde Michael Schumacher e também por ser o quarto maior vencedor da história da Ferrari, depois de Alberto Ascari, Niki Lauda e Schumacher. Me convenci disso quando fui entrevistar Felipe em

Maranello, sede da escuderia, e vivi um momento de grande emoção: gravei na sala do comendador Enzo Ferrari, mantida até hoje do jeito que estava quando ele faleceu, em agosto de 1988.

Lá eu senti o carinho que tinham por Felipe os mecânicos e os funcionários mais antigos, que conheciam ele havia tantos anos. A Rosela, dona do restaurante frequentado por todos da Ferrari, contou que ele havia chegado com vinte anos, "mas parecia ter quinze". Ela abraçava Felipe e dizia: "Questo é il mio bambino".

Uma coisa que me impressionou muito na Ferrari foi não ver nenhuma foto, uma imagem sequer, de Schumacher. Luca di Montezemolo, que foi presidente da Ferrari de 1998 a 2014, nunca perdoou a saída de Schumi da Ferrari para a Mercedes. O alemão tinha um emprego vitalício na área institucional da escuderia. Montezemolo considerou a saída uma traição pessoal e mandou tirar todas as suas fotos da parede. Vi com meus próprios olhos que não há nenhuma foto do maior campeão da história da Ferrari. Está lá o nome dele, no fundo da fábrica, onde estão gravados os títulos mundiais da equipe e os campeões. Tem foto de Jacques Villeneuve, de Niki Lauda, de Clay Regazzoni, de Rubinho Barrichello, de Fernando Alonso, de Felipe Massa, mas não de Schumacher.

Mais uma de Schumacher: em 2012 ele foi demitido da Mercedes e teve a cara de pau de pedir emprego na Ferrari, quando os boatos de que Felipe não renovaria eram intensos. Isso depois de chamar Felipe de "irmão mais novo". Sentiu tanta vergonha que — e isso ninguém sabe — pediu para Corinne, sua esposa, ligar para a Ferrari e oferecê-lo. Nem teve coragem de pedir pessoalmente.

Isso, entretanto, não impediu Felipe de se sensibilizar com o maior campeão da história da Fórmula 1 depois do acidente que sofreu esquiando, em dezembro de 2013. Felipe visitou o alemão ainda no hospital e mantém contato permanente com a família para saber detalhes da lenta recuperação do ex-piloto.

10.

O FATO É QUE depois do acidente na Hungria, Felipe nunca mais foi o mesmo. Fez algumas boas corridas em 2011, fez um segundo semestre muito bom em 2012, mas em 2013 não deu mais para segurar. A Ferrari decidiu não renovar com ele para 2014 e anunciou a volta de Kimi Räikkönen. Eu e Reginaldo nunca tínhamos visto nada como as despedidas de Felipe na Ferrari. Foi uma série longa de homenagens, almoços e jantares com todos da equipe e que culminou com a cena que parou Interlagos no GP do Brasil de 2013, a da equipe inteira perfilada aplaudindo Felipe quando ele se dirigiu para o *grid* de largada de sua última corrida na escuderia.

Ali, ele já tinha sido anunciado como piloto da Williams para 2014, uma aposta da equipe inglesa em seu talento e uma aposta dele na estrutura de um time historicamente liderado por Frank Williams, que sempre soube como ser campeão. Hoje é Claire Williams, filha de Frank, quem comanda a escuderia e fez uma temporada espetacular em 2014.

A Williams, terceira maior vencedora da história — atrás apenas da Ferrari e da McLaren — e que um dia teve um carro imbatível, que Ayrton Senna chamava de "carro de outro planeta", andou tão mal, andou tão caída, que se houvesse rebaixamento na Fórmula 1, ela teria sido rebaixada em 2013. Felipe Massa foi contratado para ser o pivô do projeto de recuperação da equipe. Ele ajudou na formação do time, na escolha dos profissionais e trouxe Rob Smedley, que tinha sido o engenheiro pessoal dele na Ferrari, para ser o responsável pela performance dos carros da Williams. Um foi fundamental para o outro na recuperação da autoestima. A temporada 2014 começou difícil para Felipe, por falta de sorte — ele jamais imaginou tomar aquela pancada de Kobayashi na primeira curva na Austrália, ou bater com Kimi, ou Pérez bater nele —, mas fez um grande segundo semestre, terminou o ano com três ótimos resultados, o quarto lugar em Phoenix, o terceiro e o pódio bastante comemorados no Brasil, e o segundo lugar na corrida de Abu Dhabi, que é um divisor de águas.

Muito mais importante do que ter chegado em segundo lugar, atrás apenas de Lewis Hamilton — que ganhou a corrida e foi bicampeão —, foi que ali, pela primeira vez em muitos anos, tanto a Williams como ele, Felipe, sentiram de novo a possibilidade e o gosto da vitória. Eles chegaram a arriscar — com uma manobra de troca de pneus — um segundo lugar que estava praticamente garantido porque sentiram que, sim, dava para ganhar a corrida. Isso será um divisor de águas. Para a equipe e sobretudo para ele, Felipe, que pôde dizer a si mesmo: "Eu posso voltar a ganhar".

Foi muito bacana o jantar daquela noite, no Cipriani, com a presença de todo mundo da Fórmula 1. Quando Felipe entrou, o dono do restaurante fez uma reverência e todos começaram a aplaudir. O salão inteiro. Muita gente aplaudindo e muita gente indo à mesa cumprimentá-lo, como se faz com os grandes campeões e como se fazia com ele nos anos de 2006, 2007 e 2008. Ou seja, ele voltou. Acho que a Williams e ele voltaram. O ano de 2015 tem tudo para ser uma grande temporada. Quem sabe a gente não tem de novo um campeão na pista.

Reginaldo Leme

1.

Reginaldo Poliseli Leme — de origem italiana — é uma bandeira do jornalismo de esporte a motor no Brasil. É o mais importante de todos os repórteres e comentaristas do ramo, sem dúvida alguma. Eu o conheci nos anos 1970, portanto ele é o meu parceiro de trabalho mais longevo. Trabalhamos juntos na TV Globo desde minha chegada na emissora, em 1981, há mais de trinta anos. Minha relação com ele começou quando cheguei à Fórmula 1, em 1975. Ele já estava lá desde 1972. Já nessa época ele tinha perto de si as três grandes paixões que sempre o acompanharam: Carmem Sylvia — a esposa —, automobilismo e música, principalmente rock and roll. Ele foi um dos primeiros brasileiros a conhecer os Mutantes, porque Dinho, seu irmão, era o baterista da banda e existia uma amizade muito grande deles com Rita Lee e os dois irmãos Batista.

2.

Reginaldo foi passar uma temporada na Europa acompanhando automobilismo para *O Estado de S. Paulo*, ganhando muito pouco, mas fazendo o que gostava. Eu brinco com ele dizendo que o dinheiro era tão curto que a melhor refeição que ele e Carmen Sylvia faziam quando moravam em Paris era pão com alface. Em 1975, depois da corrida em Mônaco, eu ia embarcar para o Brasil e ele ficaria na Europa. "Você pode levar uma sacolinha minha para São Paulo?" "Levo, claro", respondi e caí na primeira sacanagem de nossa longa carreira. Era uma coleção de livros do Jacques Cousteau que Carmen Sylvia tinha comprado, ou seja, sozinha, a "sacolinha" estourava o limite de vinte quilos de bagagem da época. Xinguei muito.

Antes disso, antes até da TV Globo, na minha passagem pela Bandeirantes, tive meu primeiro comentarista, Giu Ferreira, que tinha sido piloto da Fórmula 3 inglesa, contemporâneo de Alan Jones e um cara de grande conhecimento técnico, que me ensinou muito. Infelizmente, um câncer o levou no começo dos anos 1990. Na Bandeirantes, inventei um programa chamado *Super domingo esportivo*, que começava às onze e meia da manhã e ia até às nove horas da noite. Foi o precursor do *Show do esporte*, que Luciano do Valle depois fez com sua enorme competência, também na Bandeirantes. Para esse *Super domingo esportivo*, contratei Reginaldo Leme, que já trabalhava como editor. Na madrugada de sábado ele aprontava tudo que não fosse ao ar ao vivo, no domingo. E deixava todo mundo desesperado, não porque não fizesse, porque ele sempre fazia, mas porque ele tinha que chegar às dez e meia da noite e chegava à uma e meia da manhã... Reginaldo nunca foi muito ligado em pontualidade e nessas coisas de horário.

Em 1980 estávamos fazendo Fórmula 1 na Bandeirantes e, no ano seguinte, quando a TV Globo reassumiu a categoria, fui contratado. Nunca mais paramos de trabalhar juntos. Não tenho ideia de quantos Grandes Prêmios nós dois transmitimos. Somos dos poucos membros do "Clube dos 500", grupo de profissionais que têm mais de quinhentos grandes prêmios de Fórmula 1. No Grande Prêmio de Monza de 2013, eu tive a honra de receber de Bernie Ecclestone uma plaquinha em ouro branco com o número cinco e os dois zeros em vermelho, como os sinais de largada das corridas, e, gravadas atrás, as palavras: "Galvão Bueno faz parte do seleto Grupo dos 500, pessoas que fizeram a história da Fórmula 1 e que têm mais de quinhentos Grandes Prêmios". Naquele dia, entre jornalistas e profissionais de outras áreas, também Niki Lauda recebia a honraria, ou seja, Reginaldo e eu entramos para esse clube seletíssimo junto com um piloto tricampeão. É toda uma história de vida desde aquela sacanagem da sacolinha de vinte quilos! Sempre digo que nós temos um casamento de mais de trinta anos, mas só com as partes complicadas, sem as partes boas, absolutamente sem sexo!

3.

Quando cheguei à Globo, em 1981, foi para narrar Fórmula 1. Luciano do Valle ficaria com a seleção brasileira, já se preparando para a Copa da Espanha, em 1982. O restante das transmissões esportivas seria dividido entre nós dois. Estávamos a poucas corridas do final da temporada e Piquet ia se sagrar campeão pela primeira vez, então era justo que Luciano completasse as narrações daquele ano ao lado de Reginaldo, que comentava.

Minha estreia na Fórmula 1 na Globo foi, portanto, em 1982, na primeira corrida da temporada, o Grande Prêmio da África do Sul, em Kyalami. E já começou complicada, pois foi quando aconteceu a única greve de pilotos da história. Era outra Fórmula 1, muito mais romântica. Para se ter uma ideia, os pilotos acharam um hotelzinho perto do autódromo e foram todos dormir lá. Como não havia quartos para todo mundo, espalharam colchões pelo salão. Convocaram a greve por questões de segurança, eram contra uma série de exigências que estavam sendo feitas para obter a licença especial.

O treino de sexta-feira não se realizou, ficamos todos lá sem saber muito bem o que fazer. E no primeiro treino do sábado, que valia classificação, Bernie Ecclestone, dono da Brabham, não deixou Piquet, piloto dele, ir para a pista. Lembro que Reginaldo perguntou: "Bernie, só tem esse treino, como ele vai fazer?". "Eu soube que ele não dormiu direito, não tinha o menor conforto naquele hotel...", respondeu Bernie com aquele típico humor inglês. "É para preservar a segurança do Piquet, deixa ele dormindo aí no box."

4.

As condições de transmissão eram precárias, muito diferentes das que temos hoje, com computadores e informações em tempo real. Ficávamos numa cabine na entrada dos boxes, tínhamos um monitor de televisão e mais nada. Quem nos ajudava era Nina, esposa de Janos Lengyel, correspondente do jornal *O Globo*, que fazia os mapas da corrida.

Naquela época, não existia parada para troca de pneu, quem tivesse um pneu furado estava praticamente fora da corrida, não existia essa troca de quatro rodas em três segundos... O pneu do carro de Alan Prost furou, ele entrou nos boxes e passou diante de nós com o pneu furado. Ele vinha na ponta e, como a saída dos boxes era longe, nem nós nem a TV vimos seu retorno. Eu tinha certeza absoluta de que ele havia perdido a volta. Aí vi que ele foi ultrapassando, ultrapassando, ultrapassou Carlos Reutemann, e disse que ele estava tirando a volta de atraso, quando, na realidade, Prost estava assumindo a ponta de novo.

Terminou a corrida e eu dei vitória de Reutemann. Quando vimos os pilotos se encaminhando para o pódio e apareceu vitória de Prost, Reutemann em segundo, e René Arnoux em terceiro, olhei para Reginaldo, que era experiente e já estava fazendo aquilo havia bastante tempo e perguntei: "E aí?". Ele balançou os braços, como quem diz: "Não faço a menor ideia". E eu, como sempre, tive que seguir em frente — narrei o pódio e encerrei a transmissão. Ou seja, na minha estreia na Fórmula 1 eu simplesmente errei o vencedor!

Depois disso, foram oito horas e meia de viagem, um verdadeiro pesadelo, na volta de Johanesburgo para São Paulo. Eu tinha certeza de que Boni iria me demitir. Tomei uma bronca, mas não perdi o emprego.

5.

Nesse mesmo autódromo, no final da temporada de 1983, Reginaldo e eu vivemos uma das grandes emoções de nossa carreira, narrando o segundo título de Nelson Piquet, numa disputa com René Arnoux e Alain Prost. Os três chegaram à corrida em condições de ser campeões. Piquet largou em segundo e logo assumiu a ponta. Arnoux quebrou na quinta volta. Ficaram ele e Prost na briga. Quando Prost também quebrou, na metade da prova, Piquet só precisava chegar em quarto para ser campeão. E ele estava em quarto quando Niki Lauda, em segundo, abandonou faltando seis voltas. Após a bandeirada final, com Piquet em terceiro e bicampeão, eu e Reginaldo estávamos transmitindo e chorando na cabine. Foi um momento muito especial, estávamos emocionados, suados, cansados e querendo festejar.

Comemoramos como jovens com pouco mais de trinta anos, fazendo arruaça pelas ruas, buzinando muito e batendo os carros alugados pela equipe uns nos outros. Fomos parados pela polícia, claro, mas salvos pela providencial presença de um velho companheiro, o então fotógrafo Álvaro Teixeira, que tinha uma câmera a bordo, o que nos permitiu argumentar sobre a pressa por causa dos horários de transmissão por satélite.

6.

Foram inúmeros momentos especiais. Esse foi um deles, como foi o primeiro título de Ayrton Senna, no Japão. Fizemos grandes amizades pelo mundo e acabamos aproximando nossas famílias, o que também é bacana. Reginaldo e eu crescemos muito como pessoas ao longo desses anos, descobrimos muita coisa juntos.

Para começo de conversa, tivemos um grande mestre que foi Janos Lengyel, que, infelizmente, nos deixou muito cedo, em 1986. Janos era correspondente de *O Globo* na Europa, morava em Genebra e, depois das corridas, a gente sempre dava um jeito de passar uns dias em sua casa. Janos me mostrou o mundo e nos ensinou a viver. Viajávamos de carro com ele por toda a Europa. Era uma época de dinheiro curto, procurávamos o melhor restaurante que nossa verba podia pagar e começamos, naquele início de década de 1980, a criar o hábito de fazer as refeições sempre acompanhadas de um bom vinho. Dentro das nossas possibilidades, procurávamos coisas honestas e de boa qualidade. Foi assim que começamos a absorver o que achávamos bom na cultura europeia. A Fórmula 1 era basicamente na Europa. Aprendemos muita coisa sobre o respeito ao próximo a educação e a gentileza com as pessoas.

Fora da Europa também vivi muitas histórias incríveis com o Reginaldo e uma das mais fantásticas foi na Tailândia. Aproveitávamos os intervalos entre as corridas para conhecer um lugar diferente, muitas vezes até acompanhados de alguns pilotos. O belga Thierry Boutsen, que no auge da carreira guiou na Williams, era casado com Patrícia, também belga, da família dos fundadores do Club Med. Ela organizava algumas excursões. Pois numa dessas, numa praia em Phuket, uns caras andavam de jet ski, grande novidade na época. Ficamos na praia vendo as manobras que faziam — eram coisas bem simples, desaceleravam perto da praia e deixavam a máquina entrar na areia, no embalo. Boutsen estava ali fazendo uma gravação para a Shell. Havia vários barcos perto da praia, algumas câmeras, e nós fomos chamados para fazer figuração andando de jet ski. E lá fomos, eu e Reginaldo, de figurantes de comercial. Eu saí logo da água, mas Reginaldo ficou para trás e resolveu fazer a manobra de entrar na areia com o jet ski. E ele veio acelerando em direção à praia, acelerando, acelerando... Os instrutores começaram a balançar os braços, eu comecei a gritar, ele aumentando a velocidade... Eu pensei: "Ele vai se matar".

Reginaldo entrou na areia, como se diz no automobilismo, *flat out*! Foi aquela gritaria, o jet ski travou e ele decolou para frente... Mas o volante do jet pegou nas duas coxas pela virilha e ele ficou pendurado. A coisa foi bem séria. Fomos parar no ambulatório do hotel e, como ele tinha um corte em uma das pernas, o enfermeiro disse que ia dar uns pontos. Reginaldo me agarrou pelos braços e começou a gritar: "Não deixa ele me dar ponto, pelo amor de Deus, não deixa, que eu não tenho confiança, sei lá se é agulha usada, posso pegar Aids...". Não deixamos dar os pontos. De lá, no dia seguinte, fomos para a Austrália, para a corrida em Adelaide, e Reginaldo mancando. De noite, no restaurante, ele travou na cadeira e não conseguiu mais andar. Percebemos que ele estava com as duas pernas roxas, ficamos apavorados e fomos para o hospital. Ele ficou internado, fizemos as matérias sem Reginaldo e só no sábado conseguimos carregá-lo no colo, com a cadeira de rodas, até a cabine para ele comentar os treinos e, no dia seguinte, a corrida... Façanhas de Reginaldo Leme como esportista.

7.

Reginaldo sempre foi ótimo colega de trabalho. Claro que as narrações e as corridas são, talvez, nosso trabalho mais importante ou mais visto, digamos assim. Mas também fizemos programas como o *Sinal verde*, mais dele do que meu, e muito legal porque mostrava o local em que a corrida iria se realizar. Era uma época diferente na TV, fazíamos tudo na quinta-feira, costurávamos a edição na sexta e no sábado a fita seguia para Londres, para a edição final no escritório da Globo e a geração via satélite para o Brasil. Hoje isso soa quase como piada, quando se pensa na velocidade da internet e nas facilidades de conexão entre a Europa e a sede da TV no Rio de Janeiro.

Fizemos também muitos especiais de abertura de temporada, nos dois domingos anteriores à primeira corrida. Era um compromisso comercial, fazia parte do pacote dos patrocinadores. Do que eu mais me lembro desses programas eram das noites de sábado, ou melhor, das madrugadas de sábado para domingo, nas antigas ilhas de edição da Globo. Tudo escuro e nós dois enlouquecidos, Reginaldo numa ilha, eu na outra, ele escrevendo, eu narrando. O programa ficava pronto em cima da hora.

São três décadas de amizade, desde quando minha primeira mulher, Lúcia, já falecida, mãe de Letícia, de Cacá e de Popó, viajava conosco. Uma vez fomos fazer uma corrida em Silverstone, na Inglaterra, e ficamos, as duas famílias, em uma só suíte com uma sala e dois quartos em um hotel em Northampton. Fizemos um jantar lá mesmo, com Janos, a esposa dele, Nina e as crianças. Caprichamos na comida — frios, queijos, macarrão, vinhos... Só que a Dani, filha mais velha do Reginaldo, acostumada a viajar conosco desde pequena, insistia que queria comer "bifinho de pijama", um *schnitzel* alemão que nada mais era do que um bife à milanesa. Eu brincava muito com ela e nessa noite peguei o colchão de sua cama e um ursinho de pelúcia e botei no corredor do hotel. "Você vai dormir aí fora", eu disse.

8.

Sempre tivemos um relacionamento próximo. Obviamente, como em todo casamento, principalmente num casamento sem sexo, houve uma briga séria, alimentada por terceiros e que nos levou, dois bobos, a cair numa história muito esquisita. Como eu contei antes, as pessoas diziam que a origem de toda nossa briga era porque eu era muito amigo de Ayrton Senna e Reginaldo era muito amigo de Nelson Piquet. Isso não é totalmente verdade, porque eu também tinha um relacionamento com Piquet e Reginaldo sempre teve amizade com Senna. Como se dizia na época de Jânio Quadros, foram "forças ocultas agindo nas sombras" que acabaram nos levando a um desentendimento ao qual não dou a menor importância. E, do mesmo jeito que começou, terminou. Durou algum tempo e acabou coincidindo com a época em que eu saí da Globo e passei dez meses fora. Quando voltei, em 1993, já estava totalmente resolvido, e tudo ficou muito mais na cabeça das pessoas do que na nossa.

Tenho o gênio mais explosivo do que o dele, sou extrovertido e tenho uma autoconfiança muito grande, que ele não tem. Reginaldo é um dos maiores profissionais que eu conheço, tem um texto maravilhoso, possui um grande domínio do jornalismo de uma forma geral. Conhecimento de automobilismo então, nem se fala. Ao mesmo tempo, é uma das pessoas mais inseguras que eu conheci no mundo, um cara eternamente preocupado. Ele está numa fase profissional realmente muito boa, mas continua, até hoje, inseguro. Eu sempre digo a ele: "Para com isso, Reginaldo, você é o melhor de todos, sabe mais do que todo mundo nesse meio, deixa de ser tão inseguro". Ou seja, isso é dito às claras, não é uma coisa cochichada, ele sabe do que estamos falando. Reginaldo precisava achar um médico que receitasse para ele três injeções: de segurança, de confiança e de autoestima. Para tomar diariamente!

Ele conta uma história muito engraçada. De tanto eu dizer que ele tinha que pensar como eu e repetir para si mesmo: "Eu sou o melhor, ninguém faz o que eu faço melhor do que eu, eu me garanto...", foi procurar um psiquiatra ou psicanalista, sei lá. E conta que o homem disse para ele: "Você veio no cara certo, porque eu sou o melhor no que faço, ninguém é melhor do que eu. Tenho confiança no meu trabalho, sei que faço o meu trabalho muito bem". E Reginaldo foi fazendo uma cara triste e acabou confessando: "Mas eu estou aqui justamente por causa disso, porque não aguento mais ouvir isso do Galvão".

9.

Reginaldo é um dos grandes amigos que tenho na vida. Ele e Carmen Sylvia são padrinhos do meu casamento com Desirée. Profissionalmente, é um *workaholic*, um cara multimídia que faz televisão, escreve uma coluna no jornal *O Estado de S. Paulo*, comenta Stock Car, comanda um programa, o *Linha de chegada*, no SporTV, e ainda edita, há mais de vinte anos, um anuário de automobilismo que é um espetáculo. Não conheço no mundo outro melhor. Isso é até engraçado, porque ele é um cara tímido e, como eu já disse, com uma insegurança incompatível com o talento e a capacidade que tem. Mas na hora em que veste a farda do vendedor, é danado, vende muito bem. Não faltam anúncios nas páginas do anuário... Hoje é uma pessoa voltada para a família e com uma ligação muito forte também com a minha, especialmente com meus filhos, Cacá e Popó. Adora Popó desde criancinha e é fã de carteirinha, incondicional, de Cacá como piloto.

Atualmente nossa conversa é muito gostosa, nos sentimos mais tranquilos, mais aquietados, até por causa da idade. Estamos juntos, dividindo cabine e microfone, há 33 anos. Eu não consigo me ver fazendo Fórmula 1 sem Reginaldo — da mesma maneira que não consigo me ver fazendo futebol sem Arnaldo. Se, por qualquer motivo, ele está fora da corrida, sinto falta dele como amigo, como pessoa, sinto falta das discussões, dos momentos de alegria, das gargalhadas, das piadas, das maluquices de juventude que ficaram para trás, mas principalmente do meu parceiro de todas as transmissões.

10.

Nos anos em que havia Grande Prêmio do México, a gente se hospedava num dos dois hotéis que havia nas proximidades do autódromo Hermanos Rodriguez, o Fiesta Americana e o Holiday Inn. Numa dessas ocasiões, fomos até o Fiesta jantar e assistir a uma luta de Mike Tyson. Éramos uma turma grande, umas doze pessoas, todos brasileiros, alguns da Globo, outros ligados ao automobilismo como Geraldo Piquet, Julio Caio Azevedo Marques, Julio Passetti, amigo de Ayrton e outros.

Na volta, usamos o *shuttle* do Holiday Inn, uma velha jardineira que circulava entre os dois hotéis. Entramos no ônibus e o motorista, um mexicano baixinho, andou cinquenta metros, parou, desceu e não voltava mais. Começamos a reclamar: "Mañana hay trabajo". Ele voltou, andou mais uns vinte metros, parou de novo e disse aquela famosa frase mexicana: "Ahorita seguimos". *Ahorita* pode ser agorinha, pode ser em meia hora, pode ser quando der na telha, e demorou um tempão. Ele voltou, andou mais cinquenta metros e parou de novo. Não deu outra: sentei no banco do motorista, engatei a primeira e fui andando. Reginaldo, o mais medroso, gritava: "Pelo amor de Deus, Galvão, não faz isso, ele vai perder o emprego, nós vamos ser presos". Julio Caio, na época organizador do GP do Brasil, gritava: "Dá um cavalo de pau"... Apertei todas as alavancas que vi, abriu porta dianteira, porta traseira, tampa do porta-malas... E o mexicano veio correndo e pulou dentro do ônibus. "Agora você vai como passageiro", eu disse, e fui dirigindo o ônibus, passei os quebra-molas com ele protestando: "Por Dios, señor".

Chegando ao hotel, sentei ao piano para fazer graça. Reginaldo veio para cima de mim com uns tufos de grama molhada, e eu saí correndo atrás dele até o quarto que dividíamos. Foi quando cometi a insensatez de pegar o extintor de incêndio "só para dar uma apertadinha". Era de pó químico e aquele negócio ficou girando em cima da cama, tive que sair do quarto para não morrer sufocado. Voltei quando percebi que Reginaldo estava querendo fugir da fumaça se atirando da varanda... Resumindo, fomos expulsos do quarto. Quatro da madrugada, com transmissão para fazer na manhã seguinte, e nós tivemos que mendigar hospedagem. Ninguém queria abrir a porta... Com o dia quase clareando, nos arrumaram um canto, e um dormiu encolhido num sofá, o outro no chão. Depois da corrida, fomos direto para o aeroporto dormir no avião que nos levaria para casa.

Histórias minhas com o Reginaldo...

II.

OUTRO ACONTECIMENTO QUE ME vem à memória e ilustra a capacidade de Reginaldo como comentarista e homem de informação aconteceu no Grande Prêmio da Grã Bretanha, em 16 de julho de 1986, a última corrida em Brands Hatch, antes da mudança para Silverstone. Naquele dia, Jacques Laffite estava batendo o recorde de largadas. Só que ele sofreu um acidente sério logo na primeira curva, envolvendo vários carros. Laffite quebrou as duas pernas e isso acabou abreviando sua carreira. A corrida parou, bandeira vermelha, e levou uma eternidade para Laffite ser retirado do carro. Acho que nunca levou tanto tempo para a pista ser liberada para a relargada. Ficamos, Reginaldo e eu, mais de cinquenta minutos no ar, contando histórias, segurando a transmissão e a audiência. A maioria dessas histórias vem do arquivo dele.

Isso já aconteceu outras vezes, em corridas e treinos que pararam por causa da chuva... Nesses momentos, a experiência, a vivência, são fundamentais. Sozinho eu ficaria desesperado. Com Reginaldo me sinto amparado, ele se sente amparado por mim, um vai puxando o outro, vamos lembrando as histórias que vivemos e as pessoas que conhecemos, as amizades que fizemos através dos anos, e desenterrando informações privilegiadas. Reginaldo Leme é o principal arquivo vivo do automobilismo brasileiro.

No final de 2014, Reginaldo teve que ser internado no Albert Einstein, em São Paulo, com um quadro que o hospital definiu como oclusão arterial aguda, uma embolia arterial (trombose) e uma arritmia cardíaca. Regi ficou lá uma semana, teve alta na véspera do Natal. Iria tirar uns dias de férias em janeiro, se preparando para a longa temporada de automobilismo de 2015.

1. Ao telefone em 1952.

2. O casamento com Lúcia em 1972.

FEDERAÇÃO BRASILIENSE DE BASQUETEBOL

Nome CARLOS EDUARDO SANTOS GALVÃO BUENO

Categoria JUVENIL

Assinatura do atleta

3. Carteirinha de jogador juvenil de basquete.

4. Com Silvio Mota, Reginaldo Leme e Ayrton Senna em Slough, na Inglaterra, em 1983, quando o piloto ainda corria na F3.

6. Com Janos Lengyel em Silverstone, Inglaterra.

5. Sergio Gilz, Álvaro Teixeira, Carmem Sylvia, Cláudio Machado, Daniela Leme, Reginaldo Leme e Galvão Bueno nos boxes em Hockenheim, na Alemanha.

7. Da esquerda para a direita, Ayrton Senna, amiga da família, Bianca Senna, Cacá Bueno, Paula Senna, Viviane Senna, Bruno Senna, Galvão Bueno, Letícia Galvão Bueno, o marinheiro da embarcação e Popó Bueno.

8. Com George Harrison, no aeroporto de Sidney, Austrália, em 1986.

10. Com Washington Bezerra, chefes da equipe WB de Stock Car.

9. Com Jayme Brito e Orlando Moreira no México, em 1986.

11. Com Zagallo na concentração em Santana do Livramento, durante a Copa América de 1995, realizada no Uruguai.

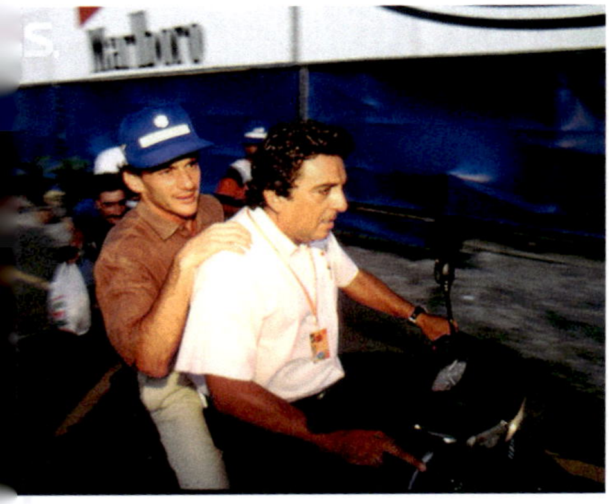

12. Uma carona para Ayrton Senna em Interlagos.

13. Com João Pedro Paes Leme, Marcos Uchôa e Paulo Pimentel, em maio de 2000, no último jogo do Brasil no antigo estádio de Wembley, que foi demolido.

14. Com Mauro Naves, Arnaldo e Mário Jorge Guimarães, o Maroca, em Santiago do Chile, em 2001.

15. Com Barrichello, jogando golfe na Itália, em 2001.

16. Celso Garcia, padrasto, e Mildred dos Santos, mãe, na Fazenda Rio Vermelho, em 2001.

17. Com Murtosa e Felipão em 2002.

18. Com Casagrande, Falcão e Arnaldo na cabine, na Copa de 2002, no Japão.

19. Com Telmo Zanini (acima, à esquerda), João Ramalho (acima, à direita), Franklin Toledo (abaixo, à esquerda) e Maroca (abaixo, no centro), durante a Copa de 2002, no Japão.

20. Com Fátima Bernardes e os jogadores pentacampeões em 2002 logo após o término da final.

21. No *Criança Esperança* de 2002, com Kaká, Ronaldo e Renato Aragão.

22. Pelé o visita no hospital em 2004.

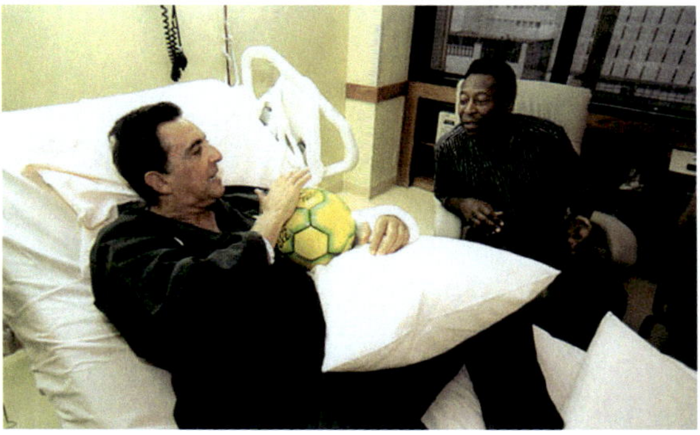

23. Com a tipoia após cirurgia, recebe Pelé no programa *Bem, Amigos!*.

24. Marcos Uchôa, Luiz Fernando Lima, Gloria Maria, Desirée, Galvão, João Pedro Paes Leme, Robson Caetano e Leila, equipe das Olimpíadas de 2004, em Atenas.

25. Voltando a praticar um esporte de competição no Aberto de Golfe do Brasil, em 2004, na Costa do Sauípe, Bahia.

26. Com Fátima Bernardes na Copa de 2006, na Alemanha.

27. Comemorando o título de Cacá na Stock Car em 2006, com família e amigos.

28. Dany Rodrigues, Betise Assumpção, Adilson Miguel, Luis Alexandre, Alexandre Leitão, Desirée, Ingo e Galvão em Gotemburgo, Suécia, em 2007.

29. Com o filho Luca e o enteado Leonardo na cabine de Hockenhein, em 2008.

30. Com Kaká, nas gravações do *Na Estrada* em Milão, em 2009.

31. No estádio para o amistoso da seleção brasileira contra Omã, em Mascate, capital do país, em 2009.

32. Com os filhos e pilotos Cacá Bueno e Popó Bueno, na corrida em Tarumã lhes que rendeu a primeira e a terceira colocação, respectivamente, na Stock Car em 2009.

33. Com seus repórteres de F1 Marcos Uchôa, João Pedro Paes Leme, Pedro Bassan e Carlos Gil durante a Copa da África do Sul, em 2010.

34. Família toda reunida na Páscoa de 2010.

35. Com Emerson Fittipaldi em 2010, no Bahrein.

36. Com Reginaldo na cabine, no Bahrein, em 2010.

37. Um brinde com Desirée na festa de dez anos do Studio Desirée Soares, agência de modelos de sua esposa, em 2010.

38. Luis Demétrio Furquim, o Baiano, filma Galvão e Bruno Senna para o *Na Estrada*, em Mônaco, em 2011.

39. Com Victor Belfort na primeira transmissão do UFC na Globo, confronto de Júnior Cigano e Cain Velasquez, em 2011.

40. Com Desirée, Arnaldo e Graça, réveillon em Búzios em 2012.

41. Na cabine nos Estados Unidos para amistoso da seleção contra o México em 2012.

42. Com o príncipe Albert, de Mônaco, e Desirée, em Mônaco, em 2013.

43. Com Ronaldo, Samy Sass, Michael Jordan e Felipe Massa, no Sass Café, em Mônaco, em 2013.

44. Com Felipe Massa e Rubinho no casamento da filha Letícia com Daniel Trenche, em 2013.

45. Ronaldo Nazário, Rafaela Massa, Felipe Massa, Desirée e Galvão.

46. Com Desirée pisando uvas em sua vinícola italiana de Montalcino, Toscana.

47. Com Tino Marcos na cobertura de amistoso da seleção brasileira, em Seul, em 2013.

48. Os netos Victória e Nicolas com o tio Luca em Interlagos.

49. Com Desirée na corrida matinal em Mônaco.

50. Com Júnior na cabine para o amistoso Brasil e Colômbia, em Miami, em 2014.

51. Com Reginaldo, vestidos para pilotar um F1 em Valência.

52. Com Popó Bueno e a neta Mila, em 2014.

53. Inspecionando as vinhas de sua vinícola na campanha gaúcha.

54. Com Desirée, Reginaldo e Carmem Sylvia, em Xangai.

55. Carlos Eduardo Santos Galvão Bueno Neto, o Cadu, vestido de Cacá Bueno.

56. Com a criação de gado em sua fazenda no Rio Grande do Sul.

57. Ali Kamel, Ronaldo, João Pedro Paes Leme, Galvão, Carlos Henrique Schroder, Casagrande, Renato Ribeiro e Arnaldo (em pé); Alexandre Arrabal, Roberto Marinho Neto, Ana Paula, João Ramalho, Joana Thimoteo e Rodolpho Xavier (agachados), durante a Copa de 2014.

58 Com Patrícia Poeta na Copa de 2014.

59. Em sua réplica da McLaren MP4/8 de Senna, construída por Adhemar Cabral, em sua casa em Londrina.

60. Com William Bonner, Tino Marcos e Pedro Bial.

61. Na gravação da comemoração de cinquenta anos da Globo, ao centro, William Bonner. Em sentido horário: Caco Barcellos, Francisco José, Sandra Passarinho, Pedro Bial, Orlando Moreira, Fátima Bernardes, Heraldo Pereira, Marcelo Canelas, Renato Machado, Luiz Fernando Silva Pinto, Glória Maria, Tino Marcos, Ilze Scamparini, Galvão Bueno, Ernesto Paglia e André Luiz Azevedo.

62. Com Marco Antônio "Bodão", Carlos Alberto Torres, Ricardo Rocha, Toquinho, Parreira, Ingo (em pé), e Arnaldo e Cléber Machado (agachados), no *Bem, Amigos!*.

63. Festa de Popó em Mônaco, com Andreia, o aniversariante, Cacá, Talita, Leo, Luca e Desirée.

64. Em sua vinícola na Toscana com o enólogo Roberto Cipresso.

65. Com Zagallo, Ronaldo e Arnaldo no camarote do carnaval 2015.

Uma vida em alta velocidade

1.

Estou perto de completar quarenta anos de Fórmula 1. Peguei toda a fase áurea, um pouco de Emerson Fittipaldi, quase tudo de Nelson Piquet, toda a carreira de Ayrton Senna. Foram oito títulos mundiais dos brasileiros e um sem-número de vice-campeonatos mundiais, de Rubinho e de Felipe Massa. Nós tivemos pelo menos um piloto disputando título até 2009, que foi o último ano de Rubinho na Brawn. Em 2008, Felipe praticamente foi campeão. Aliás, se eu fosse Felipe, já teria entrado na Justiça contra a decisão do título de 2008, porque ficou comprovado que houve manipulação de resultado e má-fé na corrida de Cingapura, em que Nelsinho Piquet recebeu ordens de Flavio Briatore e Pat Symonds — hoje diretor da Williams, após ter cumprido suspensão — e bateu o seu Renault, supostamente de propósito, para favorecer Fernando Alonso. Ela tinha que ser cancelada ou anulada, e ele seria campeão do mundo. Em 2009, ainda teve Rubinho disputando o título com Jenson Button.

De uns tempos para cá, deixamos de ter aquele torcedor que acordava de madrugada e ficava grudado na TV querendo ver o Brasil no pódio. Hoje, temos o cara que gosta de corrida de automóvel, uma audiência extremamente significativa. A Fórmula 1 continua sendo a maior audiência das manhãs da Globo de segunda a segunda. É uma audiência absolutamente qualificada,

a do aficionado, e que se mantém qualquer que seja o horário, de madrugada, de manhã, à tarde. Não existem grandes oscilações porque esse público foi formado ao longo desses quarenta anos.

Eu e Reginaldo Leme temos um imenso orgulho disso. Ajudamos a criar essa história, ou pelo menos a contar a história dos brasileiros na Fórmula 1. Tenho certeza de que esse é um público muito exigente. Às vezes discordo da orientação que recebemos de tentar passar informações mastigadas para leigos, de não sermos muito técnicos na narração, pois a maioria que está assistindo conhece e sabe do que se trata.

2.

Comecei a fazer Fórmula 1 na Rádio Gazeta em 1975. Na TV Bandeirantes, fiz as duas corridas de estreia de Nelson Piquet, na época em que a categoria ficou fora da Globo porque Boni estava repensando o projeto.

Em 1980, fiz a temporada inteira na Bandeirantes, trabalhando com Giu Ferreira. Foi um espetáculo: Nelson Piquet disputou o título até o fim com Alan Jones e perdeu porque o carro quebrou na última corrida — também a última de Emerson Fittipaldi na Fórmula 1.

Passada essa fase, de 1982 até hoje são 33 anos de Fórmula 1 na TV Globo, e isso marcou demais a minha carreira. Sempre com Reginaldo Leme como parceiro. Outros dois parceiros antigos de Fórmula 1 são Jaime Brito e Baiano, nosso Luís Demétrio Furquim, cinegrafista na Europa. O primeiro grande prêmio que fiz com ele foi na Áustria, em 1983. Hoje somos dez ou onze pessoas na equipe, mas quando comecei éramos quatro: Reginaldo, eu, um cinegrafista do escritório de Londres ou de Nova York e um assistente de câmera.

3.

Reginaldo é a maior referência do automobilismo brasileiro na imprensa. Baiano é o gênio da lente e Jaime Brito é o melhor produtor de televisão que conheço. Também não conheço ninguém com quem eu tenha discutido e brigado mais do que com Jaime. Somos muito amigos, mas o que a gente briga e discute em torno do trabalho é coisa de maluco. Além de Baiano, durante esses anos, nós tivemos outros gênios das imagens, Sérgio Gilz, Paulo Pimentel, Henderson Royes e o decano de todos eles, Orlando Moreira.

O primeiro repórter com quem trabalhei na Fórmula 1 foi Reginaldo Leme. Depois vieram Luiz Fernando Lima, Roberto Cabrini, Marcos Uchôa, João Pedro Paes Leme, uma rápida passagem de Tadeu Schmidt e, depois, por alguns anos, Pedro Bassan. Aí começa a nova geração, primeiro Carlos Gil, Mariana Becker e, por último, Marcelo Courrege.

Só profissional de primeiríssima linha! Cabrini tem uma bela história na televisão. Luiz Fernando Lima depois virou diretor da Central Globo de Esportes. João Pedro Paes Leme foi correspondente na Inglaterra e na França e hoje é diretor executivo da Central Globo de Esportes. Marcos Uchôa por dez anos chefiou o escritório da Globo em Londres, foi para Paris e voltou para o esporte por causa da Copa do Mundo e das Olimpíadas no Brasil. E Bassan foi nosso correspondente em Pequim e em Portugal. Eu tenho certeza de que cada um deles aprendeu alguma coisinha com Reginaldo e comigo, nem que seja o que não fazer. Me orgulho muito disso. Mais recentemente, recebemos Luciano Burti, que está completando dez anos com Reginaldo e comigo e que, quando chegou, não sabia nem segurar o microfone. Burti é um belíssimo comentarista. E por último Rubinho Barrichello, outro belíssimo comentarista, mas que no final da temporada de 2014 não chegou a um acordo com a Globo para a renovação de contrato.

4.

Meus filhos nasceram e foram criados no automobilismo. Minha casa em Angra era frequentada por Ayrton Senna, Wilsinho Fittipaldi, Edson Yoshikuma, um pioneiro do nosso automobilismo que correu de Fusca na década de 1970, e Washington Bezerra, com quem Cacá e Popó começaram a correr. Quem vinha muito em casa também era Reynaldo Campello, piloto dos bons, que mais tarde levaria a Stock para a TV, mudando de vez o automobilismo brasileiro. O primeiro capacete de Cacá foi presente de Maurício Gugelmin, o primeiro par de luvas ele ganhou de Senna. Meus filhos foram criados nesse meio e desenvolveram o amor pela velocidade que eu sempre tive. Só que tiveram uma felicidade muito maior que a minha, porque desenvolveram o talento para serem pilotos. Cacá é um piloto superdotado. A Stock Car é a categoria mais equilibrada do automobilismo mundial. É a categoria mais difícil de ser campeão, porque são muitos os pilotos de altíssimo nível e, nesse momento, Cacá é pentacampeão da nova Stock Car.

Eu tenho uma ligação muito forte com a Stock Car. Foi na Stock que eu narrei, ao vivo, em 2002, a vitória de meu filho Cacá Bueno, no saudoso Autódromo Internacional Nelson Piquet, em Jacarepaguá. E foi ainda mais especial porque era dia dos pais e o carro de Cacá tinha, pintada na frente, a frase "Feliz dia dos pais". Era a primeira vitória de Cacá na categoria. Mais do que isso, ele deixou em segundo o maior campeão da categoria, Ingo Hoffman. Imagina a felicidade do pai narrando isso! Hoje Cacá já soma 31 vitórias na categoria.

Antes disso eu já havia sido dono de uma equipe na Stock, sócio da WB, do meu velho amigo — do Colégio Rio Branco — e padrinho de casamento, Washington Bezerra. E que equipe! Tinha duas feras como pilotos, Chico Serra, que conosco foi tricampeão, e uma lenda chamada Paulo Gomes, tetracampeão da Stock.

Mundo louco, o mundo das corridas. Antes de ser "patrão" de Chico Serra, narrei corridas dele na Fórmula 1; Paulo Gomes era ídolo declarado de Cacá, meu filho. E o companheiro de equipe do Cacá hoje é Daniel Serra, filho de Chico.

Popó conquistou um dos títulos mais difíceis do automobilismo brasileiro, o da Fórmula Chevrolet, estágio principal para abrir as portas da Europa. Ele foi campeão um ano depois de Felipe Massa. Foi para a Europa, substituiu Felipe

na Fórmula Renault e vinha muito bem no campeonato europeu até sofrer um acidente terrível, em Monza. Ficou a dois milímetros de ficar paraplégico.

Eu estava na Alemanha para a Fórmula 1, por isso quem cuidou dele num primeiro momento foi Titônio, pai de Felipe, que estava em Monza para a corrida de Fórmula 3000. No mesmo dia, Titônio colocou Popó no telefone para falar comigo; ele só chorava e dizia: "Pai, me tira daqui, me tira daqui, não suporto a dor". Foi levado para Milão e lá foi operado. Foi constatada uma tríplice fratura da segunda vertebra lombar, a perigosa L2. Na quinta-feira, três dias depois da operação, estávamos no quarto dele com meu ex-genro Claudinei Graminho e o doutor Berlusconi e Popó disse para o médico: "Doutor, como é que está a minha recuperação, porque no outro fim de semana tenho corrida na Polônia". Cabeça de piloto é bem diferente da nossa mesmo. O doutor respondeu: "Senta aqui na cadeira, meu filho. Deixa eu explicar uma coisa para você. Sua fratura foi coisa muito séria, você esteve a dois milímetros de ficar paraplégico...".

Foram quarenta dias com um colete de aço, depois mais um tempo com um colete de plástico. Hoje ele está totalmente recuperado. Corre na Stock, está casado com Andrea e é pai de Mila, minha quarta neta.

A carreira de Popó visava a Fórmula 1, diferentemente da do irmão, que sempre pensou em correr nas categorias de turismo. Mas tivemos problema de patrocínio e eu não tive dinheiro suficiente para continuar bancando a carreira dele na Europa. Sofro com isso até hoje. É um menino espetacular e está feliz, fazendo o que gosta, que é correr de automóvel na Stock Car.

Cacá ganhou tudo. Ganhou no kart, na Stock Light. Foi tricampeão nos três anos da Fórmula Fiat, promovida por Felipe Massa — três anos de campeonato, ganhou os três. Foi campeão sul-americano, imagine, correndo para uma equipe argentina e ganhando do grande Ingo Hoffmann na última corrida. E depois foi pentacampeão da Stock Car. Cacá é fora de série, tem dez títulos brasileiros, uma façanha. É um homem feliz, casado com Talita e pai de meu terceiro neto, Cadu — Carlos Eduardo dos Santos Galvão Bueno Neto.

Para um pai esportista, que se notabilizou na televisão como narrador de Fórmula 1, amigo pessoal de Ayrton Senna, amigo demais de Felipe Massa, amigo de tantos pilotos importantes e tão apaixonado por velocidade, ter dois filhos profissionais desse esporte, e nesse nível, é uma grande felicidade.

3. O JEITO GALVÃO BUENO DE SER

Vendedor de emoções

Comecei como comentarista de rádio, já contei isso, e virei narrador por acaso. Mudei muito minha maneira de trabalhar. Eu me lembro da primeira conversa que tive com Ciro José, que era o diretor de esportes da Globo, quando ele e Armando Nogueira resolveram me levar para lá. Eu estava na Bandeirantes e ele me disse que na Globo seria diferente, que os limites eram outros, que eu fosse com calma e conseguiria meu espaço. Isso foi acontecendo com o tempo, a confiança mútua se estabeleceu e comecei a trabalhar cada vez com mais liberdade. O meu estilo, vou repetir, é não se imaginar mais importante do que a imagem, mas não se minimizar a ponto de ser dispensável. Essa seria uma definição técnica, correta, é o pano de fundo de tudo o que eu faço. Sei que passo um pouco disso. Sou polêmico, falastrão. Narro, mas me meto nos comentários, discordo, concordo, opino. Muitas vezes passo do ponto. Mas acho que mexo bem com a receita desse bolo, que mistura emoção com informação e paixão. Acho que misturo bem essa receita, e acaba saindo uma comidinha legal.

Eu nunca tinha imaginado ser narrador. Eu gostava de esporte, praticava muito esporte. Como eu falo pelos cotovelos, falava de esportes. Tinha uma pessoa que me encantava falando, o João Saldanha. Fui admirar justo um dos mais polêmicos... Fui me descobrindo como narrador por acaso, por uma necessidade, para não ficar desempregado. O mais difícil para mim, ninguém

vai acreditar nisso, era gritar "gol". Eu morria de vergonha. Houve uma época que nem "gol" eu gritava. Reparei que cada narrador tinha o seu bordão para gritar o gol e pensei: "Quer saber? Eu vou gritar 'é gol'".

Boni sempre dizia: "Esse rapaz é muito bom, mas não tem voz". Eu não sabia usar o pouco que tinha como sei hoje. A verdade é que nunca tive a chamada "potência de voz", foi preciso aprender a educá-la. É uma coisa de cada vez, você descobre os limites, vai dando suas mancadas, falando bobagens, se ajeitando, caprichando. Foi o que aconteceu e continua acontecendo comigo até hoje.

Para falar de meu estilo eu digo que, mais do que narrador e jornalista, eu sou um vendedor de emoções. É assim que eu me vejo. O esporte é, basicamente, emoção. Eu sempre quis ser um narrador de esportes, não um locutor de futebol. É esse produto que tenho para vender. Ninguém gosta de perder, a não ser os masoquistas. E estou falando em perder qualquer coisa, do par ou ímpar ao melhor emprego. O esporte é assim. Claro que uns têm mais garra, outros têm mais raça, outros mais paixão, outros menos. Esporte é emoção, emoção gera paixão. E, às vezes, dá a maior confusão.

Os bordões que caíram na boca do povo

Nunca tive a preocupação de criar bordões. Fui comentarista antes de ser narrador e não me inspirei em nenhum nome da TV, minhas primeiras influências vieram do rádio. Os bordões surgiram meio por acaso. O "bem, amigos da Rede Globo", por exemplo, foi um acaso providencial. Quando as transmissões começavam eu nunca sabia se devia dizer "bom dia," "boa tarde" ou "boa noite". Em geral, estava fora do Brasil, muitas vezes fazendo Fórmula 1, e as diferenças de fuso horário causavam confusão. Um dia, fui abrir uma transmissão e me deu um branco, não sabia se era de manhã ou de tarde no Brasil, então eu disse "bem, amigos da Rede Globo...". Gostei, não precisava mais me preocupar com a hora, e pegou, ficou sendo minha frase de abertura em qualquer transmissão. Até virou o nome do meu programa no SporTV.

Os bordões com Arnaldo também apareceram naturalmente, no meio das transmissões, sem nada planejado. O "a regra é clara" tem também a contribuição dele, que adora marcar presença. Mais recentemente surgiu o "pode isso, Arnaldo?", que anda fazendo muito sucesso. Mas minha melhor história de bordões é a do "sai que é sua, Taffarel!". Na verdade, eu queria dizer outra coisa. A bola passava para cá e para lá sobre a área, e ele, um grande goleiro, um dos maiores da história do futebol brasileiro, ali, parado.

O estilo dele era esse. De repente, falei: "Sai que é sua, Taffarel!". Como quem diz: "Vai na bola, cara!". Repeti no outro dia, caiu no gosto das pessoas e virou bordão.

Quando ele foi contratado pelo Atlético Mineiro, desfilou no carro dos bombeiros por Belo Horizonte com a torcida enlouquecida gritando pelas ruas "sai que é sua, Taffarel!". Ele jura que é verdade a história de que ganhou um papagaio e o ensinou a falar o bordão, e que o papagaio passava o dia dizendo "sai que é sua, Taffarel!". Quando eu quis conhecer o bicho, ele disse que o papagaio tinha morrido. Não sei dizer se é lenda ou verdade.

A rede OM

Saí da Globo em março de 1992, atraído por um projeto esportivo da Rede OM de televisão, de Curitiba. Fiquei lá dez meses e foi uma experiência riquíssima para mim, que culminou com o recorde de audiência da história da TV Gazeta, na final da Libertadores daquele ano.

O convite veio do dono da rede, José Carlos Martinez, empresário e político do Paraná. Martinez sempre foi correto comigo, mas, por ser político, tinha uma série de compromissos com o governo Collor que acabaram inviabilizando minha permanência na organização. Já disse aqui neste livro que essa mistura de política com esporte me desagrada muito.

Com a ajuda do irmão Flávio, Martinez tinha montado uma equipe brilhante que tinha Guga Oliveira, um dos gênios da criação de filmes comerciais e programas de TV, e José Eduardo Lafond, com quem eu tinha trabalhado na Bandeirantes e que virou um amigo de vida toda. Lafond foi vítima, ainda jovem, de um câncer fulminante e morreu em 2000, quando era diretor-geral do SBT. Quando essa turma me convidou, fui para lá muito entusiasmado e levei comigo uma equipe completa, que incluía Maroca — Mário Jorge Guimarães —, Alfredo Taunay, Reinaldo Bolzan, Lombardi Júnior, Sicupira, Fernando Gomes, Linhares Júnior e Raul Quadros. Taunay e eu tínhamos uma pequena produtora de conteúdo esportivo. Fernandinho Guimarães também era nosso sócio e foi dele a ideia de trazer da rádio um narrador para nossas

produções, Luís Carlos Júnior, que hoje brilha no SporTV. Havia mais um sócio, Sérgio Miranda, que acabou se tornando diretor comercial da Rede.

Foram dez meses de sucesso. A Rede OM, além da sede em Curitiba, tinha emissoras próprias em Londrina, Florianópolis, Criciúma e Rio de Janeiro. Em São Paulo, era retransmitida pela Gazeta, onde tínhamos Roberto Avallone.

Nossa maior sacada foi ter negociado com José e Marcos Lázaro, velhos parceiros de futebol sul-americano, os direitos da Libertadores de 1992, pois o São Paulo de Telê Santana estava fazendo uma campanha sensacional e acabaria disputando a final contra o Newell's Old Boys, da Argentina. E ainda tivemos o Criciúma, dirigido por Levir Culpi, chegando às quartas de final, eliminado justamente pelo tricolor paulista em dois jogos emocionantes.

Na final, no jogo de ida, Newell's 1 x 0 São Paulo, na Argentina, já tínhamos conseguido dividir audiência com a Globo, que fez de tudo para comprar o direito de transmitir conosco a finalíssima. Pedi desculpas a Ciro José e a Marcos Lázaro, mas não vendi. Eu não poderia trair meu time, os colegas que tinham topado aquele desafio comigo.

No jogo do Morumbi, o São Paulo ganhou a Libertadores nos pênaltis, depois de fazer 1 x 0 no tempo normal. E a TV Gazeta chegou a incríveis e inimagináveis 37 pontos de audiência, a maior dos 45 anos de história da emissora. Para mim isso tem um significado especial: a Gazeta tinha sido minha primeira emissora de televisão, ainda em 1974, quando ela tinha quatro anos de idade. Quando ela fez 22 anos, eu fiquei dez meses e bati o recorde histórico de audiência.

No começo de 1993, Martinez estava em grandes dificuldades financeiras, não conseguia mais pagar todas as contas e chegamos a um acordo para encerrar nossa parceria. Dois meses depois, eu estava de novo na Globo. Voltei para casa.

Bem, Amigos!

1.

O programa *Bem, Amigos!* foi citado várias vezes durante o livro, já falamos que a ideia surgiu na Copa da França de 1998, num programa feito depois dos jogos do Brasil. É uma coisa muito especial na minha vida. Tem praticamente doze anos no ar, nunca deixou de ser o programa de maior audiência do SporTV. Até hoje continua tendo audiência acima da média do canal, que desde 2009 é dirigido por um gaúcho, ótimo gestor, de ideias ousadas, e que, claro, até acha que é bom assador de costelas, Raul Costa Júnior.

Talvez o público não saiba, mas quando Luiz Fernando Lima e Carlos Henrique Schroder me pediram para montar o programa, eu disse que queria meu parceiro Arnaldo comigo e mais uma pessoa para arrumar confusão. Então, originalmente, os três fixos seriam eu, Arnaldo e Jorge Kajuru. Mas as conversas de Kajuru com a Globo não deram certo e me lembrei de Renato Maurício Prado, que é igualmente polêmico. Durante muitos anos esses foram os três nomes fixos do programa. Mais tarde, vieram Paulo César Vasconcellos, chefe de redação do SporTV, e Caio Ribeiro. Alberto Helena Júnior, com quem trabalhei muito no começo da carreira, ficou no programa vários anos.

Acho o maior barato quando vejo hoje, para ficar na área do esporte, programas como o *Corujão do esporte*, da TV Globo, que misturam esporte com música. Ideia que tivemos ainda lá no começo, na Copa de 1998.

2.

O *Bem, Amigos!* SEMPRE foi uma tribuna para meus amigos, profissionais, companheiros da Globo e do SporTV. A maioria passou e ainda passa pelo programa. Os grandes nomes do esporte brasileiro estiveram ali. O nome do programa é uma sacada muito bacana de Luís Erlanger, ex-diretor da Central Globo de Comunicação. Eu o conheci em 1996, quando o doutor Evandro Carlos de Andrade resolveu mudar os apresentadores do *Jornal Nacional*. Numa sexta-feira, Cid Moreira e Sérgio Chapelin apresentaram pela última vez o *JN*. Na segunda-feira, na bancada, estavam William Bonner, Lilian Witte Fibe e Galvão Bueno. O doutor Evandro me pediu que o ajudasse nessa mudança radical e que fizesse o jornal com a nova dupla: "Preciso do seu prestígio e do seu carisma por seis meses". Fiquei dois anos fazendo o *Jornal Nacional*. Nesse período, desenvolvi uma camaradagem muito grande com Erlanger, que era diretor editorial. Era um cara duro, mas, como eu, muito competitivo, brigava pela notícia, brigava por cada ponto de audiência. No começo trocamos algumas farpas, mas acabamos nos dando muito bem e ele virou um parceiro querido, que deixou a Globo em 2014. Aquela turma do *JN* era muito boa. Erlanger chegou a diretor da Central Globo de Comunicação. Outro com quem eu me dava muito bem era Amaury Soares, que era editor-chefe do *Jornal Nacional* e hoje é diretor da Central Globo de Programação. E Carlos Henrique Schroder, que era diretor de produção e hoje é o número um da TV, nosso diretor-geral.

Pois foi Erlanger quem batizou o programa, ele é o padrinho. Nas conversas, dizia: "O nome tem que ser 'Bem, amigos', é como ele abre todas as transmissões". Sinto falta dele.

3.

O *Bem, Amigos!* SEMPRE foi uma tribuna também para os boleiros. Zico falou lá coisas que nunca falou em outro lugar, Ronaldo também. Vanderlei Luxemburgo é quase sócio do programa, de tantas vezes que foi, Muricy Ramalho idem, e o mesmo vale para Tite e Abel Braga. Carlos Alberto Parreira é uma espécie de acionista majoritário, sócio-fundador, esteve no programa de estreia com Toquinho e Paulinho da Viola. Nesses quase doze anos o programa teve três diretores, Toninho Neves, Mário Jorge Guimarães e, mais recentemente, Ingo Ostrovsky. Durante o tempo em que vivi na Europa, não pude estar toda semana no estúdio em São Paulo onde fazemos o *Bem, Amigos!* ao vivo e fui substituído com a maior competência por meu amigo e colega Luís Roberto.

O programa me fez desenvolver um relacionamento muito especial com músicos de todas as linhas. Sassá, produtor do programa e meu amigo há quarenta anos, sempre conseguia trazer de tudo. Teve roqueiros — Nando Reis, Erasmo Carlos, Samuel Rosa, Rogério Flausino —, teve o pessoal do Roupa Nova, a galera do sertanejo, desde os mais tradicionais Sérgio Reis, Renato Teixeira e Almir Sater, até os *megastars* Zezé di Camargo e Luciano e Chitãozinho e Xororó. Estiveram lá sambistas como Beth Carvalho e Neguinho da Beija-Flor, Arlindo Cruz, o saudoso Emílio Santiago foi várias vezes, o pessoal da Bahia, meu amigo Durval Lellis e, claro, Daniela Mercury, Ivete Sangalo e Claudia Leitte. Paulinho da Viola voltou algumas vezes, Toquinho participa com frequência, cantou no programa de cinco anos, no de entrega dos prêmios do Brasileirão, mas o que ele gosta mesmo é quando o Corinthians levanta taça.

Toquinho esteve no último programa de 2014 quando, mais uma vez, deixou a bancada e os convidados de queixo caído com a qualidade de seu violão. Carlos Alberto Parreira, o convidado da noite, é, como eu já disse, um dos sócios-fundadores do programa. Eu narrei aquele 7 a 1 e não queria encerrar o ano de 2014 sem ouvir Parreira sobre o jogo, sobre a seleção, sobre a Copa de 2014. Parreira é um vencedor, tem uma carreira histórica no futebol, não apenas no Brasil, é respeitadíssimo no mundo, e o 7 a 1 e o 3 a 0 não

apagam isso. Mas certas coisas têm que ser perguntadas. E, como *gentleman* que é, Parreira foi até onde podia ir, um degrauzinho antes de admitir às claras que houve uma grande divergência dentro da seleção na preparação da semifinal contra a Alemanha.

4.

NÃO SEI SE FOI por causa do *Bem, Amigos!* mas eu acabei encontrando músicos internacionais nos anos em que vivi na Europa. Em Mônaco, conheci vários astros, principalmente do rock. Cito dois: Bono Vox, ídolo maior da minha esposa, Desirée; e Rod Stewart, que canta como eu sempre sonhei cantar um dia. Nada, entretanto, vai se comparar ao que eu e Reginaldo Leme vivemos logo depois de um Grande Prêmio da Austrália, em 26 de outubro de 1986. Saímos de Adelaide e estávamos no aeroporto de Sidney, esperando a conexão para a Europa, quando vimos, na nossa sala de embarque, o beatle George Harrison. George — que nos deixou em 2001 — era apaixonado pela Fórmula 1, circulava pelos autódromos e conhecia vários pilotos, foi amigo de alguns como Emerson Fittipaldi e Jackie Stewart. Nós não conseguíamos acreditar naquilo. Eu tinha 36 anos, passei minha juventude ouvindo Beatles, o mesmo valia para Reginaldo, irmão de roqueiro e amigo de Rita Lee. Fomos falar com ele, puxamos conversa sobre a corrida, a vitória de Alain Prost, da McLaren, com Nelson Piquet, da Williams, em segundo. Pegamos o mesmo avião e até fizemos uma foto com ele. Na despedida George Harrison soltou um sorridente "Take care, guys!".

Na estrada

Eu me mudei para a Europa em 2008 e levei na bagagem o projeto de um programa que acabou sendo uma das coisas mais legais da minha carreira, o *Na Estrada*. A ideia de apresentar um Galvão diferente, desconstruindo a imagem do locutor de terno e gravata nos estádios ou de uniforme nos autódromos, nasceu de conversas minhas com João Pedro Paes Leme e Sidney Garambone, que era editor-chefe do *Esporte Espetacular*, e foi aprovada e encampada por Luiz Fernando Lima e Schroder.

Nesses seis anos andamos de avião, trem, automóvel, bicicleta e até de caminhão, fazendo reportagens de dezoito a vinte minutos e que criaram um formato diferente na TV. Começamos em março de 2009 na estação de St. Pancras, em Londres, de onde pegamos o Eurostar até Paris. De lá, um avião até Nice e depois um carro até Milão. Isso é que é estrada! Na estreia, Leonardo nos abriu as portas de Milanello e gravamos um belo programa com Kaká.

Para as Copas de 2010 e 2014, fizemos programas visitando as casas e os lugares do dia a dia da maioria dos jogadores da seleção. Gravamos também com o medalhista olímpico Rodrigo Pessoa e com Guga. Foram 29 programas, com roteiro e direção de Garambone, a maioria deles com imagens dos cinegrafistas José Carlos Mosca, Paulo Pimentel e Baiano. Foi e continua sendo um grande barato, vamos nos reinventar e seguir em frente, na estrada...

Cala a boca, Galvão!

O "Cala a boca, Galvão!" foi uma das coisas mais incríveis que me aconteceram nesses anos todos de estrada. Foi como se um míssil nuclear tivesse caído na minha cabeça. Tudo começou na cerimônia de abertura da Copa da África do Sul, em 2010, narrada por Fátima Bernardes e eu no estúdio em Johanesburgo. Eu estava superanimado com a minha última Copa do Mundo no exterior. A próxima seria no Brasil e eu não faria outra depois. Na abertura teve show de Shakira. Eu dancei — fora do ar, claro —, mas algumas imagens caíram nas redes sociais e começaram a se espalhar. Eu uso bastante a internet, acho a rede mundial fantástica, mas nunca fui de Orkut, nunca tive Facebook, Twitter, Instagram, nada disso. Uso a internet para enviar e receber e-mails, acompanhar os meus negócios, manter meus contatos com a Globo. Afinal, passo mais da metade do ano fora do Brasil, viajando, e sem internet seria um inferno. Mas não participo de nenhuma rede social.

A melhor coisa da internet é que ela deu a todos a liberdade de se manifestar, e a pior coisa da internet é que ela deu a todos a liberdade de se manifestar. Demorei a achar essa frase e ela resume bem o que penso sobre o assunto. Às vezes, a rede é muito cruel, principalmente quando você lê coisas por demais grosseiras ou ofensivas. Mas, no geral, é fantástica.

Naquele dia de 2010, a transmissão acabou, fui para o meu hotel, tomei uma taça de vinho e dormi. Eu já sabia que minha dancinha ao som

da Shakira tinha entrado para os *world trending topics* do Twitter, mas quando acordei no dia seguinte, meu mundo estava virado do avesso. O vídeo do "Cala a boca, Galvão" tinha tomado uma dimensão gigantesca. Cheguei à redação da Globo e um olhava para a cara do outro sem saber muito bem o que fazer. Dormi como o Galvão Bueno da Globo e acordei no *The New York Times*, no *El País*, da Espanha, no *Clarín*, da Argentina, e sei lá mais onde.

Eu sabia que alguém tinha começado essa história por achar que eu havia falado muito na transmissão da cerimônia. Eu falo muito mesmo. Aí esse alguém criou e disponibilizou o vídeo do "Cala a boca, Galvão" na internet, isso virou um rastilho de pólvora e foi crescendo. Fiquei assustado, de verdade, quando pensei que tinha uma Copa inteira pela frente. Como é que eu faria?

Durante o dia a coisa tomou uma proporção tão grande que a gente não podia simplesmente ignorar o que estava acontecendo. Foi Luís Erlanger, com o aval de Schroder, quem liderou o processo que nos levou a brincar com tudo aquilo. "Se a gente levar a sério e quiser sair na porrada, aí estamos perdidos mesmo", foi o mote de Erlanger. Naquela noite, Luiz Fernando Lima, diretor de esportes, me ajudou a combinar algumas deixas com Tiago Leifert, que, no meio de uma frase minha, durante o *Central da Copa*, mandou um sonoro "Cala a boca, Galvão!". "Pô, até você, Tiago?" Fizemos várias piadas, rimos da situação e... segue o jogo.

Naquele momento, a invenção de que *galvão* era o nome de um pássaro em extinção, uma espécie de papagaio que tinha as penas arrancadas para se fazer fantasias de carnaval, estava por todo o lado... Para o *The New York Times* ou para o *El País* era uma notícia espetacular. Levei a brincadeira adiante e disse para Tiago Leifert: "Ayrton Senna deve estar rolando de rir em algum lugar, porque ele só me chamava de papagaio". "Cala a boca, Galvão!", dizia o Tiago. "Quer saber de uma coisa? Eu não vou calar a boca, nada, eu vou é falar." Aí virou um grande barato, uma grande curtição. Um troço que poderia prejudicar meu trabalho naquela Copa acabou me fazendo muito mais bem do que mal, e acho que foi por causa da forma como nós abordamos a coisa toda. Todo mundo queria saber que papagaio era esse, quem era esse tal de Galvão e por que ele tinha que calar a boca. Na manhã seguinte, acordei dizendo: "Vou falar à beça nessa Copa do Mundo". E falei. Foi um míssil que explodiu, mas eu saí ileso.

Do tempo de atleta às Olimpíadas

1.

Os Jogos Olímpicos são a grande festa do esporte mundial. Unem todos os povos com a filosofia representada pelos cinco anéis entrelaçados. Narrei sete edições dos Jogos Olímpicos. Não trabalhei nos Jogos de Moscou em 1980 porque eu estava na Bandeirantes e as transmissões eram da Globo. Depois perdi os Jogos de 1992 em Barcelona, quando eu estava na Rede OM, e os Jogos de 2012, em Londres, que eram exclusivos da TV Record. O chamado espírito olímpico é cheio de simbolismos. Fiz questão de pensar minha carreira não apenas como narrador de futebol, mas como locutor esportivo, apresentador de esportes. Isso porque sempre pratiquei muitos esportes, joguei em clube, na escola, na universidade. Acabei me dando melhor num esporte apenas, o basquete.

Eu diria que fui um jogador de basquete medíocre, mas medíocre não no sentido pejorativo que a palavra adquiriu. Quem explicava era o saudoso João Saldanha: "As pessoas não conhecem o português; medíocre quer dizer mediano". Então, aproveitando essa definição, digo que fui um jogador de basquete mediano, mas fui. Venci torneios, disputei campeonatos brasileiros, ganhei uma grana, mas também joguei em troca de um tanque de gasolina para o meu carro. Comecei a jogar muito cedo, com doze anos, e parei com

cerca de 22, pois não dava para ganhar a vida com o basquete. Mas ficou o amor por esse esporte.

Na universidade, também jogava vôlei. Era levantador e joguei campeonatos brasileiros, universitários. Corria quatrocentos metros e fazia salto em altura no atletismo, meu professor e técnico era Clóvis Nascimento, o mesmo do medalhista Nelson Prudêncio. Na piscina, nadava cem metros de costas, era a minha prova. Também joguei muito handebol e ainda me aventurei no hipismo. Mas foi no basquete que me realizei como esportista. O meu amor pelo basquete é muito grande.

2.

Nunca vou esquecer uma final dos jogos universitários paulistas, em que eu era do time de São Caetano e jogamos contra Jacareí. No time deles tinha Joia, tinha Jozildo, e tinha um cidadão chamado Ubiratan. Posso estufar o peito e dizer que joguei uma final contra Ubiratan Pereira Maciel, um dos grandes nomes do basquete brasileiro! Joguei uma semifinal contra Mosquito e Carioquinha, que faziam universidade em Santo André.

A minha vida de jogador de basquete aconteceu mais no Distrito Federal do que em qualquer outro lugar. Fui das seleções de Brasília, da infantojuvenil e depois da principal. Pedro Rodrigues, meu técnico, foi uma das pessoas mais importantes na minha vida e na minha formação. Tenho muita saudade de Tanezini, Ângelo, Cabo Zé, Daniel Pincelão, Antônio Carlos Carone, o Miúdo — que nos deixou em 2014 — e dos três irmãos e amigos queridos, Jael, Jales e Jarbas. Também de Ronaldo, Marton, Zequinha e Cacaio, parceiros e adversários; me lembro de Pantoja, Filinto, Achiles. Eu, sempre dirigido por Pedro Rodrigues. Um grande técnico quando pega um garoto e leva o cara até ele se casar, até virar homem, passa a ter uma importância muito grande na vida dele. Foi isso que me aconteceu dos dezesseis aos vinte anos. Pedro Rodrigues e o basquete foram fundamentais na minha formação como gente, como pessoa.

Num determinado momento eu me tornei assistente de Pedro, e um episódio dessa época foi tão marcante que até virou notícia recentemente. Nós estávamos em Niterói, no ginásio de Caio Martins para a primeira edição dos JEBS, os Jogos Estudantis Brasileiros. Na véspera do embarque do nosso time de Brasília para Niterói, faleceu uma pessoa da família de Pedro e ele teve que ir para Minas. Como eu era o assistente, viajei para os JEBS como técnico da equipe. Era uma noite especial, a TV Globo ia transmitir a chegada do homem à Lua, milhões de pessoas em todo o mundo estavam ligadas naquele evento histórico. Claro que eu estava interessado na viagem da nave *Apolo*, mas confesso que a maior parte de minha atenção estava voltada para uma jogadora da seleção de vôlei, Lúcia, que eu já paquerava e com quem depois me casaria. Imaginem aquele jovem de dezenove anos, bom armador da seleção de basquete do Distrito Federal, cheio de marra por "estar" técnico, imaginem como ele narrou para Lúcia a chegada de Neil Armstrong à Lua. O folclore diz que narrei com um megafone na mão, o que não é verdade simplesmente porque eu ainda não era Galvão Bueno, era apenas Carlos Eduardo. Hoje eu certamente faria com o megafone.

3.

POR TUDO ISSO, PODER transmitir basquete nas Olimpíadas é um negócio do outro mundo! Fui aos Jogos de Londres em 2012 pelo SporTV para apresentar um programa, mas não tinha credencial. Luiz Alexandre, meu amigo e diretor da Nike, que patrocina o basquete, conseguiu para mim ingressos para o basquete e outros esportes. Pedro Garcia, do SporTV, me dava convites para ver natação e atletismo, mas invariavelmente eu ia com meus compadres Luiz e Dani — sou padrinho da Luísa, filha deles — e com Desirée ver os jogos de basquete. Foi um espetáculo. Eu ficava no meio da torcida e os caras não entendiam o que eu fazia ali, sentado na arquibancada, torcendo abraçado a outros torcedores, xingando juiz e cornetando o técnico da seleção, Rubén Magnano, que, aliás, é campeão olímpico.

Em 2016, nos Jogos do Rio, quero estar firme no Brasil, transmitindo tudo de novo. Sinto muita falta disso. Faço a Fórmula 1, as partidas da seleção brasileira, os jogos importantes, decisões da Libertadores, não tenho do que me queixar. Mas me dá coceira quando vejo um mundial de basquete e não estou lá. Ou mesmo quando vejo uma grande decisão do vôlei no Maracanãzinho... sinto falta, quero estar ali narrando tudo. Estou me guardando para quando as Olimpíadas chegarem.

Nos Jogos de Londres, eu fazia um programa ao vivo, o *Conexão SporTV*, que foi um sucesso, graças a Deus. E que teve como seu grande momento a presença no estúdio das doze jogadoras do vôlei feminino que horas antes haviam conquistado o bicampeonato olímpico. Foi todo mundo, o técnico José Roberto Guimarães, a comissão técnica e o presidente da Confederação. O estúdio era pequeno e as meninas se espalharam pelo chão. "Zé Roberto, você fica sentado do meu lado, porque vai apresentar o programa junto comigo." Abri dizendo o seguinte: "José Roberto, você que acabou de chegar do Olimpo, me diga como vai Zeus, ele tá bem?". Ele me olhou com a cara espantada, expliquei que Zeus tinha chamado Zé Roberto porque ele era o único tricampeão olímpico do Brasil, o único brasileiro a ganhar três medalhas de ouro olímpicas. Ele foi campeão olímpico com os homens, em 1992, e bicampeão olímpico com as meninas, em 2008 e 2012. Aquele programa foi um grande barato, me senti muito orgulhoso de ter todas as campeãs comigo no estúdio.

4.

Numa outra edição do *Conexão* tivemos um péssimo momento, uma discussão com Renato Maurício Prado, velho parceiro de muitos e muitos anos, amizade vinda lá dos anos 1980. Ele é um cara polêmico, eu também sou. Tem pavio curto, eu também. E erramos os dois. Ele errou trazendo publicamente um assunto que nós tínhamos conversado internamente e que envolvia a geração de prata do voleibol. Nosso convidado no dia era Marcos

Vinícius, responsável pelo projeto esportivo do Comitê Olímpico Brasileiro e ex-jogador justamente da geração que ganhou a medalha de prata nos jogos de Los Angeles, em 1984. Nós tínhamos combinado não falar sobre o boicote da antiga União Soviética àquela edição dos Jogos, pois faria parecer que estávamos diminuindo a importância da medalha brasileira. Afirmo e reafirmo que Renato foi infeliz no que disse, mas também fui infeliz no tamanho da minha reação.

Só voltamos a nos falar dois anos depois, durante a Copa de 2014, quando demos um abraço muito legal na véspera de Brasil e Colômbia, em Fortaleza. Mais tarde, estávamos jantando no hotel em Belo Horizonte, depois do massacre da Alemanha, e ele veio à nossa mesa cumprimentar Desirée e me dar outro abraço. "Vamos marcar um jantar?", eu disse. "Vamos", ele respondeu. "Vamos botar a conversa em dia?" "Vamos." O desentendimento ficou para trás. Somos duas mulas velhas, dois idiotas de pavio curto. Quem sabe, um dia, a gente não volta a trabalhar juntos.

O que eu vi de melhor no esporte

Eu queria fazer uma lista muito pessoal do que vi de melhor no esporte nesses quarenta anos de profissão e mais alguns como estudante e atleta amador.

Melhor jogador de futebol de todos os tempos, sem nenhuma dúvida, Pelé, não há o que se discutir.

O maior exemplo de superação de um jogador, que se transformou num dos grandes da história do futebol mundial, Ronaldo.

Um gênio do futebol, Rivelino.

O craque dos pequenos espaços, Romário.

Um símbolo, um ás de ouro, Zico.

O maior artista da história do futebol brasileiro, Garrincha.

Vamos para o basquete. O maior jogador brasileiro de basquete que eu vi jogar foi Wlamir Marques, o mais completo deles.

Outro símbolo, Ubiratan, pela simplicidade, pela função que exercia, pela pessoa que era e pelo basquete incrível que jogava.

A maior estrela, o maior brilho, o maior nome, Oscar Schmidt.

No basquete feminino, a maior jogadora brasileira de todos os tempos, a rainha Hortência, acho que não há discussão.

E faço duas menções, uma para a minha querida professora no curso superior de basquete, Norminha, outra para Magic Paula.

Tênis masculino. Um símbolo, Thomaz Koch, primeiro brasileiro a ser campeão do mundo, juvenil, um cara com um tênis à frente do seu tempo.

O maior de todos, o nosso grande tenista Gustavo Kuerten, número um do mundo por tanto tempo, três títulos de Grand Slam, vencedor do Masters. Guga, sem dúvida nenhuma.

No tênis feminino é fácil, não há discussão, porque ela é uma das maiores jogadoras da história do tênis mundial, Maria Esther Bueno. Se fosse inglesa, seria Lady Maria Esther Bueno. É conhecida em Londres como Queen Maria, a rainha Maria.

Do voleibol masculino eu vou citar sete nomes. Para mim, o mais completo é Renan. Depois, o maior levantador que tivemos, aquele que faz o time jogar, Ricardinho. Dois capitães espetaculares, Carlão e Nalbert. Um touro de raça, Marcelo Negrão. O bicampeão olímpico Giovane Gavio e um fenômeno chamado Giba. Aliás, eu fico muito feliz que o bordão "Giba neles!" tenha pegado e virado uma coisa nacional.

No feminino, eu me encantei no Mundial do Peru em 1982 por Jacqueline e Isabel, duas das melhores jogadoras que o vôlei mundial produziu. Jacqueline depois faria carreira na praia e ganharia com Sandra a medalha de ouro nos jogos de Atlanta, em 1996. Na quadra, aquela geração ainda teve Vera Mossa. Depois delas, eu citaria Ana Moser e a levantadora Fernanda Venturini. Não posso deixar de fora as atuais bicampeãs olímpicas Sheila, Fabiana, Thaísa, Paula Pequeno, Jaqueline e a líbero Fabi.

Eu queria destacar também três técnicos do voleibol feminino, os três que lideraram quase três gerações de jogadoras, Ênio Figueiredo, Bernardinho e José Roberto Guimarães.

No automobilismo, o maior piloto brasileiro de todos os tempos, Ayrton Senna do Brasil. Muito próximo dele, Nelson Piquet. Uma lenda, um símbolo, Emerson Fittipaldi. O maior piloto de turismo que o Brasil teve, Ingo Hoffmann. O melhor piloto do terceiro milênio, com muito orgulho, meu filho, Cacá Bueno — sem ofender Popó, e tenho certeza de que ele concorda comigo quando eu digo isso. E Felipe Massa, quem mais trouxe emoção e possibilidade de uma grande conquista mundial, primeiro piloto brasileiro a ganhar por duas vezes o Grande Prêmio Brasil em Interlagos.

Muitos nomes foram importantes na natação brasileira, mas é claro que o maior de todos, pelos resultados, é Cesar Cielo, o Cesão. Ele é um símbolo para a natação como Emerson é para o automobilismo. Mas não dá para não falar de Xuxa — Fernando Scherer — e de Gustavo Borges.

Não posso deixar de citar uma superatleta que nos últimos anos virou uma supercolega no Esporte da Globo: Glenda Kozlowski, quatro vezes campeã mundial de bodyboard. Glenda é hoje uma referência na história desse esporte. É o melhor exemplo de uma multicampeã que virou estrela de TV.

No atletismo, não há como não dizer que nossos grandes nomes veem do salto, primeiro com Adhemar Ferreira da Silva, bicampeão olímpico em Helsinki, em 1952 e, Melbourne, em 1956; depois os medalhistas Nelson Prudêncio e João do Pulo e, agora, Maurren Maggi, ouro no salto em distância nos Jogos de Pequim em 2008, único ouro da história do atletismo feminino. E também Joaquim Cruz, medalha de ouro nos oitocentos metros em Los Angeles, 1984, e Robson Caetano.

Um grande e inesquecível momento profissional meu foi a medalha de prata do revezamento 4 por 100 metros nos Jogos de Sydney, daqueles quatro fantásticos atletas, André Domingos, Vicente Lenilson, Edson Luciano Ribeiro e Claudinei Quirino, que eu considero uma das três melhores narrações da minha vida. Eram quatro caras, foram quatro pratas, e termina com: "É prata, é prata, é prata, é prata", quatro vezes, uma para cada um deles.

A seleção dos lutadores

Não posso esquecer dos lutadores. Éder Jofre, Miguel de Oliveira e Popó, do boxe, Aurélio Miguel e Rogério Sampaio, do judô, e mais os quatro caras do MMA de quem eu nunca narrei uma derrota: Vítor Belfort, Anderson Silva, José Aldo e Júnior Cigano. Tiveram derrotas, mas nunca comigo narrando. O MMA é um fenômeno de popularidade.

Quando eu disse que eles eram os gladiadores do terceiro milênio — que virou mais um bordão e os americanos até me pediram para gravar em inglês — eu estava falando de um sentimento que bateu em mim por causa de uma viagem provocada por meu filho. Luca descobriu na internet que o coliseu de Roma tinha aberto ao público as salas onde ficavam os gladiadores, no primeiro século do primeiro milênio, e o túnel por onde passavam, coisas que até então a gente só podia ver na ficção do cinema. Eu estava morando na Europa, podia chegar a Roma de carro em umas três horas, e decidi ir até lá com Luca para ver aquilo.

Poucas semanas depois, entrei numa arena de MMA e me senti entrando no coliseu lotado, uma sensação incrível para mim. Imaginei o coliseu de Roma lotado, com as pessoas gritando enlouquecidas e vi os gladiadores dentro do octógono. Daí é que me veio a ideia dos gladiadores do terceiro milênio.

Impressionante como eles são. Conheci todos, um por um, conheci as famílias também. É incrível a gentileza de Anderson Silva, a educação de José

Aldo, a dedicação familiar e religiosa de Vítor Belfort, o reconhecimento à importância da família de Júnior Cigano. Você conversa com esses caras, janta com eles e não acredita que quando eles entram no octógono viram, cada um deles, um gladiador do terceiro milênio. E tem uma fila enorme de outros brasileiros querendo chegar ao mesmo nível, tantos que, se eu fosse falar nomes, cometeria injustiças.

É uma loucura esse tal de MMA.

A seleção do basquete

Muita gente me pergunta se eu prefiro futebol ou Fórmula 1 e eu sempre respondo: prefiro basquete. Foi onde tive as minhas poucas alegrias como atleta, esporte que jogava e gostava muito de jogar. Essa afinidade, aliás, me fez perder a bela trajetória da geração de prata do vôlei brasileiro: nos Jogos Olímpicos de Los Angeles em 1984, já na Globo, escolhi acompanhar o basquete, pois achava que com o boicote dos soviéticos e sem seleções como a Iugoslávia, tínhamos chances de brigar por medalha. Errei feio, o Brasil não chegou a lugar nenhum, não passou da primeira fase, uma vitória e três derrotas. Sempre acompanhei basquete e se fosse fazer um time brasileiro de basquete de todos os tempos, teria que ter Wlamir e Amauri, que eu vi jogar menino, mas de quem nunca narrei jogos. Pensando nos que eu transmiti, fico com Paula, Hortência, Oscar, Ubiratan e Marquinhos, misturando masculino e feminino. O Marcel seria o primeiro reserva.

A SELEÇÃO DOS NARRADORES E LOCUTORES

A TV GLOBO TEM UM TIME de narradores excepcional. Na Copa de 2014, narrei algumas partidas, mas meu foco eram os jogos do Brasil. Cléber Machado e Luís Roberto têm bagagem de várias Copas e, em 2014, narraram jogos importantes. Eles são espetaculares, também começaram nas ondas do rádio e fazem, com a mesma competência, futebol e Fórmula 1. Na primeira fase da Copa, a Globo teve também Rembrandt Júnior, nossa voz no Nordeste, Rogério Correa, nosso narrador principal em Minas Gerais e um estreante, Alex Escobar. E ainda as feras do SporTV, Milton Leite, Luis Carlos Júnior e Jota Júnior.

Já contei aqui que eu comecei no rádio e minhas primeiras grandes influências foram Fiori Gigliotti e Pedro Luís, em São Paulo, e Valdir Amaral e Jorge Cury, no Rio de Janeiro. Eu era comentarista e gostava muito de ouvir João Saldanha e, na Bandeirantes, Mauro Pinheiro.

Era uma rádio vibrante, animada, mas totalmente diferente da que veio depois da renovação promovida por dois grandes nomes, Osmar Santos, em São Paulo, e José Carlos Araújo, o Garotinho, no Rio.

Na TV, bem antes de começar a trabalhar, eu ouvia três nomes que me marcaram muito, Geraldo José de Almeida, Walter Abrahão e Fernando

Solera. E tinha mais dois caras marcantes, Luís Mendes, "o comentarista da palavra fácil", e o inigualável Leo Batista, meu colega até hoje na Globo, mestre do noticiário ao vivo, que eu conheci ainda quando ele apresentava, no centro do ringue, os pugilistas nas lutas de boxe de sábado à noite.

Depois, já como profissional, dividi prestígio e audiência com duas pessoas especiais e totalmente diferentes uma da outra. Eu era o mais novo deles e aprendi um montão com Luciano do Valle e Silvio Luiz. Já falei de Luciano e da falta que ele me fez "na cabine ao lado" na abertura da Copa de 2014. O Silvio é um caso à parte, é um dos gênios da nossa comunicação. Sinto uma grande alegria em poder dizer que sou amigo dele.

A seleção dos comentaristas

Foi fácil fazer as seleções de futebol. Boa parte da vida passei narrando futebol e me familiarizei com muitos daqueles jogadores. E além do futebol ser o que é no Brasil, a minha geração viveu os cinco títulos mundiais. Eu tinha oito anos quando o Brasil conquistou o mundo na Suécia. Foi com essa idade que ouvi pela primeira vez o nome Pelé. Então, seleção para mim sempre tem onze jogadores e começa com um goleiro. Na minha vida profissional, há o time dos comentaristas que trabalharam comigo nesses quarenta anos. O goleiro, lógico, é Raul Plassmann; na lateral direita, evidentemente, Carlos Alberto Torres, o maior de todos os tempos; meus zagueiros têm que ser bons defensores, extremamente fiéis, gente como Arnaldo Cezar Coelho e Reginaldo Leme; o lateral esquerdo é Júnior, dono absoluto da posição. O meio de campo é espetacular: Falcão, Gérson e Pelé; e no ataque, três matadores de três esportes diferentes, Hortência, Casagrande e Tande. O time fica sendo: Raul Plassmann, Carlos Alberto Torres, Arnaldo, Reginaldo e Júnior; Falcão, Gérson e Pelé; Hortência, Casagrande e Tande. No banco de reservas tenho meu velho parceiro Alberto Helena Júnior, Caio Ribeiro e Ronaldo, que comentou Copa das Confederações e a Copa de 2014; das pistas, Barrichello e Burti; do basquete, Marcel e Oscar, e do vôlei, Nalbert, Carlão e Isabel. O técnico é Zagallo, o assistente técnico é Rubens Minelli, o juiz do jogo, onde quer que esse time vá jogar, é José Roberto Wright. E o presidente do clube é Sérgio Noronha, seu Nonô, mestre e amigo. Essa é a minha seleção de comentaristas, com banco e comissão técnica.

Família

Hoje em dia, só minha mãe e meus tios, irmãos dela, me chamam de Carlos. Desirée, com quem sou casado, já me conheceu Galvão. Ao falar de família, vêm sempre à cabeça minha avó materna, dona Perolina Ferreira Coelho dos Santos, mato-grossense de Cuiabá, e minha mãe, dona Mildred, que é de Porto Esperança, hoje no Mato Grosso do Sul.

Ou seja, sou muito brasileiro, meu lado materno vem direto dos índios do Mato Grosso. Começa com dona Perolina, que teve cinco filhos — minha mãe é a mais velha, depois vêm minha tia Cida, tia Isabel, tio Antônio e tio Brasil. Vó Perolina ficou viúva quando estava grávida do quinto filho. Meu avô se chamava Brasil dos Santos, era de origem italiana — di Santi —, então, o menino que nasceu ganhou o nome do falecido pai, Brasil.

Nunca vi ninguém igual a vó Perolina. Foi preciso muita garra para criar esses cinco filhos. No momento em que escrevemos, minha mãe tem 86 anos. Todos os meus tios estão vivos. Tio Brasil é como um irmão mais velho, porque tem apenas onze anos a mais que eu.

Quando eu tinha oito anos fui morar em Santos, na casa de tia Cida e tio Rogério, junto com vovó Perolina, enquanto minha mãe se instalava com Celso, meu padrasto e, de verdade, um pai, o homem que me passou todos os valores da vida e foi de fato e de direito o querido avô de todos os meus filhos. Eu tenho tanta sorte na vida que tive dois pais, um biológico, Aldo

Viana, nome famoso na história da televisão brasileira, e depois seu Celso, que viveu até os 93 anos e morreu em Londrina, em dezembro de 2011.

Eu morei na casa de tia Cida, morei na casa de tio Brasil, morei na casa de tio Antônio, eu só não morei na casa de tia Isabel, mas adorava ir lá. Tio Antônio casou-se com Rejane, de Caicó, no Rio Grande do Norte.

Tio Brasil se casou com Patrícia e depois, com Sonia. O único que nos deixou foi Hélio, marido de Isabel. Meus primos são muitos, todos mais novos que eu e muito queridos. Vamos ver se consigo me lembrar de todos: Monique, Júnior, Teresa, Guinha, Juca, Marco Antônio, Augusto César, Cristina, Regina, Leonardo, Carla, Paula, Márcio, Tiago e Fernanda.

Eu acabei perdendo contato com a família de minha mãe e os descendentes de dona Perolina, e sinto muita falta disso. Sonho um dia poder achar um lugar, vai ter que ser um hotel muito grande, para juntar todo mundo.

Minha mãe, dona Mildred, que é adorada pelas pessoas, aos 86 anos trabalha diuturnamente como presidente da Associação Beneficente Galvão Bueno, cuidando de idosos, fazendo trabalhos de assistência médica. A associação, com a ajuda de médicos amigos, já atendeu, diagnosticou e tratou quase 10 mil pessoas. Temos um ônibus que é um consultório dentário provido de tudo que existe de mais moderno, que atende pessoas com setenta, oitenta anos, que jamais se aproximaram de um dentista.

Um dia ela me telefonou, estava numa colônia de trabalhadores rurais na periferia de Londrina, e me disse: "Tem um senhorzinho aqui dizendo que depois de conseguir sustentar com dignidade a família e dar comida aos filhos, ele tem um sonho, ter um dente de ouro". Isso estava fora dos nossos objetivos e dos nossos padrões. "Ponha dois", respondi, e em algum lugar do Paraná ele deve estar com um sorriso lindo, com dois dentões de ouro na frente.

Dona Mildred atua também como presidente do PROVOPAR, um projeto de voluntariado do Paraná. Ela trabalha todos os dias, o dia inteiro, e alguns dias o prefeito marca reunião às seis e meia da manhã e ela está lá. Essa é a minha mãe, que, além de tudo, é adorada por todos os netos.

Eu sou mesmo muito ligado à família. Do meu primeiro casamento, com Lúcia, tive três filhos. A primeira, Letícia Galvão Bueno, é uma profissional da maior competência, CEO das minhas companhias fora da televisão, no

Grupo Galvão Bueno. Letícia e o marido, meu genro Daniel Trenche, são donos da The Aubergine Panda, uma maravilhosa agência digital associada a José Victor Oliva. Nos últimos anos, ela acabou se transformando numa superexecutiva. É a pessoa que me representa e negocia meus contratos com a Globo. E eu deleguei a ela toda a estratégia de lançamento dos meus vinhos. Letícia acompanha tudo, desde o desenho das garrafas e dos rótulos até a chegada dos produtos ao mercado. Depois de Letícia, veio Cacá, Carlos Eduardo Santos Galvão Bueno Filho, e depois Popó, Paulo Eduardo Ferro Costa Galvão Bueno. Fui casado 27 anos com Lúcia e para descrever esse amor e nosso casamento uso um verso de Vinicius: "Que seja eterno enquanto dure". Ela foi uma supermãe. Um dia, me disse: "Você quer ser o melhor naquilo que você faz, não quer? Então, vá cuidar do seu trabalho que eu vou cuidar dos filhos". Nós já estávamos separados havia alguns anos quando ela adoeceu e faleceu, em fevereiro de 2010.

Eu achava que não poderia encontrar ninguém tão importante quanto a mulher com quem eu tinha construído uma família, que não podia mais encontrar alguém que mudasse a minha vida, quando surgiu Desirée. Desirée Soares era o nome dela. Eu fui a Londrina para transmitir o pré-olímpico dos Jogos de Sydney, em janeiro de 2000. Uma amiga comum, Ana Cristina Abreu, nos apresentou num jantar de domingo e a beleza dela mexeu comigo. Tinha sido modelo, era dona de uma escola e agência de modelos e apresentava um telejornal na hora do almoço. Assisti ao telejornal da segunda-feira. Quando ela saiu da bancada e entrou na redação, recebeu flores. Quando chegou em casa, mais flores. Foi assim que conheci a mulher da minha vida. Nos casamos ainda em 2000, há quinze anos.

Naquela época, eu estava havia alguns anos solteiro e vinha amadurecendo a ideia de fazer uma vasectomia. Cheguei a falar sobre isso com um médico de Londrina, doutor Francisco Gregori Júnior. Popó, meu filho, veio fazer a pré-temporada em Londrina, no ano em que se tornou campeão brasileiro de Fórmula Chevrolet. Era o comecinho de meu namoro com Desirée, e eu ainda morava no Rio de Janeiro. Uma tarde, eu estava no autódromo acompanhando um treino de Popó quando apareceu o doutor Francisco Gregori. "Galvão, não faça a vasectomia agora, você está namorando, sabe-se

lá o que vai acontecer com esse romance. Se isso progredir, ela vai querer um filho seu." Ainda bem que eu dei ouvido a ele. Doutor Gregori, o Chico, virou meu grande amigo e é padrinho do nosso casamento.

Em 2001, nasceu Luca Soares Galvão Bueno, meu filho com Desirée, fruto do nosso amor. Luca é muito especial. Pela idade dele e pela minha, é meio filho, meio neto. Luca é sensível e inteligente, teimoso e perfeccionista, parece que tem um pouco de cada um de nós, da mãe, do pai e dos irmãos. Demonstra talento com as imagens, adora fazer edições, diz que quer estudar em Los Angeles e ser cineasta. Tomara, torço para ele realizar todos os seus sonhos. E ainda ganhei um quinto filho, Léo, Leonardo Soares Salgado, que tinha seis anos quando conheci Desirée e é filho de seu primeiro casamento. Léo já está ganhando o mundo, mora nos Estados Unidos, onde estuda business na UT, a Universidade de Tampa, na Flórida. É um cara do bem, gosto demais dele.

Por causa desse casamento, me estabeleci em Londrina, virei pecuarista e criador de cavalos de raça. Em anos recentes fui mais para o sul, para a campanha gaúcha, onde, no Paralelo 31, fundei a Vinícola Bellavista Estate e mergulhei na produção de vinhos.

Tem um detalhe importante da minha vida em Londrina. Foi onde eu descobri o golfe, pelas mãos — e pelos tacos — de dois médicos que se tornaram referências de saúde na minha vida: meu cardiologista, Luiz Carlos Miguita, e meu gastro, Issamo Onishi. Foi graças a eles que consegui voltar ao esporte de competição, quase aos cinquenta anos de idade. Eu sentia falta disso desde que tinha 22 anos e abandonei as quadras de basquete para ganhar a vida.

O mundo do golfe é fascinante, e acabei me aproximando de pessoas como Marcos Silva, que é sexto no ranking brasileiro e que patrocino através da minha marca de vinhos, a Bueno Wines. Marcos criou com mais alguns golfistas um *minitour* aberto a todos os golfistas profissionais e aos amadores com *handicap* máximo de 8. O *tour* tem doze etapas nos principais centros do esporte no Brasil, Santa Catarina, Paraná, Mato Grosso do Sul, São Paulo, Rio de Janeiro e Bahia. O Royal Golf Club de Londrina, onde jogo, é um desses centros. Para meu orgulho, Marcos me convidou para ser o *chairman*

desse *minitour*, o que achei fantástico. Ele me dá a chance de devolver ao golfe o que esse esporte me trouxe de alegria e prazer nesses quinze anos de *driving ranges*, *fairways*, *birdies* (poucos) e *bogeys* (muitos). É também uma maneira de ajudar os profissionais, afinal, são eles que formam os novos jogadores que vão escrever o futuro do golfe no nosso país.

Desirée é fantástica, ela mudou, prolongou e melhorou a minha vida, me fez melhor como pessoa e como pai. Conquistou os filhos de meu primeiro casamento, é amiga de Letícia, Cacá e Popó e de meu genro Daniel e minhas noras, Talita e Andrea.

A coisa que mais me faz feliz na vida é poder juntar filhos, noras e genro, minha mãe, meus netos Victória e Nicolas, de Letícia; Cadu, Carlos Eduardo Santos Galvão Bueno Neto, de Cacá; e Mila, a caçulinha da família, filha de Popó. É uma alegria quando eu consigo reunir todo mundo e ainda trazer Eraldo e Dolores, pais de Desirée, Denise, irmã dela, o marido Ricardo com a filha Giovana, e Fernando, irmão de Desirée, com Lilian, e ainda Dudu e Lara, filhos de Fernando.

Meus filhos me matam se eu deixar de citar os netos-*dog* Tyke e Billy, de Letícia, e Cookie, de Luca, que é sucessor de outro *york*, Arnaldo, que nos deixou. Nunca vou me esquecer de Beryl Anne Kate de Belafama, nome completo de Kathy, a primeira *yorkshire* de família nobre que um dia comprei para Letícia.

Minha maior felicidade é quando estou com esse povo todo, principalmente na fazenda, comemorando alguma data ou simplesmente celebrando o fato de estar com eles. Hoje, nada me traz mais felicidade. Nem dinheiro, nem a realização do sonho de produzir vinhos, de criar cavalos crioulos de raça, de produzir carne de alta qualidade.

Nada me faz mais feliz do que poder estar com essa família que não para de crescer. Que venham mais netos, mais sobrinhos.

E se tem uma pessoa que é a grande responsável por essa convivência, essa pessoa é Desirée. É meu grande amor, a mulher da minha vida.

Os gestores de hoje e sempre

Em 2012 vivemos uma grande mudança dentro da TV, com a indicação de Carlos Henrique Schroder para ser diretor-geral da Rede Globo. Lembro a primeira cobertura que fiz trabalhando com ele, na Copa de 1994. Já naquela época, ele chamava a atenção por ser um cara de televisão muito focado e calmo. Nunca vi Schroder levantar a voz. E olha que ele metia a mão na massa, editando matérias, fechando telejornais, enfrentando com muita inteligência as tensões do *switcher*, a sala de controle onde os editores "colocam" o jornal no ar.

Nas Copas de 2002, 2006 e 2010, ele já era diretor, mas continuava com a gente naquela loucura que é uma redação de Copa do Mundo. Acompanhava o fechamento das edições do *Jornal Nacional*. Schroder sempre teve muito conhecimento da operação de TV nos grandes eventos.

Estivemos mais próximos em 2004, nos Jogos de Atenas, ele ensaiando o casamento com Renata, eu já com Desirée. Íamos juntos a jogos e eventos e sempre que possível jantávamos, aproveitando a culinária grega, os bons vinhos e os ótimos papos. Schroder sempre foi muito discreto, mas ali eu senti que ele se preparava para alçar voos mais altos. Aproximava-se a hora de alguém do jornalismo chegar ao topo da televisão, e isso acabou acontecendo quando ele se tornou diretor-geral, com a missão de moldar a Rede Globo para os próximos vinte anos.

Antes dele, eu convivi com três estilos totalmente distintos. Primeiro o de Boni, que para mim é um gênio da comunicação. Ele vinha da publicidade e botou a Globo no mapa, como se diz. Depois, trabalhei com Marluce Dias, uma executiva do mundo corporativo que fez uma verdadeira revolução na gestão da TV. Quando ela adoeceu, assumiu uma das pessoas mais educadas que eu conheci nesses quarenta anos, Octávio Florisbal, que também era publicitário, mas tinha uma ligação estreita com a área comercial. Isso ajudou muito na reestruturação da Globo entre 2002 e 2012. Hoje, Florisbal é membro do Conselho do Grupo Globo.

Schroder foi o indicado para o lugar de Florisbal. E em seguida, como sucessor de Schroder, Ali Kamel assumiu a diretoria de jornalismo e esporte da Globo. Ali é desses casos raros de profissional formado nos rigores da imprensa escrita e que cai como uma luva na TV. Ele nos ensina muito, todo dia. Hoje, com ele mais próximo do esporte, o vejo como um cara animado, boa praça e com um faro finíssimo para a informação de qualidade. Tenho uma ótima relação de trabalho com Ali e com o diretor de esporte, Renato Ribeiro, o Renatinho, colega de duas Copas inesquecíveis, a de 1998 e a de 2002.

Os cinquenta anos da Globo

Este livro já estava pronto, revisado, aprovado, diagramado e praticamente a caminho da gráfica quando o jornalismo da TV começou a comemorar os cinquenta anos da Globo. Fui convidado por Ali Kamel a participar de um dos mais emocionantes momentos da minha carreira. Não foi jogo, não foi corrida, não foi cobertura. Foi uma tarde de sábado absolutamente histórica, que reuniu nos estúdios do Projac, no Rio de Janeiro, dezesseis repórteres e apresentadores que nos últimos anos contaram a "história do mundo" no *Jornal Nacional*. Lá estavam Sandra Passarinho, Fátima Bernardes, Glória Maria, Ilze Scamparini, Caco Barcellos, Francisco José, Pedro Bial, Orlando Moreira, Heraldo Pereira, Marcelo Canelas, Renato Machado, Luiz Fernando Silva Pinto, Tino Marcos, Ernesto Paglia e André Luiz Azevedo, além de mim e de William Bonner, idealizador e âncora do projeto. Gravamos uma série que, quando você estiver lendo estas linhas, talvez o *JN* já tenha exibido, contando como cada um de nós viu e sentiu os acontecimentos. É motivo de grande orgulho para mim estar nesse time, por isso pedi um último esforço da Globo Livros para ter no livro estas linhas e uma foto do encontro.

4. LINHA DO TEMPO

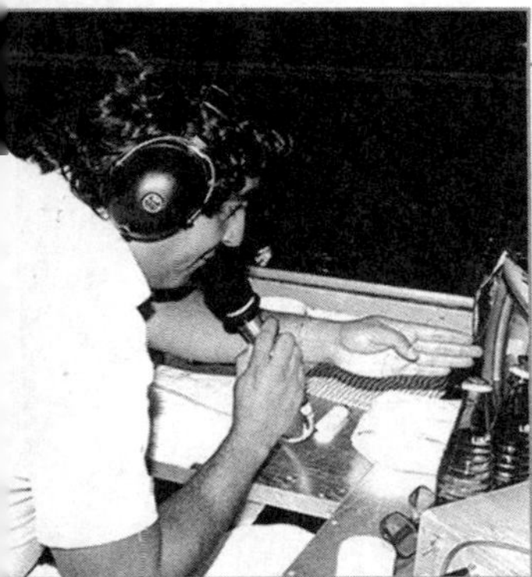

Vendedor de embalagens plásticas numa empresa de representações, ganha o concurso da Rádio Gazeta para escolha de um comentarista esportivo. Deixa de ser Carlos Eduardo e vira Galvão Bueno, vendedor de emoções.

1974

- Estreia como comentarista numa partida do WCT de tênis, hoje Circuito Mundial, pela Rádio Gazeta.
- Em 16 de março, no Maracanã, faz sua primeira transmissão de futebol como comentarista, pela Rádio Gazeta. O jogo é Botafogo e Olaria, 0 x 0.
- As TVs Bandeirantes, Gazeta e Record se unem numa parceria (SIBRATEL) para transmitir a Copa. Narra *off tube*, isto é, do Brasil e não do estádio.
- Primeira viagem internacional, para comentar no torneio Ramón de Carranza o confronto que a Copa não viu, Pelé versus Cruyff. Na ida, encontra o time do Santos e o rei do futebol no avião. Pela disputa do terceiro lugar, o Barcelona faz 4 a 1 no Santos. Na final, Palmeiras 2 x 1 Espanyol.
- João Havelange vence o inglês sir Stanley Rous e assume a presidência da FIFA.
- Emerson Fittipaldi é campeão de F1 pela segunda vez.

1975

Começa a narrar F1 na Rádio Gazeta.

1977

Muda-se para o Rio de Janeiro com Lúcia e dois filhos pequenos para ser narrador de futebol da TV Bandeirantes. Exatamente dois meses depois, narra seu primeiro jogo, um Flamengo 0 x 0 Vasco, com o Maracanã lotado.

1978

Na Bandeirantes, faz a transmissão do jogo de abertura da Copa da Argentina, 0 a 0 entre Alemanha Ocidental e Polônia. Narra jogos de outras seleções, inclusive o 6 a 0 da Argentina em cima do Peru que elimina o Brasil. Participa da transmissão da disputa do terceiro lugar, Brasil 2 x 1 Itália, e da final, Argentina 3 x 1 Holanda.

1981

Começa na TV Globo.

Nelson Piquet é campeão pela primeira vez na F1.

1982

Conhece Ayrton Senna na sala de imprensa do Grande Prêmio da Bélgica, no fim de semana do acidente que matou Gilles Villeneuve.

Seleção brasileira perde por 3 a 2 da Itália na Copa da Espanha, no Sarriá. Arnaldo Cezar Coelho apita a final em que a Itália vence a Alemanha Ocidental por 3 a 1.

1983

Na F3, Senna tem um ano excepcional: vinte corridas, doze vitórias, nove delas consecutivas, e catorze pódios.

Piquet é campeão pela segunda vez na F1.

1984

Ayrton Senna estreia na F1 correndo pela Toleman.

Brasil ganha a primeira medalha olímpica no voleibol, com a geração de prata de Renan, Bernard, William e Montanaro, em Los Angeles. Joaquim Cruz ganha ouro nos 800 metros rasos.

1985

Senna vai para a Lotus e vence sua primeira corrida, o Grande Prêmio de Portugal.

1986

Durante a Copa do México, Osmar Santos, narrador titular da Globo, tem uma indisposição, e Galvão narra seu primeiro jogo do Brasil em Copas: Brasil 1 x 0 Argélia, gol de Careca.

Piquet é campeão pela terceira vez na F1.

1988

© Getty Images

No ano de estreia na McLaren, Senna conquista o primeiro título.

Nas Olimpíadas de Seul, Aurélio Miguel ganha ouro no judô. O canadense Ben Johnson vence o americano Carl Lewis na final dos 100 metros rasos, depois é pego num exame *antidoping* e tem que devolver a medalha de ouro

1989

Ricardo Teixeira assume a CBF.

© Getty Images

Nas Olimpíadas de Barcelona, a geração de Carlão, Maurício, Tande, Giovane e Marcelo Negrão, comandada por José Roberto Guimarães, ganha ouro no voleibol, e Rogério Sampaio, no judô.

Deixa a Globo para ser sócio na parte esportiva de uma rede de televisão, a OM, no Paraná, atual CNT.

Senna campeão de F1 pela terceira vez.

Retorna à Globo.

1990 1991 1992 1993 1994

1990

Narra a primeira Copa com Pelé como comentarista. Brasil é eliminado pela Argentina nas oitavas, no jogo em que Maradona lança Caniggia, que faz o único gol da partida.

Senna é campeão de F1 pela segunda vez.

Narra jogo em homenagem aos cinquenta anos de Pelé: seleção brasileira e Pelé contra combinado do resto do mundo.

1994

© Getty Images

No primeiro ano de Williams, Senna sofre o acidente fatal em Ímola.

Narra Brasil e Uruguai, no Maracanã, último jogo das eliminatórias da Copa, em que Romário faz os dois gols e classifica a seleção.

Na Copa de 1994, em que Roberto Baggio perde o pênalti e o Brasil é tetracampeão, protagoniza a famosa cena em que pula abraçado a Pelé e Arnaldo, gritando "Acabou! Acabou!".

1996

Nas Olimpíadas de Atlanta, Jacqueline e Sandra ganham ouro no vôlei de praia.

1997

Gustavo Kuerten ganha o torneio de Roland Garros de tênis pela primeira vez.

1998

Na final da Copa da França, os anfitriões vão melhor e vencem por 3 a 0. Ronaldo tem convulsões antes do jogo e entra em campo debilitado.

Durante a Copa, estreia o programa *Bem, Amigos!*

2000

Nos Jogos de Sydney, uma das melhores narrações de sua vida: a medalha de prata do revezamento 4 por 100 metros com André Domingos, Vicente Lenilson, Edson Luciano e Claudinei Quirino.

Gustavo Kuerten ganha o torneio de Roland Garros de tênis pela segunda vez.

2001

Gustavo Kuerten ganha o torneio de Roland Garros de tênis pela terceira vez.

2002

Nas quartas de final da Copa do Japão e da Coreia do Sul, narra Brasil 2 x 1 Inglaterra, partida que dá à Globo cem por cento de *share* ou 63 pontos de audiência, contra zero da concorrência, feito único. O helicóptero da emissora sobrevoa São Paulo e Galvão pede que as pessoas apaguem e acendam as luzes de casa. Na final contra a Alemanha, o Brasil vence por 2 a 0, dois gols de Ronaldo.

Rubens Barrichello é vice-campeão de F1.

2004

Arquivo pessoal Galvão Bueno

Nas olimpíadas de Atenas, o voleibol masculino ganha ouro mais uma vez, com o time que tinha Giovane e Nalbert, sob o comando de Bernardinho.

Barrichello é vice-campeão de F1 pela segunda vez.

2006

Durante a narração do jogo de abertura da Copa de 2006, na Alemanha, fala para um público de 100 milhões de pessoas. O Brasil é derrotado pela França por 1 a 0 nas quartas de final.

Felipe Massa, no primeiro ano como titular da Ferrari, na F1, torna-se o primeiro brasileiro a vencer o GP do Brasil depois da era Senna.

2008

Nas Olimpíadas de Pequim, Maurren Maggi leva ouro no salto em distância, César Cielo leva ouro e bronze nos 50 e 100 metros livres na natação, respectivamente, e o vôlei feminino leva ouro pela primeira vez com a geração de Fofão, Sheilla, Jacqueline e Paula Pequeno, sob o comando de José Roberto Guimarães.

Felipe Massa é vice-campeão de F1, com apenas um ponto a menos que Lewis Hamilton.

2009

Estreia o programa *Na Estrada*.

Na Hungria, uma peça que se desprende do carro de Rubens Barrichello atinge Felipe Massa na cabeça, acidente quase fatal.

2010

Brasil perde as quartas de final da Copa da África do Sul por 2 a 1 para a Holanda.

No Grande Prêmio do Brasil, comemora-se trinta anos do primeiro título de Piquet, que pilota em Interlagos o carro do título de 1981.

Em Londres, o vôlei feminino é ouro pela segunda vez, com a geração de Fabi, Dani Lins, Fernanda Garay e Fabiana, novamente sob o comando de José Roberto Guimarães, único tricampeão olímpico brasileiro. Galvão recebe o técnico e as campeãs no estúdio do SportTV. Arthur Zanetti, da ginástica artística, leva o ouro nas argolas.

Durante a Copa das Confederações em que o Brasil se sagra campeão ao vencer a poderosa Espanha por 3 a 0, manifestações populares tomam às ruas das principais cidades do país.

2011 2012 2013 2014

Seleção brasileira se despede da bem-sucedida Copa do Mundo como país-sede com a histórica e humilhante derrota para a Alemanha por 7 a 1 no Mineirão.

ÍNDICE ONOMÁSTICO

C

Créditos das imagens

Caderno de imagens

Adhemar Cabral: 59.
AgNews: 65.
Arquivo pessoal de Fátima Bernardes: 26.
Arquivo pessoal de Galvão Bueno: 1, 2, 3, 4, 5, 6, 7, 8, 9, 10, 12, 13, 14, 15, 16, 17, 18, 19, 20, 21, 22, 23, 24, 27, 28, 29, 31, 32, 33, 34, 35, 36, 38, 39, 40, 41, 43, 45, 46, 48, 49, 51, 52, 53, 54, 60, 62, 63 e 64.
Arquivo pessoal de Reginaldo Leme: 4.
Benito Maddalena: 11.
Central Globo de Comunicação: 50, 57 e 58.
Divulgação Traffic/Trump: 25.
Globo/Renato Rocha Miranda: 61.
Paulo Wolfgang: 37.
Sergio Zalis/Contigo: 44 e 49.
Sidney Garambone: 30.

Aberturas de capítulos

Arquivo pessoal de Galvão Bueno: pp. 16-17, 254-255 e quarta capa.
Central Globo de Comunicação: pp. 8-9.
Getty Images: pp. 172-173 e quarta capa.
Sidney Garambone: pp. 292-293.

Todos os esforços foram feitos para reconhecer os direitos autorais e de imagem. A editora agradece qualquer informação relativa à autoria, titularidade e/ou outros dados que estejam incompletos nesta edição, e se compromete a incluí-los nas futuras reimpressões.

Este livro, composto na fonte Fairfield,
foi impresso em papel Pólen Soft 70 g/m², na gráfica Lis.
São Paulo, março de 2015.